朝日新書
Asahi Shinsl

JN037662

関ヶ原大乱、本当の勝者

日本史史料研究会 監修
白峰 旬 編著

朝日新聞出版

関ヶ原大乱、本当の勝者　目次

図版／谷口正孝

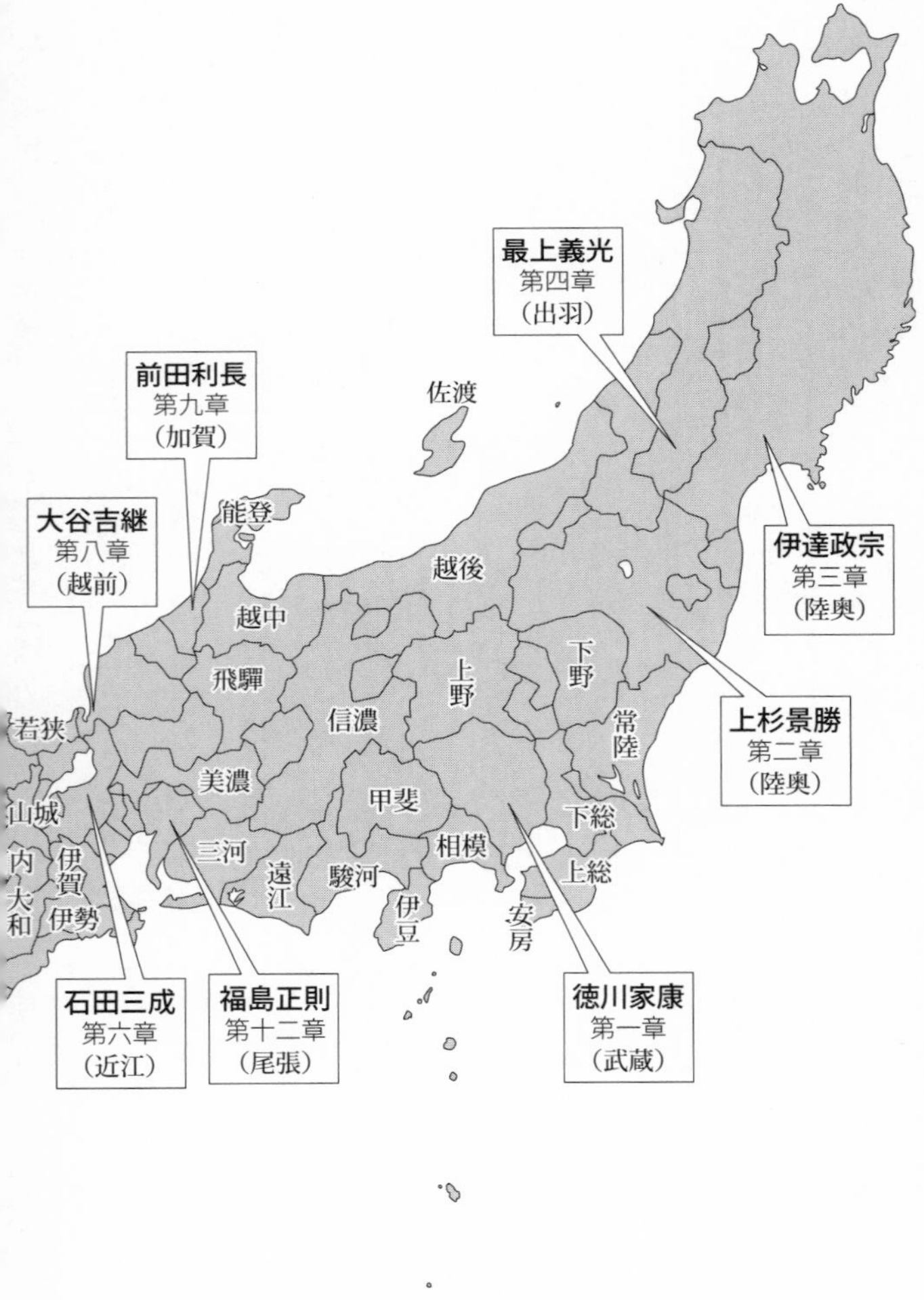
最上義光
第四章
（出羽）
前田利長
第九章
（加賀）
大谷吉継
第八章
（越前）
伊達政宗
第三章
（陸奥）
上杉景勝
第二章
（陸奥）
石田三成
第六章
（近江）
福島正則
第十二章
（尾張）
徳川家康
第一章
（武蔵）
佐渡
能登
越後
越中
飛驒
上野
下野
常陸
若狭
信濃
美濃
山城
甲斐
下総
三河
相模
伊賀
内
遠江
駿河
上総
大和
伊勢
伊豆
安房

関ヶ原の戦いにおける大名配置図

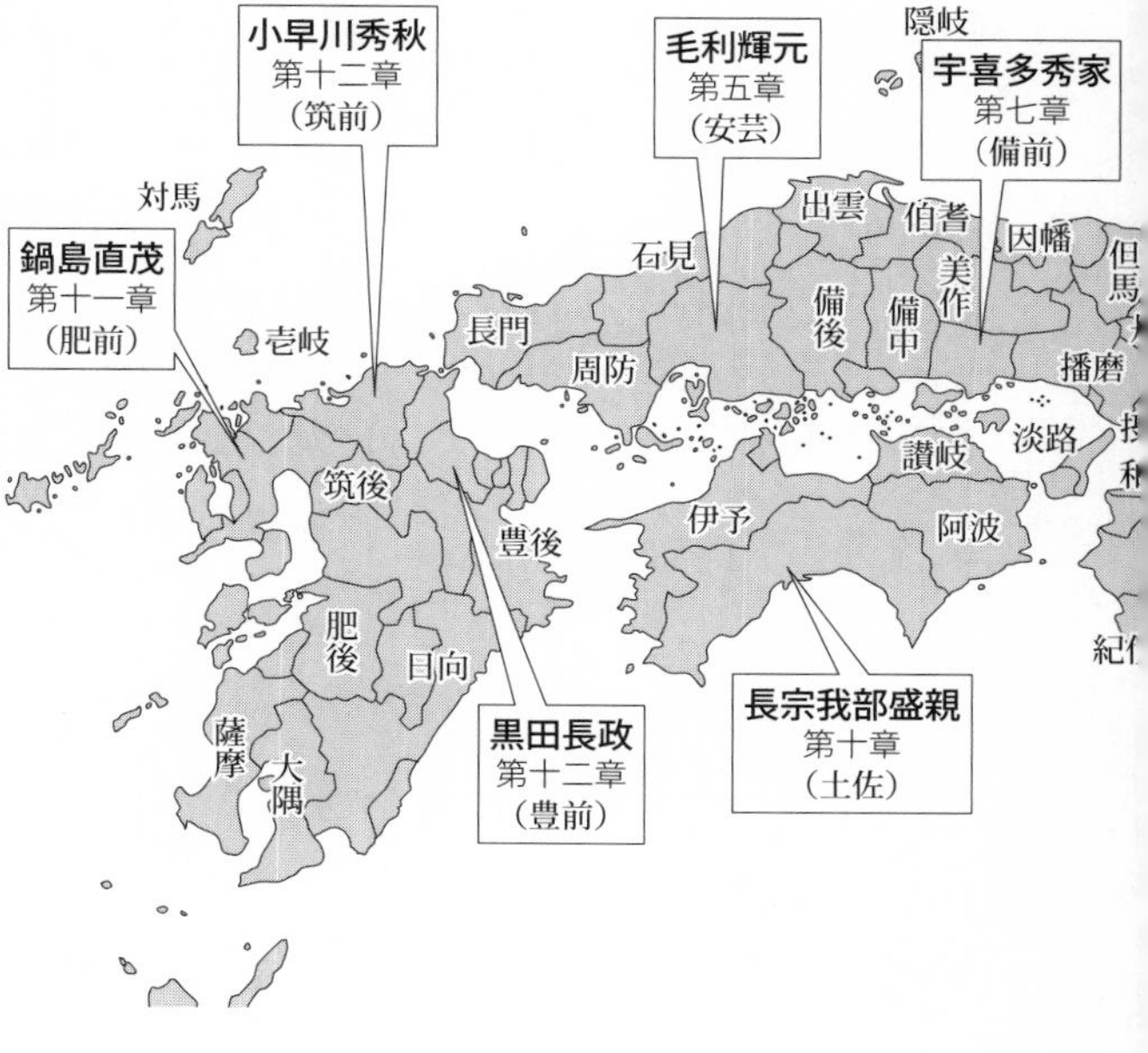

本書に登場する武将の関係図

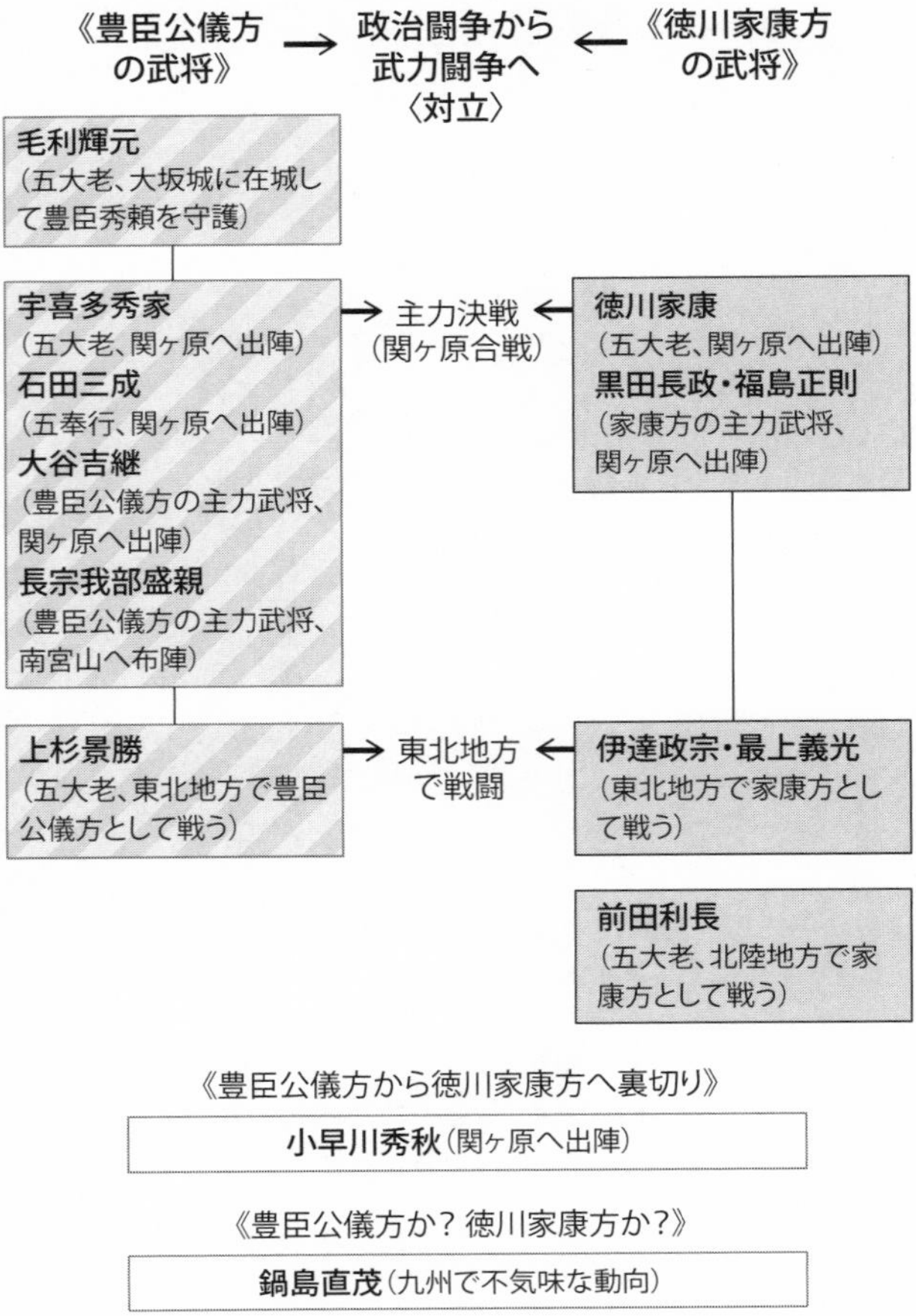
《豊臣公儀方の武将》
政治闘争から武力闘争へ〈対立〉
《徳川家康方の武将》
毛利輝元（五大老、大坂城に在城して豊臣秀頼を守護）
宇喜多秀家（五大老、関ヶ原へ出陣）
石田三成（五奉行、関ヶ原へ出陣）
大谷吉継（豊臣公儀方の主力武将、関ヶ原へ出陣）
長宗我部盛親（豊臣公儀方の主力武将、南宮山へ布陣）
主力決戦（関ヶ原合戦）
徳川家康（五大老、関ヶ原へ出陣）
黒田長政・福島正則（家康方の主力武将、関ヶ原へ出陣）
上杉景勝（五大老、東北地方で豊臣公儀方として戦う）
東北地方で戦闘
伊達政宗・最上義光（東北地方で家康方として戦う）
前田利長（五大老、北陸地方で家康方として戦う）
《豊臣公儀方から徳川家康方へ裏切り》
小早川秀秋（関ヶ原へ出陣）
《豊臣公儀方か？ 徳川家康方か？》
鍋島直茂（九州で不気味な動向）

序　章――「関ヶ原の戦い」の従来イメージ打破に向けて

白峰　旬

関ヶ原の戦いについての間違ったイメージ

これまでの関ヶ原の戦いのイメージといえば、最初から戦いの大義名分は徳川家康《とくがわいえやす》にあり、その深謀遠慮により、戦う前から家康の大勝利は決まっていた、というものであった。そのため、反家康の決起をした石田《いしだ》三成《みつなり》や毛利《もうり》輝元《てるもと》の軍事行動は無駄な悪足掻《わるあが》きにすぎなかった、という見方が強かった。

関ヶ原の戦い当日の戦闘経過についても、これまでなされてきた説明はこうだ。鶴翼《かくよく》の陣を敷いた石田三成方の軍勢は午前中は善戦し一進一退の攻防であったが、この戦況に業《ごう》を煮やした家康が、旗色を鮮明にしない小早川秀秋《こばやかわひであき》の松尾山《まつおやま》の陣に鉄砲を撃たせたところ、小早川は家康方につくことを決断して寝返る。小早川が一気に松尾山からかけ降りて石田方の大谷吉継《おおたによしつぐ》隊を攻撃、不意を衝《つ》かれた石田方軍勢が瓦解して潰走したため、戦いの決着があっけなくついてしまった。

このあまりにも有名な「問鉄砲《といでっぽう》」のエピソードは、不動の歴史的事実として現在でも広く信じられているが、実はこのストーリー展開の史料的根拠は、一次史料（同時代史料）ではなく、江戸時代の軍記物（通俗小説）によって創作されたフィクションなのである。

この点について筆者はすでに拙著『新解釈 関ヶ原合戦の真実』（宮帯出版社、二〇一四年）で検証し、小早川秀秋は開戦と同時に裏切ったことを明らかにしたが、刊行後、関ヶ原の戦いの従来のイメージを打破する内容だとして、各方面から広く大きな反響をいただき感謝している。

なぜ間違ったイメージが流布・固定化したのか？

この拙著刊行後、数々のテレビの歴史番組や新聞各紙の取材を受けるなかで、「今まで通説とされてきた関ヶ原の戦いの物語は、なぜこれほどまでに世の中に浸透してしまったのか？」という質問を多く受けた。

その答えについては、以下のようないくつかの要因が考えられる。

〈要因その一〉一般大衆は歴史学の専門書ではなく、歴史小説から歴史を学び取るため

歴史的に遡って考えると、江戸時代の軍記物による、いわば関ヶ原文学の影響が大きい。軍記物は話を盛り上げるため、架空の話をどんどん入れている。現在でもそうだが、一般大衆が歴史を知ろうとするとき、小難しく無味乾燥な歴史学の専門書を読むのではなく、まず歴史小説を読んで歴史を知ろうとすることが多い。

一般大衆は常に歴史にドラマを求めるものである。関ヶ原文学には、戦国武将の「汗と涙と感動とロマンとドラマティックな展開」がぎっしり詰まっている。つまり、超感動エピソードのオンパレード、それが関ヶ原文学なのである。なぜそうなるのかといえば、そうしないと歴史小説は売れないからであるし、一般大衆にとって、そのほうがわかりやすくておもしろいからである。

たとえば、関ヶ原の戦いの小説において、「問鉄砲」のエピソードはドラマティックな最高の見せ場として必要不可欠であり、これまで連綿と受け継がれてきた。一般大衆は歴史小説に感動を求めている。反家康決起のときの石田三成と大谷吉継の「涙あふれる友情物語」もフィクションであるが、小説的には格好の見せ場になるおいしいところなのである。

慶長《けいちょう》四年（一五九九）閏《うるう》三月に起こったとされる、石田三成に対する豊臣七将《とよとみしちしょう》襲撃事件はドラマティックでハラハラドキドキな要素が満載であるが（悪役はもちろん石田三成）、これもフィクションであり、慶長五年（一六〇〇）七月の有名な小山評定《おやまひょうじょう》の感動的な福島《ふくしま》正則《まさのり》の逸話（家康に味方することを福島正則が諸将の前で真っ先に大見得《おおみえ》を切って大演説した）も同類である。

一般大衆が歴史を知ろうとするときに歴史小説を読むのは、江戸時代も明治、大正、昭和、平成、令和の時代も変わらない。それこそが「問鉄砲」のエピソードをはじめとする関ヶ原の戦いに関して「今まで通説とされてきた関ヶ原の戦いの物語」が、時代を超えて長年信じられてきた理由である。

断っておくが、何も関ヶ原文学が悪いと言っているのではない。関ヶ原文学を読むことによって大いに感動してもらうのは一向に構わない。歴史小説を読むことが悪いと言っているのではなく、一般大衆とはそういうものだ、ということである。一般大衆は、そのことが歴史的事実かどうか、ということにはそれほど興味・関心がないのである。そのため、歴史小説家が描いた関ヶ原像が、広く流布《るふ》したまま固定化されてしまった。

〈要因その二〉家康の活躍が伝説化されたため

江戸時代が徳川幕府の治世下にあったことを考慮すると、関ヶ原の戦いは徳川家の天下支配の政治的正統性を担保する戦いになっていたと考えられる。つまり、石田三成一人を悪役に仕立て上げ、石田三成の悪巧みから豊臣氏を救い、正しい政治を家康が行った、というストーリーを作り上げる必要があった（もっとも、このストーリーは、家康が大坂の陣で豊臣氏を滅亡に追い込んだことにより破綻しているわけだが）。

そのため、家康に都合のいい話（「問鉄砲」のエピソードなど）ばかりがつくられていき、関ヶ原の戦いは家康の一人舞台のようなイメージが定着した。たとえば、本戦が豊臣系諸将（福島正則、黒田《くろだ》長政《ながまさ》など）の活躍ではなく家康の軍事的判断で決着がついたというストーリーを創作するうえで、「問鉄砲」のエピソードは非常に効果的である。混戦した状況のなか、神がかり的な家康の軍事的判断があったからこそ、戦い当日の午前中の一進一退の状況から一変して劇的に勝利できたというストーリー展開にすることは、家康神話をつくるうえで非常に意味があった。この場合、家康のおかげで「劇的に大勝利できた」という点がポイントである。

現在私たちは家康が関ヶ原の戦いに勝利したことを結果として知っているので、家康を中心として当時の歴史像を組み立てるが、実際には状況はそれほど家康の思い通りにはなっていなかった。この点については、当時の政治状況を詳しく記した『十六・七世紀イエズス会日本報告集』を読むと、反家康派の大名はかなりいたことがわかる。よって、最初から他の諸大名が家康に対して平伏《ひれふ》すかのように従ったため天下の覇権を家康が簡単に握れたのであり、家康が天下を取ったのは自然の流れであったと考えるのは、後世の後付けの歴史観である。

〈要因その三〉戦後歴史学が軍事史の問題を忌避してきたため

戦後の歴史学のアカデミズムが、関ヶ原の戦いを正面から検討・考察してこなかったことにも原因がある。戦後、軍事史研究は歴史学界から忌避《きひ》・捨象《しゃしょう》されてきたことから、一次史料をもとに合戦の実態を検証する研究は、非常に立ち遅れているのが現状である。

関ヶ原の戦いについては、研究史的には、笠谷和比古氏の一連の業績（笠谷：一九九四、二〇〇〇ほか）を除いては、まともな研究対象とはされてこなかった感がある。その理由としては、すでに出つくしている感があり、もう新しい発見は出てこないだろう、という先入観があったことも否めない。

そのため、明治時代の参謀本部編纂《へんさん》『日本戦史《にほんせんし》・関原役《せきがはらのえき》』が描く関ヶ原ストーリーをまともに検証することもなく、安易に引用するにとどめて、歴史学者がまともに関ヶ原の戦いを研究対象として検証してこなかったことの影響も大きい。

本書刊行の意義

また、関ヶ原の戦いについては、主に一般向けの歴史雑誌などでは、二次史料（とくに軍記物のような後世の編纂史料）を現代語訳することによりできあがったストーリーをつなぎあわせた適当な解釈に終始してきた。こうした解釈が繰り返し再生産されることによって、おなじみの関ヶ原ストーリーが定着した、という側面も強く感じられる。

こうした関ヶ原の戦いについての従来の間違ったイメージを打破するためには、関ヶ原の本戦（九月十五日）を検証することのほかに、本書の企画のように、マクロな意味で関ヶ原の大乱（慶長五年の国内における政治的・軍事的な争乱状態）に関係した個々の重要な武将の政治行動・軍事行動について、一次史料を中心として正確に検証していくことが必要である。このことは最も重要な課題であるので、その点に本書刊行の意義がある。

「関ヶ原大乱」とは何か?

本書のタイトルに含まれる「関ヶ原大乱」とは何を指すのかという点について、以下に述べておきたい。

関ヶ原の戦い（本戦）が、慶長五年九月十五日のたった一日で終わってしまったことは周知の通りである。しかし、そこに至る中央政局における政治的権力闘争や、日本各地での軍事的抗争は、慶長五年において長期にわたって継続したことも事実である。徳川家康が同年六月十六日に大坂城を出陣して上杉討伐《うえすぎとうばつ》（上洛《じょうらく》命令に従わない上杉景勝《かげかつ》を討伐する名目で軍事動員をかけた）を発動してから、政局は一気に流動化した。その上杉討伐に対する政治的反動から、反家康のスタンスに転じた大坂三奉行（増田《ました》長盛《ながもり》、長束《なつか》正家《まさいえ》、前田《まえだ》玄以《げんい》）が、同年七月十七日に「内府ちがひ（違い）の条々」を出して家康を豊臣公儀《こうぎ》から排除（放逐）すると、今度は逆に家康が一転して絶体絶命のピンチに陥り、上杉討伐の中止に追い込まれて、居城の江戸城に約一ヵ月引きこもる事態になってしまった。

こうした中央政局のめまぐるしい変化と同時に、地方では各地域の大名による軍事的動きが活発になっていた。本書で扱う、各地の武将たちの戦いもまさにそれぞれの政治的・

軍事的思惑の発露であり、個々のケースについては、各章にすぐれた論考がそろっているので読んでいただきたい。

戦いの本質をマクロにとらえる

各地の武将たちの軍事的動きをマクロにみた場合、歴史理論的にどのようにとらえればよいのだろうか。

この点についてはすでに桐野作人《きりのさくじん》氏が、関ヶ原合戦の側面として、①豊臣政権の成立以来、強大な中央権力によって抑圧されていた諸大名間の「私戦《しせん》」が復活した（ただし、剝《む》き出しの「私戦」ではなく、東西両軍がそれぞれ標榜《ひょうぼう》する「公儀」への「奉公」の手段として合理化された）、②徳川家康が発動した会津《あいづ》出陣を契機に、全国の諸大名が領外に自らの軍勢を動員して移動できる自由を得たことにより、豊臣政権による天下一統の政治理念を反映した「惣無事《そうぶじ》」体制がほぼ無効となった、と指摘していることが注目される（桐野：二〇〇〇）。

桐野氏が指摘した「私戦」の復活と「惣無事」体制の無効という視点は、洞察に富む卓見である。だが、桐野氏が指摘する、「私戦」の復活は剝き出しの「私戦」ではないという点には筆者は否定的である。たとえば、黒田如水《くろだじょすい》（官兵衛《かんびょうえ》）や加藤清正《かとうきよまさ》の慶長五年の九州における軍事行動をみてもわかるように、領土的野心を剝き出しにして戦った公然たる「私戦」の復活ととらえられる。この筆者の考えに対しては批判される向きもあり、反論の立場に立つ見解が存在しても、今後議論を深めていけばよいのであって、そうした見解についても尊重したいと思っている。なお、本書には「私戦」の復活という見解に立たない論考も含まれているが、その見解については尊重したい。

また、桐野氏は「惣無事」体制の無効ととらえているが、これは「無効」になったという消極的理解ではなく、「惣無事」体制の「崩壊」というように、よりマクロな視点でとらえたほうがよいと筆者は考えている。よって、桐野氏の上記の見解を発展的に継承して「惣無事体制（藤木久志氏の学説による考え方、藤木：一九八五）の崩壊と公然たる私戦の復活」という見解を提示したい。

明治時代〜大正時代における呼称の認識

「関ヶ原の戦い」という呼称は現在一般的に用いられているが、この場合の「関ヶ原の戦い」が九月十五日の本戦を指す場合と、本戦に至る一連の戦い、あるいは各地域で起こった支戦の総称を指す場合がある。後者については、たとえば「九州の関ヶ原」とか「東北の関ヶ原」という使用例があるが、厳密に考えるとミクロにとらえる前者とマクロにとらえる後者では呼称を分けたほうがよいのは当然である。

研究史的にみると、明治二十五年（一八九二）刊行の神谷道一《かみやどういち》『関原合戦図志《せきがはらかっせんずし》』では「関ヶ原ノ役」「関ヶ原合戦」「関ヶ原戦争」という呼称が用いられ、これらはミクロにとらえる前者の呼称のように思われる。

明治二十六年（一八九三）刊行の参謀本部編纂『日本戦史・関原役』では、ミクロにとらえる前者の呼称を「本戦」とし、各地域での戦いを「本戦前後東西各地ノ諸戦《しょせん》」としている。そして「凡例《はんれい》」では、慶長五年の全国各地の戦いについて「庚子役《こうしのえき》ト題スヘキ」であるが、「関ヶ原ノ名、已《すで》ニ人口ニ膾炙《かいしゃ》シ且其《かつその》主タル所ナルヲ以《もっ》テ」、「此《これ》」（＝関ヶ原）「ヲ取レリ」としている。そのため、本のタイトルでは「関原役」となったのであろう。

明治時代に作成された東京大学史料編纂所《しりょうへんさんじょ》所蔵「史料稿本《こうほん》」の「1600、18―2―2、76」は「慶長五年庚子役文書纂《もんじょさん》　九月上　五」、「1600、18―2―2、77」は「慶長五年庚子役文書纂　九月下　六」というタイトルが付けられているので、「慶長五年庚子役」という呼称を用いていたことになる。これはマクロにとらえる後者の呼称と考えられる。

大正九年（一九二〇）刊行の『山形縣史』巻一の「例言」では「慶長庚子ノ役」と呼称している。これもマクロにとらえる後者の呼称と考えられる。

同十二年（一九二三）刊行の徳富蘇峰《とくとみそほう》『近世日本国民史・家康時代上巻・関原役』では、ミクロにとらえる前者を「関原本戦」、マクロにとらえる後者を「関原役」と呼称している。

このように、明治時代、大正時代では、ミクロにとらえる前者とマクロにとらえる後者を区別して呼称しようとした意識がみられる。そして、マクロにとらえる後者の呼称では、「庚子」という慶長五年の干支《かんし》を呼称に含めている事例も認められる。これは、古代の壬申《じんしん》の乱（六七二年）、近代の戊辰《ぼしん》戦争（一八六八〜六九年）と同様に、戦乱が起こった年の干支を呼称に入れたということなのであろう。

筆者はすでに拙著（白峰：二〇一一）において、慶長五年の長期にわたる争乱状態を「庚子争乱《こうしそうらん》」と名付けてもよかろうと指摘した。

同時代人の認識

この慶長五年の日本国内の争乱状態について、同時代人の認識がわかるものとして、以下のような事例がある。義演《ぎえん》（醍醐寺座主《だいごじざす》、三宝院門跡《さんぼういんもんぜき》）は、その日記である『義演准后日記《ぎえんじゅごうにっき》』慶長五年九月九日条に「不慮（の）天下大乱」、同月十九日条に「建武《けんむ》・応仁《おうにん》の大兵乱もこれには及ばないのではないか」、同月二十六日条に「今回の大乱は昔にも聞いたことがない」と記している。

　これらの記載によれば、義演は不慮の天下大乱であり、建武の新政（＝南北朝の内乱）・応仁の乱以上の大兵乱であり、今回の大乱は昔にも聞いたことがない、という認識であったことがわかる。義演が京都に在住していた関係と思われるが、南北朝の内乱や応仁の乱と規模の大きさを比較している視点が興味深い。

　上記の「不慮（の）天下大乱」における「不慮」とは、「予測がつかず思いがけないこと。不意であること」（『日本国語大辞典』）という意味であるので、義演は、思いがけず突然起こった天下の大乱というとらえかたをしていたことがわかる。

　同様の表現は、「不慮の御弓矢」（九月三日付曾禰景房宛《あて》萩彦衛書状写）とか「不慮の一乱」（［慶長六年］五月十七日付曾禰高政宛長宗我部《ちょうそがべ》盛次（ママ）［盛親《もりちか》ヵ］書状写）などがある（『萩藩閥閲録《はぎはんばつえつろく》』）。このように「不慮」という言葉が共通していることから、同時代の人々は、不意に戦乱が勃発した、という受けとめ方をしていたことがわかる。

蜂須賀家政《はちすかいえまさ》は堅田元慶《かただもとよし》（毛利家重臣）に宛てて出した七月十六日付の書状（『毛利家文書之三』。この書状は毛利輝元への披露《ひろう》を前提としたものである）で、この度の石田三成と大谷吉継の逆意《ぎゃくい》についてはやむを得ないが、それに毛利輝元も同意することは承知できないとしたうえで、このままでは「天下の乱」が起きるであろうことは嘆《なげ》かわしい、としている。この書状が出された七月十六日は「内府ちがひの条々」が出される前日にあたり、この時点で蜂須賀家政が「天下の乱」が起きることを予見していたことは注目される。

この点は上述した「不慮」というとらえ方とは異なっているが、その理由としては、蜂須賀家政は豊臣政権の中枢に近い立場にあったことから、反家康派によって今後展開されるであろう権力闘争の危険度を十分認識していたからであろう。

それでは、この戦いの一方の当事者である徳川家康自身は当時どのように認識していたのであろうか。家康が八月朔日《ついたち》付で脇坂安元《わきさかやすもと》に対して出した書状（『脇坂家文書集成』）では「上方忩劇《かみがたそうげき》」と書いている。「忩劇」には、「混乱すること。いざこざなどによる世の騒ぎ」（『日本国語大辞典』）という意味があるので、上方《かみがた》における政治状況の混乱ととらえていたことがわかる。八月一日の時点では、家康はすでに上杉討伐の中止を決定したあとであり、七月十七日に「内府ちがひの条々」が出されたことにより、家康は豊臣公儀から排除されていた状況であった。このように家康は具体的な今後の展望が開けなかったので、こうした傍観的な書き方しかできなかったのであろう。あるいは、八月一日の時点では、家康方の軍勢がいまだ豊臣公儀の軍勢と軍事的衝突（決戦）を起こす前であったので、こうした非軍事的な書き方になったのかもしれない。

公家《くげ》の近衛《このえ》信尹《のぶただ》は、その日記である『三藐院記《さんみゃくいんき》』慶長六年正月三十日条に「昨年の秋におこった逆乱《ぎゃくらん》」と記している。この時点では、すでに関ヶ原の戦いの結果がわかっているので、謀反《むほん》（「逆乱」）というとらえ方をしているのであろう。

以上のような同時代人の認識を考慮すると、慶長五年九月十五日の関ヶ原の戦い（本戦）に至る同年の日本国内の政治的・軍事的争乱状態について、慶長という元号と慶長五年の干支（庚子）を付けて「慶長庚子の大乱」と呼称することを提唱したい。

なお本書では書名に使用するため、便宜上、「慶長庚子の大乱」を「関ヶ原大乱」と名付けた。

本書の構成

本書では、慶長五年の関ヶ原大乱に関係する東国と西国の各武将について、それぞれのテーマに研究実績があり、造詣《ぞうけい》が深い各研究者に執筆していただいた。これだけ強力な執筆陣による共著は、これまでの類書にはない稀有《けう》の試みであると編著者として断言できる。御多忙のなか、本書の執筆を御快諾いただいた各執筆者の皆様には厚く御礼を申し上げたい。

なお、本書では「関ヶ原の戦い／関ヶ原合戦／関ヶ原大乱」「徳川家康方／東軍」「豊臣公儀方／西軍」などの用語については、あえて統一しなかった。

〔主要参考文献〕

笠谷和比古『関ヶ原合戦――家康の戦略と幕藩体制』（講談社、一九九四年）
同『関ヶ原合戦と近世の国制』（思文閣出版、二〇〇〇年）
神谷道一『関原合戦図志』（小林新兵衛発行、一八九二年）
桐野作人『真説関ヶ原合戦』（学研M文庫、二〇〇〇年）
参謀本部編纂『日本戦史・関原役（本編）』（日本戦史編纂委員撰、版権所有参謀本部、元眞社発行、一九一一年、三版。初版は同書奥付によると一八九三年）＊国立国会図書館のデジタルコレクション（インターネット）で閲覧できる
白峰旬『新「関ヶ原合戦」論――定説を覆す史上最大の戦いの真実』（新人物往来社、二〇一一年）

同『新解釈　関ヶ原合戦の真実――脚色された天下分け目の戦い』（宮帯出版社、二〇一四年）
東京大学史料編纂所所蔵「史料稿本」＊東京大学史料編纂所のウェブサイトで閲覧できる
徳富蘇峰『近世日本国民史・家康時代上巻・関原役』（民友社、一九二三年）＊国立国会図書館のデジタルコレクション（インターネット）で閲覧できる
藤木久志『豊臣平和令と戦国社会』（東京大学出版会、一九八五年）
松田毅一監訳『十六・七世紀イエズス会日本報告集』第Ⅰ期第三巻（同朋舎出版、一九八八年）
『義演准后日記』第二〈史料纂集〉（続群書類従完成会、一九八四年）
『三藐院記』〈史料纂集〉（続群書類従完成会、一九七五年）
『萩藩閥閲録』三巻（山口県文書館、一九七〇年）
『毛利家文書之三』〈大日本古文書　家わけ八ノ三〉（東京大学出版会、一九二二年発行、一九七〇年覆刻）
『山形縣史』巻一（山形県内務部、一九一九〜二〇年）＊国立国会図書館のデジタルコレクションで閲覧できる
『脇坂家文書集成――「秀吉からのたより」展示資料別冊』（たつの市立龍野歴史文化資料館、二〇一六年）
『日本国語大辞典（第二版）』八巻（小学館、二〇〇一年）
『日本国語大辞典（第二版）』一一巻（小学館、二〇〇一年）

第一部

東国の武将

第一章

徳川家康の戦い

水野伍貴

ずば抜けた野心と先進性

徳川家康《とくがわいえやす》（一五四三～一六一六）は、正二位《しょうにい》内大臣《ないだいじん》の官位と、関東に約二百五十余万石の領土を有しており、豊臣《とよとみ》政権下で他の追随を許さない最有力の大大名であった。豊臣秀《ひで》吉《よし》の死の直前には前田《まえだ》利家《としいえ》らとともに五大老に任じられ、石田《いしだ》三成《みつなり》ら五奉行とともに豊臣政権の舵取りを担っていく。

近年の歴史学は、先入観を取り除いた視点でみるという傾向が活発になっているように感じられる。その最たる例が織田《おだ》信長《のぶなが》であり、「革命児」あるいは「中世の破壊者、近世の創造主」といった見方は和らいできている。本章のテーマである関ヶ原大乱と徳川家康で述べるならば、「家康が最初から豊臣政権を簒奪《さんだつ》しようとしていたとするのはおかしい」

とする視点が挙げられ、平成二十八年（二〇一六）NHK大河ドラマ『真田丸《さなだまる》』では、諸大名の家康に対する支持を目《ま》の当たりにして後発的に野心が芽生えたように描かれた。

しかし、この点においては通説通りでよいと思われる。豊臣秀吉の死から十日後の慶長《けいちょう》三年（一五九八）八月二十八日に石田三成、増田長盛《ましたながもり》、長束正家《なつかまさいえ》、前田玄以《まえだげんい》の四奉行と毛利輝元《もうりてるもと》は盟約を結んで、五大老のなかに四奉行と対立する者が出た場合、輝元は四奉行へ味方することを誓約しており（『毛利家文書』）、同年九月二日に毛利家臣の内藤隆春《ないとうたかはる》が内藤元家《ないとうもといえ》へ宛てた書状には奉行衆と家康の不和が表面化したことが記されている（『萩藩閥閲録《はぎはんばつえつろく》』）。

史料は、三成らが盟約を結び家康と不和が生じたというものであるが、なぜ団結する必要があったのかという点を踏まえると、三成らには家康が動き出すことがわかっていたのであろう。そして、実際に奉行衆と家康の間で不和が生じている点からも、家康も何かしら動きを開始していたと推察できる。

また、秀吉の死から約三カ月後の十一月九日（西暦十二月七日）、伊勢《いせ》に潜伏していたフランシスコ会宣教師ヒエロニモ・デ・ジエズスが捕縛《ほばく》されると、家康は伏見《ふしみ》でジエズスと面会している。ジエズスは、このときの様子を西暦一五九八年十二月二十日ファン・デ・

ガロビーリャス宛ての書簡に記しており、そのなかで家康を「新しい国王」と称している。このとき、秀吉の遺言《ゆいごん》によって家康と同等の権限を与えられていた前田利家は健在であり、実際に伏見に赴いて家康と対面した人物による記述であるから、大変興味深い。

ジエズスは、自身が捕縛された理由を「スペイン船が家康の領地に行くことを（家康が）希望したため」と記している。豊臣政権の禁教政策の一環ではなく、家康がスペイン領であったルソンとの交易を図るため、取次としての役割を期待されて家康に探し出されたというのである。実際に家康は、ルソンとメキシコを結ぶ航路に関東を入れた通商圏の構築や、西洋式の大型船を入手して家康の側からもメキシコへ貿易船を出していくといった活発な対スペイン交易、そして精錬技術（アマルガム法）を導入して金銀を効率的に取得するという富国策を抱いており、スペイン側に要請を出している。

こうした具体的なビジョンは瞬時に描けるものではない。日本巡察師アレッサンドロ・ヴァリニャーノが西暦一五九九年二月二十二日付でイエズス会総長クラウディオ・アクァヴィーヴァに宛てた書簡に「家康殿はかなり以前――まだ太閤《たいこう》様が存命中――にも、そのこと（メキシコ貿易）を修道士たちより聞いて可能であると思っていますので」とあるように、家康は豊臣秀吉の存命中からさまざまな構想を練っており、秀吉が没したのを契機として、熟成させた構想の実現に向けて動き出したのである。秀吉の死を好機と捉えていたことは間違いないだろう。

さらに、秀吉が没する一カ月前に、家康は系図の作成にとりかかっており（『舜旧記《しゅんきゅうき》』）、八月には各家の来歴を記した『公武大躰略記《こうぶだいたいりゃっき》』を取り寄せている（『言経卿記《ときつねきょうき》』）ことから、家康が秀吉の死の直前に豊臣姓から源姓への改姓を企画していた可能性が指摘されている（野村：二〇一八）。

大老衆の排斥

慶長三年の十一月末頃から家康は諸大名の屋敷を盛んに訪問し、多数派工作の動きが確認できるようになる（『言経卿記』）。その一環として、家康の六男松平忠輝《まつだいらただてる》と、伊達政宗《だてまさむね》の長女五郎八姫《いろはひめ》の縁組みが図られたが、この縁組みは慶長四年正月中旬に問題となる。

大名同士が勝手に縁組みすることは秀吉の命令により禁止されているが、秀吉は死の直前に大老衆が相互に縁組みをして結束を強化するよう命じていた（「豊臣秀吉遺言覚書案」）。本来であれば大老衆の構成員と縁組みをしなくてはならないところを、家康は伊達氏と縁組みしたのである。石田三成や毛利輝元とは異なり、家康からは大老・奉行の構成員と結束する動きはみられず、伊達氏や長宗我部《ちょうそがべ》氏、島津《しまづ》氏、細川《ほそかわ》氏など政権中枢に携わらない大名への影響力を求めて勢力の強化を図っている。

家康の縁組みに対して、正月十九日に四大老・五奉行から糾明使が派遣されている（『言経卿記』）。これまで家康と対立軸にあった毛利・四奉行に、前田利家と宇喜多秀家《うきたひでいえ》、浅野長政《あさのながまさ》といった前田氏とつながりの深い者たち、さらには上杉景勝《うえすぎかげかつ》も加わり、家康以外のすべての大老・奉行衆が家康と対峙する形となった。

なお通説では、この頃に三成が徳川邸を襲撃するという風聞があり、徳川邸では備えを固めたとされている（『板坂卜斎覚書《いたさかぼくさいおぼえがき》』『当代記』）。しかし、大身《たいしん》の大名である四大老が味方にいる状態で、三成が単身決起に近い形で襲撃を企てるとは考え難い。前田家臣の村井長明《むらいながあき》の覚書『亜相公御夜話《あしょうこうおんやわ》』によると、奉行衆らが前田利家の了承のもと十一ヶ条の弾劾状を作成して家康のもとに糾明使を派遣し、家康の返答次第では、利家が豊臣秀頼《ひでより》の名代《みょうだい》として家康を征討することになっていた。

江戸時代に成立した諸史料が三成による徳川邸襲撃の風聞を記すのは、神君《しんくん》（家康）が豊臣公儀の中枢から半ば排斥された状態に陥り、征討の危機にも直面した不名誉な事件を矮小化させる意図があったのであろう。大老・奉行衆による家康征討の動きは、秀頼の名のもとに征討する「公戦」という性格をもっていたが、三成による襲撃計画とすることで公儀性を取り除かれ、いわゆる「私戦」へと塗り替えられたのである。しかし家康にとって決して好ましいとはいえないこの事件は、図らずも家康に政権奪取の道を示す結果となった。こののち、家康はこの事件に倣うかのように、大老衆の構成員を征討の対象にして排斥を進めていくのである。

大老衆の排斥において、家康が最初の標的としたのは前田利長《としなが》であった。この年（慶長四年）の閏《うるう》三月に前田利家は没し、石田三成も失脚したことによって家康の権力は強まったが、大坂には前田利家の跡を継いだ利長が健在であり、徳川氏と前田氏による勢力均衡は保たれていた。

しかし利長が領国に帰還し大坂を離れていたときに、事件が発生する。慶長四年九月七日、家康は秀頼に重陽《ちょうよう》の節句の祝詞《しゅくし》を述べるために伏見から大坂へ下り、備前島《びぜんじま》の石田三成邸を宿所《しゅくしょ》とした。『板坂卜斎覚書』や『看羊録《かんようろく》』によると、この頃に（前田利長を首謀者とする）家康暗殺の企てがあるとの風聞が家康の耳に入ったという。これを受けて、家康は同月十一日に伏見から軍勢を呼び寄せて、大坂城の西の丸や大手口などを固めさせている（『北野社家日記』）。

家康が大坂城内に徳川軍を入れたことを毛利氏に報告していたことが、十月一日付の内藤隆春書状に記されている（『萩藩閥閲録』）。また同書状によると、家康と輝元が大坂に鎮座し、伏見には結城《ゆうき》秀康《ひでやす》と毛利《もうり》秀元《ひでもと》を置く体制を毛利氏に提案している。

三成の失脚後、毛利・四奉行連合は事実上解体。増田長盛ら奉行衆は家康に協力的な立場をとり、毛利輝元も閏三月二十一日に家康と誓紙《せいし》を交わして関係を改善していた（『毛利家文書』）。当時、家康と輝元は対立関係ではなかったため、家康は前田氏と対峙するにあたって輝元との連携を模索したのである。

九月二十一日付で島津《しまづ》惟新《いしん》（義弘《よしひろ》）が島津忠恒《ただつね》に宛てた書状によると、家康は前田利長や加藤清正《かとうきよまさ》が上方《かみがた》へ入って来られぬように迎撃態勢を整えている（「島津家文書」）。利長に対しては大谷吉治《おおたによしはる》（吉継《よしつぐ》の子）と石田三成の家来一千余が越前《えちぜん》へ配置され、清正に対しては菅達長《かんみちなが》と有馬《ありま》則頼《のりより》が淡路《あわじ》へ配置された。『綿考輯録《めんこうしゅうろく》』によると、細川忠興《ほそかわただおき》の領国に対しても丹波《たんば》衆が押さえとして置かれたという。また浅野長政も前田氏を擁護したことにより蟄居《ちっきょ》させられている（『看羊録』）。利長のみならず前田氏とつながりの深い者たちにも、家康は嫌疑をかけていたといえる。

しかし細川忠興が赦免される過程においては、細川氏の交渉努力よりも徳川方の尽力によるところが大きかった。当時の細川家は、有力家臣の松井康之《まついやすゆき》が細川幽斎《ほそかわゆうさい》・忠興の勘気《かんき》をこうむって蟄居しており、円滑に徳川氏と交渉を進められる状態ではなかった。榊原康政《さかきばらやすまさ》や有馬則頼ら取次は、松井康之の復帰を促して細川家が交渉を行える状態に整えたのをはじめとして、赦免に至るように導いていった(『松井家文書』)。こうした動きをみると、家康は細川氏を追い込む気はなかったように感じられる。

家康は事件を通じて、細川忠興ら前田氏とも徳川氏ともつながりのある大名に対して、徳川氏へ一本化させようとしたと思われる。細川氏側はこれに従い、三男の光千代《みつちよ》(のちの忠利《ただとし》)を江戸へ人質に出すことで家康個人に対する忠誠を明確に示した。このとき、家康と利長との間に和談は成立しておらず、仮に加賀征討という事態に発展した場合、細川氏は徳川方の立場に立つことを意味していたのである。浅野氏も同様に長政の三男長重《ながしげ》を人質として江戸へ送っており、これらの動きは、少なからず前田利長の家康に対する対抗心を削《そ》いだと考えられる。

家康は前述のように、越前に軍勢を配置して利長を牽制していた。また、加賀小松の大名丹羽長重《にわながしげ》は家康の厳命を受けて国境を塞いだという(『寛永諸家系図伝』)。家康と利長の間で軍事的緊張が続いたが、慶長五年(一六〇〇)二月になると事態は好転し、和談に向けた動きがみられるようになる（『象賢紀略《しょうけんきりゃく》』）。その大きな要因として、利長が会津《あいづ》の上杉景勝と盟約を結んだとする風聞が飛び交っていたことが挙げられる（『看羊録』）。

家康は、前田氏と縁戚関係にある細川氏からは誓紙や人質を徴収したが、同じく縁戚関係にある宇喜多秀家に対しては謀反《むほん》の嫌疑をかけていない。また、利長と盟約を結んだとの風聞がある上杉景勝についても、干渉を行うのは利長との和睦《わぼく》がまとまってからである。家康は大老衆を二人以上相手にすることを避けており、利長と景勝が連携する可能性を取り除くまでは出征に踏み切ることはできなかったのである。家康の方針は大老衆一人ひとりを豊臣公儀から孤立させ、排斥していくというものであった。

なお、家康暗殺計画に関する風聞に端を発し、加賀征討へ向かおうとする一連の動きについて、近年は虚構説が出ている（大西：二〇一九）。しかし、論拠の柱となっているのは、同時代史料による裏付けを欠く点、『当代記』『象賢紀略』といった編纂史料にも言及されない点の二点である。これらから言えることは、一連の動きについて詳細が不明である点にとどまり、否定する根拠たりえない。また、実際に出征に至った会津征討でさえも、出征以前にそれに言及した史料は、管見の限りでは神龍院梵舜《しんりゅういんぼんしゅん》の日記『舜旧記』と五月十七日付島津惟新書状（『島津家文書』）、五月二十二日付前田利長書状（『武家手鑑《ぶけてかがみ》』）、次項で取り上げる四月二十七日付島津惟新書状、五月七日付最上義光《もがみよしあき》書状（写）、五月三日付徳川家康書状（写）、浅野幸長《あさのよしなが》書状（写）くらいであり、史料の伝存は容易ではない点も留意すべきである。虚構説にはほかにも間接的な論点があるが、紙幅の都合上割愛する。関心のある方は、拙稿（水野：二〇一九）で言及しているので参照いただきたい。

直江状と会津征討

同年（慶長五年）五月に利長の母である芳春院《ほうしゅんいん》が江戸へ下向《げこう》したことにより、前田氏が上杉氏と連携するおそれがなくなり、家康は上杉景勝に謀反の嫌疑をかけ、征討の準備を始める。

上杉氏に対して上洛を促す糾明使は、四月十日に会津へ向かった。同月二十七日付で島津惟新が島津龍伯《しまづりゅうはく》（義久《よしひさ》）へ宛てた書状によると、糾明使が持ち帰る上杉氏の返答が家康の意に添《そ》わなかった場合という前提のもと、伏見城の守備を任されることになったという（「島津家文書」）。これと同様の内容は、五月七日付で出羽山形《でわやまがた》の最上義光が仁賀保《にかほ》氏ら由利《ゆり》衆に宛てた書状でも言及されており、家康は近々出陣する意向を示しており、糾明使に対する上杉氏の返答次第で出征が行われるか否かが決まるとし、十に九は出征となるだろという見通しまで述べている（『大野文書』）。

また、家康は五月三日付で下野《しもつけ》那須《なす》氏の支族である伊王野資信《いおうのすけのぶ》に対して、会津へ出陣する旨の書状を出している（『譜牒余録《ふちょうよろく》』）。通説では、糾明使の帰還は五月三日であるが、往復路の日数が足りず無理であると否定されている（宮本：二〇〇八）。西笑承兌《せいしょうじょうたい》が五月十一日に上杉家臣直江兼続《なおえかねつぐ》に対して返書を書いている（『鹿苑日録《ろくおんにちろく》』）ことから、糾明使は五月十日頃に上方へ帰還し、家康へ上杉氏の回答が伝えられたと思われる。家康は、上杉氏の返答を待つことなく出陣の意向を表明していたのである。

徳川秀忠《ひでただ》が五月十八日付で森忠政《もりただまさ》に宛てた書状によると、糾明使に対して上杉景勝は上洛の意向を示したという（『森家先代実録』）。また、六月十日付で景勝が抗戦の意思を示すため安田能元《やすだよしもと》ら家臣五人に宛てた書状によると、「万事をなげうって上洛する覚悟を決め、その際に讒言《ざんげん》をした者（堀直政《ほりなおまさ》）を問いただすように申し入れたが容《い》れられず、相変わらず上洛せよと言うばかりで、日限をもって催促してきた」とあり、景勝が一度は上洛すると返答していたことがわかる（『歴代古案《れきだいこあん》』）。糾明使に対する景勝の返答は上洛に応じるというものであり、直江兼続が書いたとされる「直江状」はそれと相反する内容となっており、実在したとは考えられない。西笑承兌が兼続に返書を書いていることから、兼続が承兌に書状を出したことは確かであろうが「直江状」とは別物である。

浅野幸長が五月二十六日に書いたと思われる浅野長政宛ての書状には、五月二十三日に再び会津へ使者が遣《つか》わされ、①景勝が七月中に伏見へ上り、八月一日に豊臣秀頼に伺候《しこう》すること、②六月二十日に兼続の妻子が江戸へ人質として赴くこと、を要求する書状を携えていたという（『坂田家文書』）。この内容は、前述の景勝が安田能元らに宛てた書状と重なる。同幸長書状によると、家康は上杉側の返答にかかわらず江戸までは軍勢を率いて下る予定であるという。すでに前田利長からは人質を徴収し、家康が軍事行動を躊躇《ちゅうちょ》する理由はなかった。諸大名に軍役を課し彼らを指揮することや、上杉景勝を軍事行動により屈服させたという実績を家康は必要としたのであろう。会津征討は上杉氏の対応に関係なく、家康の思惑によって強引に導かれた回避不能のものであったといえよう。

小山評定論争

西軍決起の報に接すると会津征討軍を率いる徳川家康は、従軍していた豊臣系大名を下《しも》野《つけ》国小山《おやま》（栃木県小山市）に集めて軍議を開いた（通説では七月二十五日）。ここで福島正則《ふくしままさのり》ら臨席した豊臣系大名が一同に家康に味方し、東海道に所領を持つ諸将に至っては居城までも提供した。いわば、小山評定《おやまひょうじょう》は関ヶ原大乱の結果を運命づけた軍議といってよいだろう。この小山評定の実在をめぐって、虚構とする白峰旬氏と肯定的な本多隆成氏を中心として論争が繰り広げられている。論争は平成二十四年（二〇一二）から始まり、十年近く経とうとしている。なお、この論争において筆者は肯定的な立場をとっているため（水野：二〇一七、二〇一九）、論争を紹介するにあたって中立的視点でない点はご寛恕《かんじょ》いただきたい。

論争の論点は多岐にわたっているが、焦点となっている二つの史料に論点を絞りたい。まずは七月二十九日付大関資増宛《おおせきすけますあて》浅野幸長書状（『大関家文書』）をみていきたい。

この書状は会津征討に従軍して下野国にいた浅野幸長が下野黒羽（栃木県大田原市）の大関資増に宛てたものであり、内容は次の通りである。

①上方の変事への対応を「各被申談仕置《しおき》」上杉領侵攻が延引となった。
②上方の変事について詳細がわかり次第、家康から諸将に状況および指示が伝えられることとなった。
③浅野幸長はこれまで下野宇都宮（栃木県宇都宮市）にいたが、現在下総《しもうさ》国結城《ゆうき》（茨城県

結城市）まで来ている。

④駿河《するが》国より西に所領を持った大名は皆、領国へ返された。

また追而書《おってがき》では、大関資増が七月二十三日付で出した書状に対して礼を述べ、書状が到着したときに幸長は下野小山へ赴いていたと、返事を出していない理由を説明している。

争点となっているのは、①にある「各被申談仕置」の箇所である。小山評定に否定的な白峰氏は「各自（＝諸将）が仕置を相談したので」と解釈し、この文の主語は「各」（＝諸将）であり、家康が主語であれば「各被申談」の前に「内府様」と明記されるはずであるとする。白峰氏は話し合いの場に家康の姿はなく、浅野幸長書状は小山評定を裏付ける史料ではないとしている。一方、肯定派の解釈は研究者によって細かな違いはあるものの、おおむね「家康が諸将に申し談ぜられ、その仕置（処置）として」となり、家康を外して仕置を諸将だけで申し談ずることは想定し難いとする。

確かに史料を素直に読むと、白峰氏が指摘するように「諸将が仕置を相談したので」となる。しかし話し合いの場に家康の姿があったか否かという点においては、「各被申談仕置」の解釈はさほど重要ではない。③にあるように浅野幸長の陣所は宇都宮あたりにあった。しかし追而書ではあえて小山にいたと述べていることから、幸長は書状が届いた場所（幸長の陣所）から離れて、話し合いのために小山へ赴いたこととなる。このほか、細川忠興や森忠政も宇都宮に着陣していた（『松井家文書』『森家先代実録』）。諸将だけの談合であれば、宇都宮で行えばよいのであり、小山へ赴く必要はない。諸将が小山へ赴いたのは、家康が未だ宇都宮に到達していなかったからにほかならず、宇都宮に集結した諸将を小山へ動かす権力を有しているのも家康しかいない。また、「各被申談仕置」についても「（家康の御前で）諸将が議論を行い（家康の裁決により）その処置として」という解釈もできる。浅野幸長書状は小山評定を裏付ける史料とみてよいであろう。

次に福島正則宛徳川家康書状をみていきたい。この書状は、家康が会津征討に従軍中の福島正則に宛てたものである。原文書はみつかっておらず、福島家関係史料や『武徳編年集成』に収録された写が伝わっているのみである。内容は次の通りである。

①早々にそこまでの御出陣、御苦労である。

②上方について（変事があったと）雑説（噂）があったため、軍勢は「被上《のぼせられ》」（「被止」とも）、御自身（正則）はここ（家康の居るところ）まで御越しいただきたい。

③委細は、黒田長政《くろだながまさ》と徳永寿昌《とくながながまさ》が述べるので詳しくは書かない。

争点となっているのは、書状の日付と②の「被上」の部分である。まず日付であるが、福島家関係史料のうち『天正元和年中福島文書』は七月九日付、『福島家系譜』と『福嶋氏世系之図全』は七月十九日付、『武徳編年集成』が七月二十四日付である。福島家関係史料はみな「被上」（上せられ）であるが、『武徳編年集成』は「被止」（止められ）となっている。

『天正元和年中福島文書』の七月九日説は、西軍が挙兵する前のものであるため、いずれの研究者も採用していない。『福島家系譜』『福嶋氏世系之図全』の七月十九日説をとる白峰氏は、福島正則の軍勢を西上させるように家康が正則に対して命じたものであるとし、小山評定に正則が参加するのは不可能とした。また、『武徳編年集成』の七月二十四日説に対しては、著者の木村高敦《きむらたかあつ》が七月二十五日に小山評定が行われて会津征討の中止を決定したかのようにみせるため、日付と「被上」の箇所を改竄《かいざん》したとしている（白峰：二〇一四）。

一方で『武徳編年集成』の七月二十四日説をとり、福島正則宛徳川家康書状を小山評定を裏付ける史料と評価する本多隆成氏は、七月十九日説に次のように反論している。福島正則宛徳川家康書状の趣旨は十九日説の場合は江戸まで、二十四日説の場合は小山まで、正則を呼び戻すところにあり、家康が正則に急遽《きゅうきょ》西上を命じるようなことは記されていない。十九日説の場合は軍勢は「被上」とするのであるから、正則はこの書状以前にすでに西上を開始していたことになる。徳永寿昌は西上にあたって正則と行動をともにしているのに、十九日説では正則がすでに西上を開始しているにもかかわらず、徳永はこれに同行するどころか正則を呼び戻す役割を担う矛盾に陥っている（本多：二〇一九）。

福島正則宛徳川家康書状は、二十四日説をとるか十九日説をとるかで小山評定実在の真偽を分ける書状となっている。藤井讓治氏は、十九日説と二十四日説どちらが正しいともいえない（結論を出すことはできない）という立場をとるが、次のように述べている。諸将の西上は七月二十六日にはじまり、七月二十六日付小出秀政《こいでひでまさ》宛徳川家康書状（『脇坂文書』）に「先手《さきて》」（先鋒）の表示があるように、西上の「先手」はこのとき定められたのであり、もし七月十九日の段階で福島正則が西上を開始していたとすれば、正則が「先手」であったはずで、こうした表現はされない。『福島家系譜』『福嶋氏世系之図全』は、福島家によって作成されたものであり、特段それに改竄を加える必要はないと思われる。しかし、福島家で日付の改竄がなかったともいえない。それに対して『武徳編年集成』は徳川家康顕彰というバイアスがかかった書であり、改竄された可能性がある（藤井：二〇一九）。

藤井氏は、信憑性では『福島家系譜』『福嶋氏世系之図全』のほうが高いとしながらも、十九日説を実質的に否定したといえよう。なお、筆者は福島正則宛徳川家康書状を偽文書《ぎもんじょ》であると考えている。藤井氏が十九日説を実質的に否定しているように、本来であれば信憑性が高い福島家関係史料が日付や文言の矛盾を起こしている点もそうであるが、③の家康と主従関係を有しない黒田長政と徳永寿昌が口上を担う使者に充てられ、家康の居所から正則の陣所まで使番同然の扱いを受けている点に違和感がある。

福島正則宛徳川家康書状の趣旨は正則を家康の居るところへ呼ぶことであり、家康の家臣で十分に事足りるものである。黒田長政と徳永寿昌でなくてはならない理由があるとするならば、通説でいわれるように家康が正則の去就に不安を感じ、黒田長政が小山評定前夜に正則の説得に当たったというエピソードが必要となるが、正則は藤堂高虎《とうどうたかとら》、黒田長政と同様に慶長四年正月の段階ですでに徳川方の立場を明確にしている。また、関ヶ原大乱の最中の八月八日付で黒田長政に宛てられた本多正純条書には、西軍から正則への説得工作に対して、ゆっくりと対応して時間稼ぎをせよと指示が出されている（『黒田家文書』）

ように、家康が正則の去就を疑っている様子はみられない。藤井氏が述べるように福島家が文書を改竄する必要はないかもしれないが、関ヶ原大乱における正則の功績を喧伝《けんでん》する史料として文書そのものを捏造《ねつぞう》する理由は大いにある。福島家が捏造した文書を木村高敦が『武徳編年集成』に採録するにあたって、日付や文言の矛盾を修正（改竄）したという見方はできないだろうか。

家康の誤算

七月二十六日から豊臣系諸大名が西上した後も家康は下野小山に逗留し、八月五日に江戸に帰還している。伊達政宗が白河口からの会津侵攻は「火急」であるとして促している（『伊達家文書』）ように、下野国に駐留していた軍勢の西上は東北地方の諸大名に危機感を与えるものであった。家康が小山に逗留した理由は、こうした諸大名の危機感を和らげるためにも下野国を万全の態勢に整えるところにあったであろう。

家康は江戸に帰還した後もすぐには西上を開始せず、西上を開始するのは岐阜城攻略の報《しら》せを受けた後の九月一日である。徳川秀忠の中山道進軍の目的が、信州上田の真田《さなだ》昌幸《まさゆき》をはじめとした信州方面の西軍勢力の平定であったことが笠谷和比古氏によって指摘されている（笠谷：二〇〇〇）ように、家康は近隣に位置する敵対勢力の打破や、防衛強化などによって地固めをしていく長期的な戦略を持っていたといえる。

尾張《おわり》清須へ出張していた村越直吉《むらこしなおよし》が八月二十二日に江戸に帰着し、福島正則らが美濃《みの》国への進攻を開始するとの報せを受けると、戦局は膠着《こうちゃく》すると踏んだのか、一度西上を延期している（『伊達家文書』）。しかし、岐阜城攻略の報せを受けると「我等父子を御待尤候」（家康と秀忠の到着を待つように）と伝え（『池田家文書』）、西上を開始する。家康は、岐阜城攻略の報せに意表を突かれたかのように、強行軍で東海道を進み、また、徳川秀忠の隊には美濃国へ急行するよう命じるなど、後手に回った印象がある。

家康が美濃赤坂（大垣市赤坂町）に着陣したのは本戦前日の九月十四日であり、これまで幾多の前哨戦が行われていたが、家康は本戦まで采配をまったく振っていなかったのである。結果的に本戦が東軍の完勝で終結しながらも、徳川家臣の村越兵庫《むらこしひょうご》と、旧臣の奥平《おくだいら》貞治《さだはる》が戦死。松平忠吉《まつだいらただよし》と井伊直政《いいなおまさ》が負傷。戦場で傷を負うことがなかったとされる本多《ほんだ》忠《ただ》勝《かつ》でさえ、名馬三国黒《みくにぐろ》を被弾で失っている。徳川氏の関係者に死傷者が目立つのは、こうした引け目が背景としてあったのかもしれない。

関ヶ原大乱は、家康にとって誤算の連続であった。前述のように家康の方針は大老衆一人ひとりを豊臣公儀から孤立させ、排斥していくものであり、毛利輝元と宇喜多秀家が上方で挙兵し、大老衆を三人同時に相手にすることなど想定していなかった。当初、家康の西軍に対する認識は、石田三成と大谷吉継による反乱というものであった。七月二十一日には毛利輝元の関与に風聞という形で接しながらも（『松井家文書』）、事態を楽観的にとらえて、同日、江戸を出陣して会津征討を予定通り進行している。

そして何よりの誤算は、奉行衆のうち、現役であった増田長盛、長束正家、前田玄以の三名が西軍に味方したことである。奉行衆は豊臣家の家老であり、豊臣秀頼の意思を代弁する立場にあった。慶長四年閏三月に石田三成が失脚して以降、三奉行は家康の執政に協力的であり、その存在は家康権力の正当性を裏付けるものであった。家康も三奉行を信頼しており、小山評定と同日にあたる七月二十五日付で長束正家に兵粮米《ひょうろうまい》の準備を命じている（『光明寺文書』）。

豊臣秀頼の意思を代弁する三奉行が西軍に味方したことによって、理論上、三成ら西軍は「公儀」となり、一方の家康は、三奉行が発した檄文《げきぶん》と「内府ちがひの条々」によって会津征討の正当性を奪われたことになる。しかし、会津征討軍から離脱したのは、真田昌幸などわずかにとどまり、依然として家康は諸大名の支持を失ってはいなかった。関ヶ原大乱のときには、奉行衆が有する正当性は、強大化した家康の実力に抗《あらが》えるものではなかったのである。毛利と宇喜多の二大老や三奉行の蜂起は、家康にとって望まざるものであったが、結果的に家康が関ヶ原大乱に勝利したことによって、家康の覇権確立を早めることになったのである。

〔主要参考文献〕

大西泰正『前田利家・利長――創られた「加賀百万石」伝説』(平凡社、二〇一九年)
笠谷和比古『関ヶ原合戦と近世の国制』(思文閣出版、二〇〇〇年)
白峰旬『新解釈 関ヶ原合戦の真実――脚色された天下分け目の戦い』(宮帯出版社、二〇一四年)
野村玄『豊国大明神の誕生 変えられた秀吉の遺言』(平凡社、二〇一八年)
藤井讓治「慶長五年の『小山評定』をめぐって」(『龍谷日本史研究』四二号、二〇一九年)
本多隆成「『小山評定』再々論――家康の宇都宮在陣説を中心に」(『地方史研究』三九八号、二〇一九年)
水野伍貴「『直江状』は本物なのか?」(渡邊大門編『家康伝説の嘘』柏書房、二〇一五年)
同「小山評定の歴史的意義」(『地方史研究』三八六号、二〇一七年)
同「加賀征討へ向かう動静の再検討――会津征討との対比を通して」(『十六世紀史論叢』一一号、二〇一九年)
宮本義己「内府(家康)東征の真相と直江状」(『大日光』七八号、二〇〇八年)

第二章

上杉景勝の戦い

本間　宏

越後から会津への移封

上杉景勝《うえすぎかげかつ》（一五五六〜一六二三）は、越後《えちご》国春日山城主《こくかすがやまじょうしゅ》上杉謙信《うえすぎけんしん》の養子として、謙信没後の跡目を相続した大名である。豊臣秀吉《とよとみひでよし》の晩年には、のちに五大老と称される有力大名の一人として、国政にも関与する立場となっていた。

慶長《けいちょう》三年（一五九八）正月十日、上杉景勝は豊臣秀吉の命《めい》により、越後《えちご》九一万石から会《あい》津《づ》一二〇万石に移封《いほう》となった。これにより景勝は、豊臣政権下第三位の石高《こくだか》を有することとなった。その支配域は旧蒲生《がもう》氏領（会津、仙道、長井、刈田《かった》）に旧領の一部（庄内、佐渡）が飛び地として加わるという変則的なものであった。

豊臣政権が景勝に期待したものは関東と奥羽《おうう》の安寧であり、具体的には徳川《とくがわ》氏と伊達《だて》氏、最上《もがみ》氏を牽制する役割であったと考えられる。

一方、景勝に従ってきた在来の国衆《くにしゅう》たちは、会津移封によって先祖伝来の土地から切り離され、新たな知行《ちぎょう》地を景勝から拝領することとなった。これにより景勝と国衆の間には明確な主従関係が成立した。嗣子《しし》に恵まれていなかった景勝にとって、「御館《おたて》の乱」の再燃を避ける支配体制強化は必須課題であった。越後から会津への移封は、豊臣政権と景勝の利害が一致したものだったのである。

景勝はこの年の三月に会津入りを果たしたものの、豊臣秀吉が八月に死去したため、九月には再び上洛の途に就いた。景勝は豊臣政権を支える五大老（同時代史料に「大老」の語は用いられないが、通例に従う）の一人として、他の大老とともに政務に従事することとなった。

そうしたなか大老徳川家康《とくがわいえやす》は、秀吉の遺命を破って他大名（伊達氏、福島《ふくしま》氏、蜂須賀《はちすか》氏）との婚約を結び始めた。慶長四年（一五九九）正月、四大老・五奉行がこれを非難し、豊臣政権内部の確執が表面化した。

同年八月、景勝はようやく会津に帰国した。景勝の帰国後、徳川家康は豊臣秀頼《ひでより》の後見として大坂城西の丸に入り、諸大名の加増《かぞう》・転封《てんぽう》を行い、前田利長《まえだとしなが》を屈服させるなど、その権限を増幅させていった。

神指原への築城

慶長五年（一六〇〇）の春以降、上方《かみがた》では、景勝に謀反《むほん》の疑いがあると噂されるようになった。信頼できる一次史料は存在しないが、越後春日山城主堀秀治《ほりひではる》の家老堀直政《ほりなおまさ》と、上杉家中から出奔した藤田信吉《ふじたのぶよし》の通報が契機になったとされている。そして、景勝による新城建設などが、景勝「逆心《ぎゃくしん》」の証拠と見なされるようになった。

慶長五年二月、景勝は、若松城（鶴ヶ城）の北西約四キロメートルの地点に新しい居城を構築し始めた。この城は、現在「神指城《こうざしじょう》」と呼ばれている。外堀跡縁辺までを含めた規模は、南北七一八メートル、東西六九八メートルという壮大なもので、蒲生氏郷《がもううじさと》が整備した若松城の約二倍の面積を有するものであった。

同時代史料の「塔寺八幡宮長帳《とうでらはちまんぐうながちょう》」（『会津坂下町史』）には、慶長五年に景勝が「神指村そのへん十三村」を倒して、若松を「お引きあるべき候由仰せられ候て」、町割《まちわり》にも着手しようとしていたことを示唆する記述が記載されている。神指築城とは、会津一二〇万石の中枢拠点を若松から神指村に移転させる事業だったのである。

発掘調査の結果、堀の掘削はきわめて不十分で、必然的に土塁《どるい》も未完成とみなされることや、本格的な石垣づくりの居城を志向していたことなどが判明した。冬季の築城が困難であるという地理的条件を加味すると、数カ年以上に及ぶ計画で構想された築城だったことが確実となった（本間：二〇〇九）。この築城は風雲急を告げる慶長五年六月九日まで続けられ、未完のまま中断された。こうした事実は、前年から石田三成《いしだみつなり》と直江兼続《なおえかねつぐ》との間に家康挟撃の密約があったとする逸話を否定し、家康軍と戦うため急ピッチで築城が行われたとする見方をも完全に否定するものである。

上洛要請の拒否

神指築城が行われていた慶長五年四月、相国寺《しょうこくじ》の西笑承兌《せいしょうじょうたい》は、上杉氏執政の直江兼続宛てに飛札《ひさつ》を発した。景勝の上洛の遅れ、神指原への新城建設、津川口の道や橋の構築、会津での武具の収集などに関する上方の噂が穏便でなく、内府（徳川家康）が不審に思っているため、一刻も早く上洛すべきであるとの内容であった（「四月一日付西笑承兌書状写」『歴代古案《れきだいこあん》』）。

これに対する回答と伝えられているものが、いわゆる「直江状」である。「直江状」には真贋《しんがん》をめぐる論争があるが、相国寺の日記『鹿苑日録《ろくおんにちろく》』をみる限り、西笑承兌と直江兼続との間で書状が交換されていたのは確実である。また、「直江状」の最古の写本の検討によって偽書説の論拠はおおむね否定され、「家康への挑戦状」と評される内容ではなかったことも指摘されている（白峰：二〇一一a）。

原本が実在する（慶長五年）六月十日上杉景勝書状（矢田・新潟県歴博：二〇〇七）の内容は、「直江状」の趣旨とほぼ一致している。そこには、領内仕置《しおき》等のため上洛を秋まで延期してほしいと奉行衆に回答したところ、再度の讒言《ざんげん》により、上洛しなければ上杉征伐に踏み切ると脅迫されたことが記されている。このため、もともと叛心などないので、やむなく上洛する意思を固めたが、讒人《ざんじん》を糾明してほしいとの要望が不問に付され、一方的に上洛期限まで指定されたため、これを拒否することを決断したとする。

重臣に宛てた景勝のこの書状は、家中の結束を求めるものであった。「右の拠《よ》ん所無き趣を分別仕《つかまつ》り候者は、供の用意を申し付けべく候」と言い、逆に分別なく「理不尽《りふじん》の滅亡」と思う者は、誰であろうと解雇すると述べている。そして、上方の軍勢が下ってくるという日限がわかり次第、戦闘態勢に移るよう指示している。領地境が突破されれば地下人《じげにん》が反乱を起こすことを「必然」と想定し、家臣の離反を防ぎ、忠誠を求める指示を下したのである。

上杉包囲網の形成

会津征伐を宣言した徳川家康は、六月十六日に大坂を進発した。江戸に到着した家康は、七月七日に東国諸大名への通知を一斉に発した。そこでは、自身の会津出陣を七月二十一日と伝え、会津攻めにおける各々の役割を指示している。家康による陣立ては、

①由利《ゆり》衆は庄内口の抑えとなる。
②秋田実季《あきたさねすえ》、南部利直《なんぶとしなお》、仙北《せんぼく》衆（戸沢《とざわ》氏、六郷《ろくごう》氏、本堂《ほんどう》氏、小野寺《おのでら》氏）は最上義光《もがみよしあき》のもとで米沢口の抑えとなる。
③前田利長は溝口秀勝《みぞぐちひでかつ》と村上頼勝《むらかみよりかつ》のいずれかを案内役として小国に入り、最上義光を先陣として檜原《ひばら》から会津に侵攻する。
④堀秀治は溝口秀勝と村上頼勝のいずれかを率いて津川口から会津に侵攻する。
⑤伊達政宗《だてまさむね》は刈田郡から攻め入り、白河口から攻め入る徳川家康の本軍に合流する。

というものであった。

これに先立つ六月二十五日、上杉領の伊達郡掛田《かけだ》において領民の反乱が起こり、簗川《やながわ》城勢らが鎮圧した。景勝の不安は、早くも現実のものとなりつつあった。

捏造された「革籠原」迎撃作戦

七月二十一日、徳川家康は、予定通り江戸を進発した。これにより、上杉領の仙道南端にあたる白河口は緊張状態を迎えた。

多くの歴史書や小説、劇画等では、『東国太平記』等に基づき、上杉景勝が白河口の「革籠原《かわごがはら》」を徳川軍との決戦場と定め、敵の正面と側面に軍勢を配備し、徳川軍を殲滅させる作戦を準備していたとする。林泉文庫の「白河口戦闘配備之図」や、「革籠原防塁」の存在が、その証拠とされている。家康が小山《おやま》から江戸に引き返したため作戦は未遂に終わったが、撤退する徳川軍を討つべしと主張する直江兼続の進言を景勝が却下したため、追撃戦が実施されなかったとする。

しかし上記の記述はすべて誤りである。景勝は若松から動かず、兼続もこの方面には出陣していない（高橋明：二〇〇九c）。「白河口戦闘配備之図」は『東国太平記』の記述が後世に図化されたものであり、「防塁」とされた遺構が奥州道を塞がないことも判明している（本間：二〇一一）。上杉氏の「防塁」と指摘されてきた遺構はほかにも数例存在するが、慶長五年の所産と推定できる事例は鶴淵《つるがふち》（日光市上三依《かみみより》）の一例のみで、その他の例は現在ほぼ否定されている（広長：二〇一七、広長・小暮・佐藤：二〇一八）。

では、事実はどうであったか。上杉景勝は、若松に在城し、白河方面の指揮を岩井信能《いわいのぶよし》に、南山・下野通りの指揮を大国実頼《おおくにさねより》に、信夫《しのぶ》口、白河口双方の総括指揮と越後一揆と宇都宮一揆の指揮を直江兼続に任せ、村上氏、溝口氏、相馬《そうま》氏、佐竹《さたけ》氏、小野寺氏、秋田氏、伊達氏、最上氏らへの政治工作を指示していた（高橋明：二〇〇九）。

白河の防備を担当する芋川越前守《いもかわえちぜんのかみ》（正親《まさちか》）、平林蔵人《ひらばやしくろうど》（正恒《まさつね》）、西方次郎右衛門尉《にしかたじろうえもんのじょう》（房家《ふさいえ》）に宛てた七月九日上杉景勝書状写（『歴代古案』）をみると、この時点において、白河の防備はまったく進んでいなかったことがわかる。その十日後、景勝は、白河在番衆に五箇条の条書を発した。芋川、平林、西方の指図に従い、敵の攻撃があっても軽率な戦闘行為を行わず、よく相談して対処するよう指示している。徳川軍を殲滅させるどころか、防御に徹する姿勢を見せているのである。また、戦功のあった者の名を「帳に仕立て」景勝に送るよう伝えている。つまり、景勝には白河出陣の意思がなかったのである。

直江兼続の出陣

この時期、景勝の命を受け、上杉氏の軍事・外交をほぼ全線にわたって指揮した人物がいた。それが直江兼続であった。徳川家康が江戸城を進発した翌日の七月二十二日、兼続は若松城から出陣した。兼続は出陣に先立ち、南会津を守備する大国実頼に、①鶴淵の普請、②檜枝岐《ひのえまた》方面の人事異動、③以後の連絡系統などを指示している。徳川軍が鬼怒川《きぬがわ》沿いに北上するルートを進軍する場合、渓谷に沿って一列縦隊にならざるをえない狭小な地点が鶴渕（日光市指定文化財鶴が淵城址）であり、普請は九月上旬まで続けられた。現在、二重の土塁と角馬出が良好に残っている。

兼続が向かった先は、安子ヶ島《あこしま》（郡山市熱海町）であったと目されている（高橋明：二〇〇九a）。安子ヶ島は、若松城、二本松城、長沼城、守山城と連携しつつ、信夫口、白河口双方を指揮できる場所であった。ここを基点に、兼続は全方位の指揮を執ることとなる。

白石合戦と河俣合戦

翌七月二十三日、石田三成と大谷吉継《おおたによしつぐ》（吉隆《よしたか》）の決起を伝える情報が徳川家康のもとに届いた。大坂城の淀殿《よどどの》と豊臣氏奉行衆（長束正家《なつかまさいえ》、増田長盛《ましたながもり》、前田玄以《げんい》）は、この騒動を鎮圧するため、家康に上洛するよう依頼していた。この日、家康は、上杉攻めの中止を最上義光に伝えた。いわゆる「小山評定《おやまひょうじょう》」を経ずしての決断である。

家康からの一報が、最上義光を経由して伊達政宗に届いたのは八月三日であった。家康の方針転換を知らなかった伊達政宗は、七月二十四日に家康に無断のまま白石城（刈田郡）と河俣城《かわまた》（伊達郡川俣）を同時攻撃した。伊達氏にとって、自領と接しない河俣を奪取するメリットはない。河俣攻撃は、上杉勢の注意を河俣に惹き付けることにより、白石城への上杉方の援軍を断つことを目的としていた。

駒《こま》ヶ嶺《みね》城主桜田元親《さくらだもとちか》が率いる河俣方面軍は、上杉氏領の河俣城と小手郷大館《おてごうおおだて》をたちまちに占拠した。しかし、もとより陽動戦にすぎない軍事行動である。福島と安達から駆け付けた上杉勢が、即時にこれを奪還した。

河俣侵攻が易々と実現したのは、軍勢を率いた桜田元親自身が、旧伊達氏領時代の河俣城主だったからである。領民が桜田に協力したと見るべきであろう。上杉勢は、小手郷大館の奪還戦で「撫切《なでぎり》」を敢行している。上泉泰綱《かみいずみやすつな》による七月晦日付首帳には、首級一〇六のほか、打ち捨ては際限なかったと記されている（『覚上公御書集《かくじょうこうごしょしゅう》』）。

伊達郡は伊達氏発祥の地であり、約四百年間にわたって伊達氏領であった。奥羽仕置によって蒲生氏領となり、その後は上杉氏領となったが、かつて伊達氏に軍事動員されていた「野臥《のぶし》」は郷村に土着していた。小手郷大館における「撫切」では、伊達氏に煽動された上杉領民が犠牲になった可能性が高い。

景勝は小手郷から軍事要員を徴発して簗川城に入城させ、その家族を証人（人質）とするなどの強硬な措置を講じている。これは河俣合戦時の痛い経験を踏まえた内応防止策だったのであろう。

河俣との同時攻撃が功を奏し、翌二十五日に伊達政宗は白石城の攻略に成功した。直江兼続は、自身直属の家臣に宛てた七月二十七日付自筆書状のなかで、景勝から白石救援の命が下ったことを伝えている（松尾：二〇一六）。

守りから攻めへの転換

七月二十九日、徳川家康は、家康の所業を弾劾する「内府ちがひの条々」および七月十七日付豊臣氏三奉行副状が全国に発送されていたことを知った。上洛を期して反転した豊臣恩顧の大名たちがなおも家康に従うかどうかは、ここにおいて予測不可能な状態となった。毛利、上杉、宇喜多の三大老のほか大坂三奉行をも敵に回すこととなった家康は、一転して公儀の立場を失い身動きできない状態に追い込まれたのである。

上杉氏のもとに「内府ちがひの条々」が届いたのは八月三日であった。兼続はその写しを家臣に送って激励している。また、秋田実季の晩年の述懐によると、「内府様御ちかひめ之条数」に兼続の書状が添えられて届き、「出羽国の諸侍、色めき立ち見え」との事態になったという（「秋田実季・最上義光対決之次第」『横手市史　史料編　古代・中世』）。つまり「内府ちがひの条々」は、兼続を介して奥羽諸将に伝送されたのである。最上義光のもとに参陣していた秋田氏、南部氏、仙北衆らは、義光と起請文《きしょうもん》を交わすなどして、家康の許可を待たず帰国の途に就き始めた。兼続が岩井信能に宛てた八月十二日書状には、山形から「南部、仙北衆」が引き払ったため最上義光が取り乱していること、由利衆と小野寺氏も上杉方であること、桑折《こおり》（伊達郡）付近まで侵攻していた伊達政宗が、上方の情勢を知ってか八月九日頃に兵を引いたことなどが記されている（「八月十二日付直江兼続書状写」『歴代古案』）。

兼続は七月二十八日以降、若松にいる山田喜右衛門尉《やまだきえもんのじょう》（秀次）に対して、越後一揆に関する指示を連日のように下している。八月四日の書状では、一揆は堀氏の領内に限定し、豊臣政権側である村上氏と溝口氏の領内は対象外とすること、軍勢を新たに送る必要はなく、成り行きに任せるべきことなどを伝えている（「八月四日付直江兼続書状写」『新潟県史』）。越後一揆とは旧上杉氏領の奪回を意図したものではなく、会津防衛のための策動だったのである。

八月四日、佐竹氏からの密使が直江兼続の陣を訪れた。佐竹氏の同盟要請に対し、兼続は独断でこれを了承し、使者を帰している（「八月五日付直江兼続書状写」『歴代古案』）。同日、景勝は兼続からの連絡がないので心配である旨の書状を兼続に発している。これに対して兼続は、景勝側近の清野《きよの》長範《ながのり》を介した六日付の返書において「こちらは変わったことがないので連絡していませんでした。佐竹からの使者の様子については昨日の書状で申し上げたので届くことでしょう」と記した（米沢市上杉博物館所蔵「八月六日付直江兼続自筆書状」）。さらに佐和山（石田三成）からの使者を懇《ねんご》ろにもてなすよう伝え、八月中には若松に帰城し上方への返書案を上申すると伝えている。これらのことは景勝と兼続の書状が行き違いになっていたことを示すだけでなく、重要事項の決定権がほぼ兼続の掌中にあったことを示唆している。

兼続のもとには、家康軍が小山から撤退したとの噂が七月二十七日頃から伝わっていた。

しかし真偽の判断がつかず、家康が江戸に帰城している八月五日の段階においても「内府がいまだに小山に在陣しているようなので油断しないように」と岩井信能に書き送っている。兼続が家康追撃を主張し、景勝がこれを却下したという逸話があるが、これは明らかなフィクションなのである。

兼続は安子ヶ島在陣中に本庄繁長《ほんじょうしげなが》と面談し、以後の方策を協議したようである（『本庄氏記録』）。そして八月八日には米沢への伝馬《てんま》を手配し、自身は安子ヶ島から福島へと移動した。さらに若松からの援軍を得た簗川城将や、前線に布陣していたと推測される家臣たちに、伊達氏への対策を指示している。

最上義光と伊達政宗への脅迫

八月十四日、兼続は若松城に戻り、結城《ゆうき》朝勝《ともかつ》が仲介した佐竹氏の使者を迎えた。その後、景勝の関東出兵を求める二大老・四奉行（毛利《もうり》輝元《てるもと》、宇喜多《うきた》秀家《ひでいえ》、長束正家、増田長盛、石田三成、前田玄以）への返書案を起草したものと思われる。その内容は、

①すぐに関東に出兵すべきところだが、思わぬ動きを見せている最上義光と伊達政宗を

抑えてから関東に攻め込みたい。
②家康が上方に向かう場合は、佐竹と相談のうえ、万事を抛《なげう》って関東に乱入する。
③南部、仙北、由利などの面々からは、秀頼様に御奉公申し上げるとの使者が来ている。
④越後の件は、堀氏が家康の一味と思われたので一揆を申し付けたが、秀頼様に忠節をつくすよう仰せ付けられたとのことなので一揆も静まった。溝口と村上は、もともと秀頼様に敵対する意思はなかった。
⑤九月中には佐竹と相談して関東への軍事行動を起こしたい。

とするものであった（「八月二十五日付上杉景勝書状」『長野県宝真田家文書一』）。ただ、この返書は沼田道を封鎖した真田《さなだ》信之《のぶゆき》の手に渡ったとみられ、上方には届かなかった。

『上杉家御年譜』のなかに、最上義光が直江兼続に宛てた八月十八日付書状写が収載されている。そこには、嫡子義康《よしやす》をはじめとする人質を指図次第に差し出すこと、自分は一万の軍勢を引き連れ、景勝のもとでどの方面にでも出兵することなどが記されている。降伏状ともいうべきこの史料を偽書《ぎしょ》とみなす意見があるが（片桐：二〇〇九）、義光が降伏に言及しつつ時間稼ぎをしていたことは、他の史料によっても裏付けられる。

八月二十三日、景勝は伊達政宗に奪われた白石方面を攻撃するため、援軍を派遣した。兼続は前線に在陣する直属の家臣に宛てて、信達《しんだつ》地方（信夫郡と伊達郡）の軍勢を総動員して攻撃するよう指示している。翌二十四日には、実際に刈田郡南端の「小須郷《こすごう》」（越河）で戦闘があったようである（「大津久親功名覚」『大日本史料　第十二編之五十』）。この軍事行動は、伊達政宗を脅迫するための布石であった。

山形合戦の意味

八月二十八日に二本松城に入った兼続は、伊達氏、最上氏平定後の関東出兵に備え、旧宇都宮氏領における一揆の下工作を進めるように結城朝勝に指示した。結城朝勝は宇都宮《うつのみや》広綱《ひろつな》の次男で、結城家に入嗣したが、のちに秀康《ひでやす》（家康の次男で秀吉の養子）が家督を継ぐこととなり、廃嫡となっていた。慶長二年の宇都宮家改易以降は佐竹氏のもとにあったが、慶長五年七月から上杉景勝に仕え白河に入城していた。景勝は宇都宮家再興を示唆しつつ朝勝を調略《ちょうりゃく》し、佐竹氏との同盟締結と宇都宮一揆を画策したのであろう。

九月三日、兼続は米沢城に入った。守山城代であった本庄繁長は、このとき福島城に入っていた。この日、兼続が繁長に与えた条書には、次のようなことが記されている（高嶋：一九九三)。

①政宗に奪われた白石城のことには構わず、政宗が豊臣政権に従う姿勢なのであれば、和睦《わぼく》調停を進めること。
②景勝の関東出陣の際に政宗を参陣させる条件を提示し、それが了承されない場合は伊達氏家老衆に軍勢を率いさせる条件を呑ませること。
③態度が煮え切らずに時間稼ぎをしている最上義光を放置し続けては外聞もよくないので、武力を行使するつもりである。
④義光を屈服させるまでは政宗との戦闘を回避し、根気強く休戦を続けること。

九月四日、兼続は若松城の甘糟景継《あまかすかげつぐ》に宛てた返書において、最上氏から「少々懇望《こんもう》の儀」があったので最上領への軍事行動を延期したが、二、三日中には決着するだろうと伝えている。最上義光からの「懇望」に数日の猶予を与えたことを示すものであり、兼続が非常に高圧的な態度で最上氏と折衝していたことがわかる。また、「政宗も右同然に候」と記しており、政宗への威圧も近日中に功を奏するとの見込みを伝えている。もし戦いになったとしても軍勢に不足はないと記し、必ずしも戦闘を想定していない口ぶりで若松城を安心させようとしている（市立米沢図書館所蔵「九月四日付直江兼続書状」）。

これらの史料は最上攻撃の意図を端的に物語っている。最上領を併呑《へいどん》して上杉領の長井と庄内をつなげるという目的はなく、最上氏を滅ぼそうという意図もない。最上義光を軍事力で脅して降伏させれば、孤立する伊達政宗も与同《よどう》せざるをえず、この両者の加入を得て関東を圧迫するというのが景勝と兼続の作戦だったのである。

しかし、最上義光の時間稼ぎは続いた。兼続は武力行使を決断し、九月八日に米沢城からの先発隊を出陣させた（「清野文書」『上杉家記』）。翌九日には自身も出陣し、九月十三日に江口五兵衛光清《えぐちごひょうえあききよ》を守将とする畑谷《はたや》城を攻略した。これに伴い、簗沢《やなざわ》、八ッ沼、鳥屋ヶ森、白岩、野部沢、山野辺、谷地、若木、長崎、寒河江《さがえ》などの城兵が城を明けて逃走した。九月十八日までの短期間に、山形盆地西縁部は上杉軍に制圧される形となった。兼続は、長谷堂《はせどう》城の北方約一キロメートル、山形城の南西約六キロメートルの地点にある菅沢《すげさわ》山《やま》（山形市）に着陣した。山形城の最上義光を威嚇するには十分といえる場所であった。

これ以降十月一日までの戦いを「長谷堂合戦」と呼ぶ場合がある。また、大軍を擁しながら長谷堂城を落とせなかった直江兼続の能力を低く評価する向きもある。しかし、これらはいずれも正しい見解とは言い難い。関東出兵への最上氏の従軍を促したい兼続は、必要以上に両軍を消耗させる戦いを避けなければならなかった。城や領土の奪取を目的とする戦いではなかったのである。当然ながら、最上義光もその意図を十分に理解していた。このため両軍は、家康の動向と濃尾《のうび》方面の戦局に関する情報を収集しつつ、我慢比べともいうべき膠着《こうちゃく》戦を続けることとなったのである。

兼続の誤算

しかし上杉氏側には、①伊達政宗との交渉の破綻、②上山口の局地戦での敗北、③最上領民の反発、④上方からの情報の断絶、⑤濃尾での上方西軍の敗北、という誤算が生じていた。このうち、④と⑤については、直江兼続も気付くはずがなかった。

九月二十一日、兼続は、上方での戦闘が本格化したとの情報を得て、南方からの脅威が薄れたと判断し、南会津の大国実頼を米沢に移動させるよう、若松城の安田能元《やすだよしもと》に求めた（『新潟県史』）。伊達軍の侵攻に備えるためである。このとき兼続は、伊達政宗の動き次第では、景勝自身の出馬もあり得ることを、安田能元の意見として景勝に伝えるよう依頼している。戦局への不安を景勝に与えないためである。

このあと上杉景勝は、山形への援軍として安田能元を派遣した。また、大国実頼や守山城将たちを米沢に、白河方面を指揮していた岩井信能を信達方面にそれぞれ異動させた。

九月二十二日、兼続は伊達軍の山形参陣に戸惑いつつも、「上方の情勢を知れば、政宗も最上も態度を変えるだろう」との楽観的な見通しを述べている（『歴代古案』）。実際のところ、九月十五日には美濃山中における大戦（関ヶ原合戦）が決着していたが、兼続のもとには、上方西軍が優勢との情報しか届いていなかった。

兼続の山形侵攻は、最上氏を屈服させて関東攻めに動員するための脅迫行為であったが、最上氏の領民は、そのような政治的意図を理解する由もない。戦局が膠着した九月下旬、上杉方に降伏した領民たちは再び最上方に寝返り、上杉軍の陣地を攻撃し続けるようになった（「十月八日付最上義光書状」『横手市史　資料編　古代・中世』）。これに手を焼いた兼続は、放火して陣替えを行うことも考えたが、堀氏と村上氏の庄内出馬という情報を得て、十月一日に軍を引いた。通説では、関ヶ原合戦の結果を知って退却したとされているが、十月四日および十月七日の兼続書状をみる限り、上方の戦局を把握していた形跡はうかがえない（高橋：二〇一〇）。

伊達政宗との戦い

九月十六日、伊達政宗は最上義光の要請に応え、留守政景《るすまさかげ》率いる援軍を山形に派兵することとした。十九日には上杉氏との交渉を打ち切る内意を片倉景綱に示している（「九月十九日付伊達政宗書状写」『仙台市史資料編十一』）。岐阜城落城などの情報を得ての判断と目される。

二十一日、政宗は山形に向けて進軍中の留守政景に、むやみに敵陣に攻め込むことを禁じた。ただし兼続が陣を引くようであれば、国境まで追撃してこれを討ち果たすよう指示している。二十五日には、上杉領の湯之原館（刈田郡七ヶ宿町湯原《しちしゅくまちゆのはら》）に軍を派遣してこれを攻略し、刈田、長井郡境の二井宿まで攻め込み、村を焼き払った。米沢を脅かして兼続の撤退を促すためであった。家康から上杉攻撃の中止を指示されていた政宗は、伊達軍が上杉勢を撤退させたかのようにみえる実績を、最上領内でつくろうとしたのである。

九月晦日、関ヶ原での大勝を伝える家康書状が政宗に届いた。翌十月一日、最上軍と伊達軍は撤退する上杉勢への攻撃を展開したが、兼続の撤退を許している。

政宗は上杉軍が長井郡に集結したのを見越し、十月六日未明から信達地方に侵攻した。

景勝は政宗侵攻の情報を六日午前二時頃に摑み、その情報が確実ならば景勝自身が出馬し、同日米沢に帰着予定の兼続とともに迎撃すると岩井信能に伝えた。政宗の本隊は、本道を直行しながら上杉勢を掃討し、福島城の虎口まで攻め入った。中島宗勝《なかじまむねかつ》率いる別働隊は、山麓筋の庭坂、佐崎野、荒井、大森を制圧して福島に達した。

政宗の作戦は阿武隈川《あぶくまがわ》西方の上杉軍を福島城に押し込め、福島城からの反撃に備えた部隊を残したうえで、城内に内応者のいる簗川城を翌日に攻略するというものであった。しかし政宗は簗川城への攻撃を行わず、翌七日に撤退した。

その後、徳川家康と井伊直政《いいなおまさ》は、上杉攻めは「来春」に行うと政宗に答え、それまでの間は軽率な軍事行動を起こさぬよう釘を刺した。家康と直政の回答の背景には、景勝を降伏させる和睦交渉の開始があった。十二月二十二日、景勝は、徳川方との和睦に臨ませるため、本庄繁長に上洛を命じた。

上杉攻めを「来春」行うと家康から通達されていた伊達政宗は、慶長六年（一六〇一）正月早々に行動を開始し、伊達郡小手郷や塩松境において小規模な戦闘を起こした。三月二十七日頃には再び福島への軍勢を差し向けたが、上杉軍の青柳、小田切、蓬田のほか簗川城勢（簗地・小島ら）の攻撃を受けて退却している。家康と景勝の和睦を察知した政宗にとって、このときの軍事行動は、家康への体裁を繕うものにすぎなかった。

戦いの終わり

慶長六年四月、最上義光は志村光安《しむらあきやす》、鮭延典膳《さけのべてんぜん》、里見越後らの重臣と前年の山形合戦時に最上氏に降参した下次右衛門らを庄内に派兵した。これに秋田実季、由利衆、仙北衆が加わって酒田城が攻略され、上杉氏の勢力は庄内から姿を消した。

一方、伊達軍に対する上杉方の最前線となっていた簗川城では、前年七月以来の長期間にわたる緊張状態が続いていた。城代の須田長義《すだながよし》は、小手郷などから招集した下士層を慰労すべく、新たな知行宛行《ちぎょうあてがい》を行うよう若松城に求めたが、これは実現しなかった。徳川方との和睦の方向性が固まり、簗川城に休息命令が出されたのは、慶長六年六月五日のことであった。

上杉景勝にとって、慶長五年から六年にかけての戦いとは何だったのであろうか。徳川家康も、他の大老・奉行衆連合軍も、豊臣政権の秩序を守るという大義名分を標榜していた。つまり「関ヶ原」とは、豊臣政権内における徳川家康の権力増強を認めるか否かという戦いであり、領地を奪い合う戦国期の戦いとはまったく性質を異にする「政争」だったのである。全国の諸大名は家名存続のため、徳川方と他の大老・奉行方のいずれに帰属すべきか選択せざるをえなかった。この戦いを大過なく切り抜けるためには、正確な情報を迅速に入手し、時には二股外交も展開しながら「勝ち馬」を見定める必要があったのである。この点を考慮せずに、各地で展開された軍事行動の意味を評価してはならない。

しかし、豊臣政権への反逆を問われた上杉景勝には、反逆の意思がないことを示す以外の選択肢が存在しなかった。「内府ちがひの条々」により復権を遂《と》げた景勝は、北奥羽、越後、常陸《ひたち》への政治工作を強め、伊達、最上両氏を屈服させたうえで徳川家康に圧力を掛け、豊臣政権から託された役割を果たすことを意図したのである。しかし、これを果たせないまま終戦を迎えることとなった。

慶長六年七月二日、景勝と兼続は上洛の途に就き、同月二十四日に伏見《ふしみ》に到着した。そして、会津一二〇万石から米沢三〇万石へという大幅な減封措置を甘受することとなった。このときの景勝の言葉を、『上杉家御年譜』は次のように伝えている。

「武命の衰運、今に於《お》いては驚くべきにあらず」

〔主要参考文献〕

【史料集・自治体史・報告書等】
会津坂下町『会津坂下町史　二文化編』（一九七五年）
秋田県『秋田県史 資料 古代 中世編』（一九六一年）
仙台市『仙台市史　資料編十一　伊達政宗文書二』（二〇〇三年）
続群書類従完成会『歴代古案』一～五（一九九三～二〇〇二年）
辻善之助編『鹿苑日録』一～六（続群書類従完成会、一九六一年）
東京大学史料編纂所編『大日本古文書　家わけ第三　伊達家文書之二』（一九〇八年）
同『大日本史料　第十二編之五十』（一九八五年）
新潟県『新潟県史　資料編五中世三』（一九八四年）
本荘市『本荘市史　史料編Ⅰ上』（一九八四年）
長野市教育委員会松代藩文化施設管理事務所『真田宝物館収蔵品目録　真田家文書長野県宝（一）』（二〇〇四年）
横手市『横手市史　史料編　古代・中世』（二〇〇六年）
米沢温故会『上杉家御年譜三　景勝公二』（一九七七年）
臨川書店『覚上公御書集　上・下』（一九九九年）
矢田俊文・新潟県立歴史博物館編『越後文書宝翰集　古文書学入門』（二〇〇七年）
【著書・論文・講演配布資料等】
阿部哲人「直江兼続の最上侵攻」（最上義光歴史館『歴史館だよりNo.15』二〇〇八年）

同「慶長五年の直江兼続」(福島県歴史資料館『平成二〇年度地域史研究講習会資料』、二〇〇九年)
同「慶長五年の戦局における上杉景勝」(『歴史』一一七輯、二〇一一年)
同「関ヶ原合戦と奥羽の諸大名」(高橋充編『東北の中世史5　東北近世の胎動』吉川弘文館、二〇一六年)
今福匡「関ヶ原合戦前後の上杉氏と情報伝達――情報伝達経路と『上方散々』の解釈」(『十六世紀史論叢』創刊号、二〇一三年)
片桐繁雄「慶長出羽合戦」(花ヶ前盛明監修『直江兼続の新研究』宮帯出版社、二〇〇九年)
木村徳衛『直江兼続伝』(初出一九四四年、慧文社、二〇〇八年新訂版)
公益財団法人福島県文化振興財団編『直江兼続と関ヶ原』(戎光祥出版、二〇一四年、福島県文化振興事業団二〇一一年刊行『直江兼続と関ヶ原』の再刊)
佐藤啓「『関ヶ原』前夜、上杉景勝書状の再検討～『真田家文書』との対比を中心に～」(『福島史学研究』九六号、二〇一八年)
白峰旬「慶長五年の上杉景勝VS徳川家康・伊達政宗・最上義光攻防戦について――関ヶ原の戦いに関する私戦復活の事例研究(その1)」(別府大学史学研究会『史学論叢』四〇号、二〇一〇年)
同「直江状についての書誌的考察」(別府大学史学研究会『史学論叢』四一号、二〇一一年a)
同「慶長五年七月――同年九月における石田・毛利連合政権の形成について」(『別府大学紀要』五二号、二〇一一年b)
同『新「関ヶ原合戦」論――定説を覆す史上最大の戦いの真実』(新人物往来社、二〇一一年c)
同「フィクションとしての小山評定――家康神話創出の一事例」(『別府大学大学院紀要』一四号、二〇一二年)

高嶋弘志「厚岸本庄家文書の紹介」(『釧路公立大学紀要　人文・自然科学研究』五号、一九九三年)
高橋明「直江兼続の安子島張陣」(『平成二一年度福島県史学会大会資料』、二〇〇九年a)
同「奥羽越における関ヶ原支戦小山vs安子島、白石・山形・福島合戦、越後一揆」(福島県文化振興事業団『天地人講座　ふくしまと上杉氏』資料、二〇〇九年b)
同「会津若松城主上杉景勝の戦い・乾——奥羽越における関ヶ原支戦の顚末」(福島大学史学会『福大史学』八〇号、二〇〇九年c)
同「上杉景勝・直江兼続の戦い——奥羽越の関ヶ原支戦にみる情報伝達のタイム・ラグ」(『福島大学史学会二〇〇九年度大会資料』二〇〇九年d)
同「関ヶ原支戦のクライマックス　政宗母最上氏保春院消息に山形合戦を読む」(福島県歴史資料館『平成二一年度地域史研究講習会資料』、二〇一〇年)
同「会津若松城主上杉景勝の戦い・坤——奥羽越における関ヶ原支戦の顚末」(『福大史学』八一号、二〇一〇年)
同「小山の『評定』の真実」(『福島史学研究』九一号、二〇一三年)
高橋充「直江兼続と関ヶ原合戦」(矢田俊文編『直江兼続』高志書院、二〇〇九年)
中田正光・三池純正『北の関ヶ原合戦——北関東・東北地方で戦われた「天下分け目」の前哨戦』(洋泉社、二〇一一年)
広長秀典「『道谷坂陣』?を行く」(『郡山地方史研究』四七集、二〇一七年)
広長秀典・小暮伸之・佐藤啓「馬入峠の要砦とその背景」(『福島県文化財センター白河館研究紀要二〇一七』二

〇一八年）
本多隆成「小山評定の再検討」（『織豊期研究』一四号、二〇一二年）
本間宏「神指城跡の再検討」（『福島県歴史資料館研究紀要』三一号、二〇〇九年）
同「慶長五年『白河決戦』論の虚実」（『福島県史料情報』二六号、二〇一〇年a）
同「『松川合戦』論の問題（一）」（『福島県史料情報』二七号、二〇一〇年b）
同「『松川合戦』論の問題（二）」（『福島県史料情報』二八号、二〇一〇年c）
同「慶長五年『白河決戦』論の誤謬」（『福島史学研究』八九号、二〇一一年）
松尾剛次『家康に天下を獲らせた男 最上義光』（柏書房、二〇一六年）
光成準治『関ヶ原前夜――西軍大名たちの戦い』（NHK出版、二〇〇九年）
渡邊三省『本庄氏と色部氏』（一九八七年発行、戎光祥出版、二〇一二年再刊）
【展示図録等】
米沢市上杉博物館『特別展 上杉景勝』（二〇〇七年）
同『特別展 直江兼続』（二〇〇七年）
同『図説 直江兼続 人と時代』（二〇一〇年）

第三章

伊達政宗の戦い

佐藤貴浩

関ヶ原合戦と政宗

慶長《けいちょう》三年（一五九八）八月十八日、羽柴《はしば》（豊臣《とよとみ》）秀吉《ひでよし》が没した。伊達政宗《だてまさむね》（一五六七〜一六三六）は秀吉の形見として拝領した短刀、鎬藤四郎《しのぎとうしろう》を終生大切にした。時代が変わって徳川《とくがわ》の世となったとき、幕閣から鎬藤四郎を二代将軍秀忠《ひでただ》に進上するよう要請されたことに対し、政宗は烈火の如く怒り断固これを拒否したという（『貞山公治家記録《ていざんこうじけきろく》　附録』）。秀吉の死によって、世の中は不安定な情勢となり、慶長五年（一六〇〇）九月十五日の関ヶ原合戦本戦が起こるが、本戦の戦場にいなかった政宗も、奥羽《おうう》の地にあって、この動乱に積極的に関わっていくことになる。

さて、関ヶ原合戦時の政宗の動向については、豊臣政権下で繰り広げられた徳川家康《いえやす》を中心とする分権派と、石田三成《いしだみつなり》を中心とする中央集権派の争いであり、政宗は分権派に属していたとされる（朝尾：一九六三）。また、政宗がいわゆる一〇〇万石のお墨付《すみつき》を徳川家康から与えられたものの、和賀忠親《わがただちか》に岩崎一揆を起こさせたと家康に疑われ反故《ほご》にされたことや、上杉景勝《うえすぎかげかつ》の抑えとしてにらみをきかせたこと、そして上杉氏に攻められた母の兄である最上義光《もがみよしあき》に援軍を出したことなどは一般的にもよく知られている。しかし、関ヶ原合戦時の政宗に関する研究は、戦国期の政宗のそれと比べるといささか少ないと言わざるをえない。その理由の一つに、戦国期と比べて当該期の文書があまり残されていないということがある。しかし数は少ないものの、残された政宗の発給文書を読み直すことで、新たにわかってくることもある。そこで、本章では関ヶ原合戦時の政宗の文書を読みながら政宗の動向を追いかけ、あわせて研究状況についても紹介していきたい。

政宗と石田三成、徳川家康

関ヶ原合戦に際し、中央集権派の三成に対して分権派の家康に政宗が属したとされることはすでに述べた。しかし政宗は三成と没交渉だったわけではない。小林清治氏は政宗と三成との間に交流があったことを指摘している（小林：二〇〇八）。秀吉が没する前の七月一日付で政宗が石田三成に送った書状の写しには、不仲の人間同士であっても、仲直りをして皆で秀頼《ひでより》に仕えることを秀吉が命じたことなどが記されている（「諸家所蔵文書写」）。そして、六月二十八日に諸大名が家康に呼ばれて「中なをし」（仲直し）したので、仕方なく和解したとある。

政宗が和解した相手は、浅野長政《あさのながまさ》（長吉《ながよし》）である。長政は政宗が秀吉に服属する際に、政宗を導く取次《とりつぎ》という立場となった。しかし、政宗は長政に対し不満に思うことが多く、文禄《ぶんろく》五年（一五九六）に政宗は長文の絶交状をしたため、今後一切の付き合いをしない旨を長政に通告した（『伊達家文書』。以下、『伊』と省略）。三成宛ての書状のなかで、政宗は「どうして心底から（長政と）仲直りすることができるだろうか」と述べ、秀吉の意向だから一応は仲直りするけれども、いろいろと言いたいことがあるから、三成と話をしたいと伝えている。

そもそも三成は、政宗と敵対関係にあった蘆名《あしな》、佐竹《さたけ》、相馬《そうま》氏らと親しく、政宗にとってはあまり好ましい人物ではなかったが、三成が豊臣政権を主導していくようになるなかで、政宗も三成との関係を強化せざるをえない状況となっていた。政宗は家康との関係が強く、関ヶ原合戦の際に家康陣営に付くのは自明の理のように考えられがちだが、政宗が三成とも関係を構築していたことは注目しておく必要がある。ちなみに長政は家康や政宗と同じ分権派といわれており、分権派対中央集権派という単純な二項対立だったわけではないこともわかる。

しかし翌慶長四年正月には、文禄四年に秀吉が大名間で勝手に婚姻することを禁じていたにもかかわらず、政宗の五歳の娘五郎八姫《いろはひめ》と家康の七歳の六男忠輝《ただてる》の婚約が結ばれた。このことについて、家康は前田利家《まえだとしいえ》、宇喜多秀家《うきたひでいえ》、毛利輝元《もうりてるもと》、上杉景勝、前田玄以《まえだげんい》、増田《ました》長盛《ながもり》、浅野長政、石田三成、長束正家《なつかまさいえ》らから詰問されている。

こうしたなかで四月五日に政宗は、家康に「今後どのような世の中になっても、一筋に家康を守り、一命を捧げる」と誓っているのである（「大阪歴史博物館所蔵文書」）。一方、政宗と三成の関係は、慶長四年以降、目立ったものを確認することはできない。

政宗の白石城攻略

慶長三年正月に秀吉の命《めい》で会津《あいづ》に移った上杉景勝は、秀吉の訃報を受け慶長三年九月に上洛し、約一年後の慶長四年八月に会津へ帰国した。慶長五年正月には、家康が景勝に上洛を求めたが、景勝は上洛しなかった。そして二月九日に景勝は白石城代の甘糟景継《あまかすかげつぐ》に対して「敵方」の様子をしっかりと聞き届けよと命じている（『景勝年譜』）。白石城は、もともとは伊達領であり、「敵方」は明らかに伊達氏のことを指している。つまり慶長五年二月の段階で、すでに景勝は政宗を敵視しているのである。

そして六月六日、ついに家康は会津攻めの諸将の持ち場を定め、政宗に信夫《しのぶ》口を担当させた。家康は六月十六日に大坂を発し、同日、政宗も伏見《ふしみ》を発ち、七月十二日に伊達領内の北目《きため》城に入った。政宗が北目城に着く前日の七月十一日には、上方《かみがた》で石田三成が蜂起している。北目城は、当時の政宗の本拠地である岩出山《いわでやま》城から五〇キロほど南にあり、上杉氏の白石城までは三五キロほどのところにある。つまり北目城は、当時の伊達領国の前線に比較的近い場所であった。

七月二十一日、政宗は北目城を出陣し、二十四日に白石城を包囲した。このとき城代の甘糟景継は会津に行っており、景継の甥の登坂式部《とさかしきぶ》以下が白石城を守っていたが、翌日に白石城は開城し、登坂以下は捕虜となった。また、駒《こま》ヶ嶺《みね》城の桜田元親《さくらだもとちか》が伊達郡に侵攻し、自身の旧領だった川俣《かわまた》城を奪うことにも成功している（『貞山公治家記録』）。

政宗と家康の緊密な連携

政宗は家康の家臣村越茂助《むらこしもすけ》と徳川秀忠に宛てて書状を送り、白石城の攻略を報告した(『政宗君記録引証記』。以下、『引』と省略)。政宗のしたためた秀忠宛ての書状は七月晦日に秀忠の元に届き、秀忠は政宗宛てに返事を書き最大限に政宗の軍功を称えている。

家康は八月二日に政宗に宛てて上方の三奉行の動向を伝え、秀忠と万事相談するように頼んでいる(『伊』)。一方の政宗は八月三日付で家康に対し、大坂にいる政宗の妻子を見捨ててでも家康に「御奉公」すると伝え、上方は「闇」になってしまったけれども、「長尾」(＝上杉景勝)さえ討ち果たせば上方のことも何とかなるだろうとし、最上義光が上杉氏相手に戦端を開かないから、上杉氏の兵力を分散させられない、だから最上氏に対し早く上杉氏と「手切」するように命じてほしいと述べている(『伊』)。政宗にとっては上方の情勢は「闇」のようであり、目先の敵の上杉氏を討ち果たすことが何より重要であった。

八月上旬に政宗が叔父の伊達(留守《るす》)政景《まさかげ》に送った書状には、石田三成と近しい関係にあった相馬氏に対する警戒心が記されているが、その文中に「またそのうち、世の中も必ず必ずおもしろくなるだろう」と記している(「留守家文書」。以下、「留」と省略)。久々に訪れた動乱のなかで、この政宗の言葉が意味するところはなんだろうか。一般的には、政宗がこの機に天下を望んだとされている。たしかに政宗は後述の文書で「今回の戦は天下のこと」と述べている。しかし現実的には、旧領回復、領土拡大の機会が訪れたことを喜んだのであろう。

家康は八月七日付で政宗に書状を送り、上洛するため五日に江戸城に帰城したことを伝え、宇都宮にいる秀忠に佐竹氏と連携して白河口を攻めるように命じたので、政宗も抜かりなく攻めるようにと命じている（『伊』）。しかし政宗は八月十四日に北目城に帰還した。これは家康が上洛するため家康自身が会津攻めへ向かうのを止めたからである。こうして政宗と景勝の争いは膠着《こうちゃく》状態に入る。

一〇〇万石のお墨付

八月二十二日に江戸城にいた家康が政宗に宛てて、いわゆる一〇〇万石のお墨付として知られる著名な文書をしたためた（『伊』）。これは政宗の旧領で現在上杉領となっている刈《かっ》田《た》、伊達、信夫、二本松、塩松《しおのまつ》、田村、長井の七カ所、都合四九万五八〇〇石を政宗の家老衆に与えると約束したもので、政宗が現在領している五八万石余と合わせて一〇〇万石になることを認めたものとされる。

なぜ政宗に与えるのではなく、家老衆に与える形をとったのかについては諸説ある。たとえば、当時、伊達家中が必ずしも徳川派で一致団結していたわけではなく、上杉氏に与《くみ》することを得策と考えた者もいたはずで、こうした家臣たちを徳川派に引き付けようとする狙いがあったとするものや、家臣団に恩賞を与え徳川派とすることで政宗が反徳川的な行動をするのを監視させようとしたとするものなどがある（『仙台市史』二〇〇一）。

かつてはこのお墨付によって政宗の所領が一〇〇万石となるはずだったが、政宗が岩崎一揆を煽動《せんどう》して、さらなる領土拡大を目指したため、それを知った家康が反故にした、とされてきた。しかしこの約束には戦国期以来の社会的慣習である「自力次第」という前提があったとみられる。つまり、政宗が自身の力によってこれら七カ所の領地を奪い取ることができた場合は、家康がその領有権を認めるというもので、逆にいえば、政宗が自力で七カ所の領地を奪えない場合は、一〇〇万石は保証されないのである。これは戦国期以来のいわば常識であった。したがって、政宗が家康に味方し家康が勝利したらその恩賞として自動的に一〇〇万石が保証されるというものではなかったのである。実際、政宗が景勝から奪い取った白石城のある刈田郡は、戦後に家康から安堵《あんど》されている。家康は政宗を騙したわけではなかった。

なお、岩崎一揆は、和賀忠親が旧領を回復するため、南部領の花巻城を襲撃したものである。戦国期に政宗は和賀氏を支援しており、この一揆は南部領への勢力拡大を図るために政宗が煽動したものである。政宗は上杉氏だけでなく、同じ東軍の南部氏とも緊張関係にあった。

最上氏への援軍

上杉景勝は家康の西上を確認すると、九月八日に直江兼続《なおえかねつぐ》に約二万の軍勢を与え最上領に侵攻させた。そして兼続は十四日に最上氏の本拠である山形城のすぐそばの長谷堂《はせどう》城を包囲した。

翌十五日、この日は美濃《みの》国関ヶ原で東軍と西軍が衝突し、東軍が大勝利を収めた日であるが、まさにその日、最上義光が嫡子義康《よしやす》を北目城へ急派し、政宗に加勢を請うた。政宗も義光の嫡子自らがやってくることに驚きを感じただろう。

翌十六日、政宗は義光に宛てて書状を送り、十七日に援軍を出陣させると伝えている（『伊』）。このとき、政宗は義光に「長い年月の間には、（義光が政宗に対して）無情なことも少しはあったけれども、それは捨て置いて、危急存亡のこのときには我が身にかえてもお助けしますので、ご安心ください」と皮肉混じりに記している。

このとき、山形城にいた政宗の実母保春院《ほしゅんいん》も政宗に援軍を要請していた。一説には片《かた》倉景綱《くらかげつな》が政宗に対し、上杉、最上両氏を戦わせ、疲れたところを叩くのが得策だと献言したが、政宗が山形城にいる母を見殺しにできないとして却下したという。

なお、この点については遠藤ゆり子氏が詳細に研究しており、婚姻にともなう「縁」により、最上氏が伊達氏の援軍を獲得することができたと指摘している（遠藤：二〇〇四）。

さて、政宗は上杉氏を牽制するため九月二十九日に政宗自身が出馬し、十月一日から伊達、信夫方面へ侵攻する予定であった（「留」）。しかし、二十六日に景綱に対して、上方の動向を見極めるため二十九日の出陣を中止すると述べている（『片倉代々記』）。その後、政宗は九月十五日の関ヶ原合戦本戦の結果を知り、晦日付で政景や景綱に伝えた（「留」『引』）。会津にいた景勝には二十九日に情報が入ったとされ、長谷堂城を包囲する直江兼続にもすぐに伝わり、兼続は十月一日には撤兵を開始し、義光の猛追をかわしながらの激戦の末、辛くも帰国に成功する。政宗は上方の情報を聞いて、撤兵する上杉軍の追撃のため援軍を送ったが間に合わず、しかも「最上衆よハく候」（最上軍が弱い）と再三述べて上杉勢に大打撃を与えられなかったことを嘆いた（『伊』）。こうして、最上方面での戦闘が一段落した。

九月以降の政宗は、上杉氏への牽制に終始してしまった。政宗は会津や二本松、山形といった地域に上杉軍がどういった兵員配置をしているのかを常に気にしていた。そして上杉氏が山形方面に力を集中させないようにするため伊達口への侵攻を企図していた。しかし上方の動向が気になり中止している。一方で、南部氏との境目についても政宗は意識せざるをえなかった。さらに相馬氏や佐竹氏といった態度の不明確な大名に対しても警戒をする必要があった。当時の政宗は近隣諸氏がどう動くのか、さらに関東に残った徳川氏の江戸留守居衆の動き、そして上方の動向など、考慮しなければならないことが多すぎた。こうしたなかで、政宗は有効な戦果を挙げることができなかったのである。また、近年、関ヶ原合戦は豊臣政権の主導権をめぐる抗争であり、奥羽諸将は東・西いずれの立場であっても一貫して豊臣政権の一定の規制下にあったと評価されるようになった（阿部：二〇一六）。政宗の動向は広い意味での（家康が主導する）豊臣政権の規制下に常に置かれており、戦国期のように自由に行動することができなかったことも要因の一つであろう。

関ヶ原合戦本戦以後の戦い

当然のことながら、九月十五日の関ヶ原合戦本戦以後も各地では戦闘が続いた。政宗は十月六日に国見山に陣取り、福島城の本庄繁長《ほんじょうしげなが》と対峙した。政宗が十月十四日付で今井宗薫《いまいそうくん》に送った書状によれば、勝利を得たようであるが、結局福島城を落とすことはできず翌日帰国している（『伊』）。書状中には、政宗としてはたとえ一人であっても仙道筋、すなわち上杉領へ侵攻したいと述べている。宗薫に対しては、さらに十月十九日付で、佐竹、岩城《いわき》、相馬、南部氏等に対する警戒心と、上方に二〇万石か三〇万石程の所領が欲しいと伝えている（『引』）。もちろん、家康への斡旋を依頼しているのである。

しかし、所領拡大のための上杉領侵攻計画は家康によって抑止されることになる。十月二十四日付で政宗が井伊直政《いいなおまさ》に宛てた書状には、家康の御意に応じて戦闘を止めたと記されている（「西村四郎氏所蔵文書」）。

十一月十三日付で政宗が景綱に与えた書状には、「（上杉氏が）家康と和睦《わぼく》交渉を行っているので、攻めて来たりはしないだろうけれども、手負いの猪ということもある。死に物狂いでもしかすると攻めてくるかもしれないから、白石口を警戒せよ」と伝えている

(『引』)。政宗からすれば、もはや上杉氏は追いつめられた手負いの猪であった。しかし政宗は家康の制止によって、その手負いの猪を攻め切ることができなかったのである。

政宗の上杉領侵攻への思いは強く、翌年二月十九日には上杉領侵攻のための談合をすると景綱に伝えたが(『片倉代々記』)、三月九日付の書状では、景勝が上洛するというので出兵を中止したと述べている(『覚上公御書集《かくじょうこうごしょしゅう》』)。ところが、三月二十日には、「越後《えちご》衆(上杉氏)と少しでも合戦しなければ、この先どうも気持ちが悪い。(上杉氏は)花を散らすほどの合戦をしてもよい相手だと思っている。古《いにしえ》は壺に向かって弓を投げ入れる遊びにすら一命をかけていた。ましてや今回の戦いは天下のことであるので、少々の不慮があっても仕方ない」と述べている(『伊』)。先述したように、今回の動乱を「天下のこと」と述べており上杉氏との戦にかける政宗の気概が知られる。

この後、四月二十六日に伊達氏と上杉氏の戦いがあり、伊達氏が大敗したという記録も残されているが、一次史料からその存在を確認することはできない。いずれにせよ、伊達氏と上杉氏の緊張関係は続いたが、七月に景勝が上洛し、家康に対面して謝罪したことで終息する。

戦後の政宗の立場

戦後に政宗が秀頼についてどう考えていたのかを紹介したい。そこで政宗が四月二十一日付で今井宗薫に宛てた書状を少し長くなるが紹介する（「観心寺文書」）。

私の願いとしては、秀頼様御幼少の間は、江戸か伏見なりで　内府様（家康）の側にしっかりと置いておいて、成人したらそのときは　内府様の考え次第で御取り立てするか、もしくはいかに　太閤様《たいこう》（秀吉）の御子であろうとも、日本の支配を任せることができない御人だと　内府様がみて思ったならば、二、三カ国の大名にするのがよいでしょうように、今のように大坂に気軽に置いていては、いずれ世の中に不届き者が現れて、秀頼様を主にして、謀反《むほん》を起こす者が現れ、その者たちのせいで、何もご存知ない　秀頼様が腹を御切りになれば、　太閤様の亡魂《ぼうこん》の御為《おんため》にも悪いことかと存じます。

政宗は秀頼の身を案じており、本章冒頭で紹介した政宗の秀吉に対する思いを彷彿とさせる。また、家康の時代が来ることが決定的となったこの時点でも、秀吉を太閤様と呼び、秀吉と秀頼に対し欠字《けつじ》という貴人の名前の前を一文字あける儀礼をしている。こうした豊臣政権で守られていた儀礼を政宗はまだ守っており、秀頼の身を案ずる思いと合わせて、政宗は依然として豊臣大名であった。しかし、もはやそれは、秀吉存命時のような絶対的なものではなく、政宗は徳川氏との関係を重んじ、徳川氏の新政権にも属することになるのである。慶長五年八月以降、政宗は家康に対しても欠字を用い始め、この書状でも秀吉と秀頼だけでなく家康にも欠字を用いている。こうした矛盾が全国にも共通してみられたからこそ、政宗は秀頼を主とした謀反を懸念したのである。そして歴史は政宗の心配した通りの結末を迎えた。

〔主要参考文献〕

朝尾直弘「豊臣政権論」(『将軍権力の創出』岩波書店、一九九四年、初出一九六三年)
阿部哲人「関ヶ原合戦と奥羽の諸大名」(高橋充編『東北の中世史五　東北近世の胎動』吉川弘文館、二〇一六年)
遠藤ゆり子「慶長五年の最上氏にみる大名の合力と村町」(同『戦国時代の南奥羽社会——大崎・伊達・最上氏』吉川弘文館、二〇一六年、初出二〇〇四年)

小林清治「豊臣政権と政宗」（同『伊達政宗の研究』吉川弘文館、二〇〇八年）
渡辺信夫執筆分「第一章　伊達氏の入部　第三節　仙台領の確定」（『仙台市史』通史編三・近世一、仙台市、二〇〇一年）
＊脱稿後、水野伍貴「関ヶ原の役と伊達政宗」（『十六世紀史論叢』一〇、二〇一八年）の存在を知った。あわせてご参照願う。

第四章

最上義光の戦い

菅原義勝

戦国大名への道

最上義光《もがみよしあき》（一五四六〜一六一四）、五十五歳の秋。出羽国《でわ》（山形県と秋田県）では直江兼続《なおえかねつぐ》率いる上杉軍の進攻によって、熾烈《しれつ》を極めた戦いが繰り広げられた。「慶長《けいちょう》出羽合戦」や「北の関ヶ原」「慶長五年奥羽《おうう》合戦」とも称される一大決戦である（本章では慶長出羽合戦と呼ぶこととする）。本章の主役となる最上義光については、その人物像をめぐって驚くほどに対極の評価が下されている。ひと昔前までは、謀略を巡らす非情な人間として描かれ、小説やテレビ番組においては伊達政宗《だてまさむね》の偉業を引き立てる名脇役としてのポストが用意されていた。しかし近年では義光の実像に迫る研究が多く発表され、江戸時代以降に作り上げられた虚構が覆されている。戦国の世を生き抜いた義光が、どのような歴史的変遷を遂《と》げて一大決戦に臨んだのか。まずはその半生をたどることとしよう。

義光が当主となった頃の最上氏は、大名権力としては未熟なものであった。父義守《よしもり》は最上地域（山形県村山地方）内の有力領主らと良好な関係を保つことで、地域内の中心的存在たる地位を得ていた。半面、このような体制は、地域領主らの動向如何が権力を揺るがす可能性をはらむものであった。

義光はこの状況を克服し、より封建的な権力を築こうと試みる。天正《てんしょう》二年（一五七四）には、義光に反発する地域領主らとの抗争が繰り広げられたが、これを乗り切ることに成功。以後、ゆるやかに封建的な領内統治を進め、天正十二年（一五八四）には地域内の有力領主であった白鳥《しろとり》、寒河江《さがえ》、天童《てんどう》各氏を一掃することで、大名権力としての地位を揺るぎないものとした。

義光はこの頃から他領への進出を目論むようになる。とくに、庄内地域を手に入れんとする意気込みは相当に強いものがあった。天正十五年（一五八七）には、一度庄内地域を手中に収めたが、翌年の十五里ヶ原の戦いで本庄繁長《ほんじょうしげなが》率いる上杉方に奪取されてしまう。中央では豊臣秀吉《とよとみひでよし》が「惣無事《そうぶじ》」を唱えて全国の諸大名に私戦禁止を呼びかけていた時期のことである。義光は上杉氏の「惣無事」違反を訴えるも、庄内奪還が叶うことはなかった

（竹井：二〇一〇）。

出羽の平和を担う者と豊臣政権

天正十六年（一五八八）以降、義光は出羽国内で紛争の和睦《わぼく》仲介を行う際、「国中の儀」という言葉を多用した。同じ出羽国の者であるという地縁《ちえん》的規範、あるいは共同体的観念として使用したとされている（藤木：一九七八、遠藤：二〇〇二）。また、「侍道《さむらいどう》の筋目」という精神的な論理や「出羽の探題職《たんだいしき》」という室町期以来の権威をもち出して、出羽国内における紛争を仲裁する者、平和を創出する者としての立場を誇示した。

天正十八年（一五九〇）には、豊臣政権による奥羽仕置《しおき》（奥羽諸大名の所領確定や検地の実施など一連の施策）があり、義光は出羽国の仕置の補佐役を命じられた。文禄《ぶんろく》三年（一五九四）には、このときの検地などによって打ち出された領知高《りょうち》が示されており、義光は一三万石を領有していたことがわかる。蒲生氏郷《がもううじさと》の九一万石余、伊達政宗の六一万石余とは大きな差を付けられたものの、奥羽で三番目の領知が認められた。

豊臣政権下では、秀吉の大号令のもと全国の諸大名が朝鮮出兵に従事し、義光も肥前名《ひぜんな》護屋《ごや》城に入城して後方支援を行った。「命があるうちに、今一度最上の土を踏み、水を一杯飲みたいものだ」と郷里への思いを綴った有名な手紙も、このときに書かれたものである。また、豊臣秀次《とよとみひでつぐ》事件が起こると、秀次に嫁いでわずか一カ月の愛娘の駒姫《こまひめ》が連座して斬首され、義光も共謀の嫌疑をかけられてしまう。義光は出羽国を統《す》べる者としての自負を垣間《かいま》見せながら秀吉への奉公に励んでいたものの、豊臣政権への猜疑心《さいぎしん》も生まれてきただろうか、時を経るごとに心が離れていった。

慶長出羽合戦、序幕

二十～三十代の義光は最上地域の平定に力を注ぎ、四十代に入る頃には他領へ精力的に進出を図る。四十代半ばには出羽国において最も有力な大名にまで成長した。

本書がテーマとするように、関ヶ原の戦いは日本各地に決戦の場を呼び込むものであった。秀吉が築いた統一政権は一刻の平和をもたらしたが、そこには歴史的に負った無数のひずみが存在していた。関ヶ原の戦いは大地を揺るがし、豊臣の地盤を徳川《とくがわ》の地盤として再構築する大きな転換点となった。

さて、関ヶ原の戦いで義光は徳川家康《いえやす》に味方したわけだが、家康と義光との関係は一朝一夕で築かれたものではない。天正十六年（一五八八）に本庄繁長が庄内の地へ攻め入った際には家康を通じて秀吉に訴えており、東国の元締め的な立場にあった家康とはその後も何かと連絡を取り合う関係にあった。義光の次男でのちに最上氏の家督を継ぐこととなる家親《いえちか》は、家康のもとに預けられ元服《げんぷく》、「家」の字を拝領するなど厚遇を得ていた。家親はその後、徳川秀忠《ひでただ》に仕えて活躍している。

慶長三年（一五九八）、奥羽の勢力図に大きな変化があった。蒲生秀行《ひでゆき》（蒲生氏郷の子）が治めていた会津《あいづ》の地に上杉景勝《うえすぎかげかつ》が移封《いほう》されたのである。蒲生氏の旧領である南奥羽と越後《えちご》の一部諸郡、元からの領知である佐渡と庄内を含めた一二〇万石を領するところとなった。景勝は会津の若松城を本拠とし、伊達氏治政以来の要所であった米沢城六万石は兼続の支配に委ねられた（高橋：二〇〇九）。秀吉から厚い信頼を得ていた景勝は、関東を牛耳る徳川氏、あるいは親徳川の色をもつ伊達氏、最上氏など奥羽諸将の監視・牽制という役割が期待されたのである。

秀吉の死後、豊臣政権下における家康の影響力は絶大なものとなった。家康は慶長五年（一六〇〇）五月、上杉氏討伐の旗を揚げる。義光はこれより前の四月十日の晩に家康から呼び出され、会津の隣国ゆえ、すぐに山形へ戻り用意するように命じられている。このときは国許《くにもと》に息子や信頼できる者たちを残しており心配ないので、家康にお供したいと願い、留め置かれている。また、同月十九日には家康の朝廷参内《さんだい》に同心衆《どうしんしゅう》として列しており、家康の側近としての立場が顕然《けんぜん》とうかがえる（粟野：二〇一七）。

会津出兵の段取りが組まれるなか、義光や伊達政宗は六月十四日に帰国の途についた。そして七月七日付で家康は義光に直書《じきしょ》を送る。会津攻めを同月二十一日に定めた旨が伝えられたのである。使者として派遣された中川市右衛門《なかがわいちえもん》と津金修理亮《つがねしゅりのすけ》の同日付の連署状《れんしょ》をみると、その詳細が明らかとなる。

①南部《なんぶ》氏、秋田《あきた》氏、小野寺《おのでら》氏、六郷《ろくごう》氏、戸沢《とざわ》氏、本堂《ほんどう》氏は最上口へ進軍すること。
②赤尾津《あこうづ》（小介川《こすけがわ》）氏、仁賀保《にかほ》氏ら由利《ゆり》地域の諸氏は庄内の上杉方を抑えること。
③北陸方面からの軍勢は米沢口へ行軍《こうぐん》し、会津へ攻め入る際には義光を先手とすること。
④南部氏、秋田氏、小野寺氏以下仙北衆《せんぼくしゅう》は米沢を抑えること。
⑤扶持《ふち》に関わる兵粮米《ひょうろうまい》は一万石でも二万石でも義光から借りて米沢で給付すること。

家康からの七月七日付の直書は義光以外にも送られていた。現在残されている直書は秋田氏、小野寺氏、戸沢氏、仁賀保氏、小介川氏宛てのものだが、ほかにも前掲の史料中にみえる六郷氏や本堂氏らに宛てて出されていたと思われる。その内容は義光と「同心」して米沢や庄内表へ参陣するように伝えたものであった。

義光は奥羽諸将の軍事統率権を有しており、その統率権はあくまで家康の存在を前提とするものであったとされる（阿部：二〇一七）。家康の直書が届いた翌日、義光は小野寺義《よし》道《みち》に対して周辺の領主に陣触れして参陣するように呼びかけた。一連の史料からは、まさしく義光が奥羽諸将を取りまとめる役目を家康から期待され、義光自身も代表者たる振舞いをしている様子がうかがえる。家康が義光へ送った直書には「以前申したように小国表で軍勢を待ち」とあり、これらのことは、義光が在京していた頃にある程度打ち合わせていた事案だったのだろう。だが、従来指摘されているように、実質的に奥羽諸将の軍勢をその指揮下に置くほどの権限が義光に与えられたといえるだろうか。

前掲の①と④では、南部氏以下は最上口へ集まり、米沢城に居城する直江兼続軍の動きを封じることが命じられている。②では、小介川氏ら由利地域諸氏の出馬は庄内の志《し》駄《だ》義《よし》秀《ひで》を抑えることを目的としている。なお、七月七日付の仁賀保、小介川両氏へ送った家康直書では、義光に「同心」するように、という文言は記載されていない。義光が家康から求められているのは、奥羽諸将を従えて会津へ進軍することではなく、③にあるように自軍を引き連れて北陸方面の軍勢と合流のうえ、会津攻めの先陣を切ることであった。しかも、同日付で屋代秀正《やしろひでまさ》に宛てた家康直書では、北陸方面の軍勢を率いる前田利長《まえだとしなが》の「旗本《はたもと》」として義光が出陣をするように伝えている。地理的な情報に精通している「案内者」としての役割を期待してのことであった。

義光が会津攻めを実行するにあたって奥羽諸将に求められたのは、あくまで米沢や庄内の上杉勢を封じ込めることであった。義光と奥羽諸将との関係性は、そのことを前提として考えなければならない。当然、義光は上杉領に接する者として、自領内に各地から召集された諸将をまとめあげる必要があった。⑤にみえるように兵粮米を貸し出すのも、最前線に位置する者として求められた務めであったろう。義光自身は、見据えた先に奥羽諸将の軍事統率権掌握を思い描いていたのかもしれない。しかし、家康は会津攻撃を成立させる限りでの指示を奥羽諸将へ伝え、義光に「同心」するよう求めたにすぎなかったのである。

とはいえ、先述したように、義光は自領内に集《つど》う奥羽諸将をまとめ上げる必要があり、それを全《まっと》うしうる者として家康から期待されていた。このような状況はたんに上杉領と接するという地理的条件のみが作用したわけではない。長年の外交と奉公によって築き上げた家康との信頼関係、そして天正期以来、出羽国の平和を担う者としての実力があってこそ任せられた大役であった。

会津出兵の中止

間もなくして事態は急変する。石田三成《いしだみつなり》が挙兵し、家康は会津出兵の中止を決定したのである。家康は七月二十三日付で義光のもとへ使者を走らせ、会津攻撃は「無用」の旨を伝えた。その六日後には、まずは家康自身が上洛を果たすと言い、会津については息子の秀忠を残すので相談するように告げている。

家康の撤兵は、最上口に集う奥羽諸将に大きな影響を及ぼす。米沢の直江兼続は八月十二日付の書状で、上方《かみがた》の風聞を聞いた南部氏や仙北衆（小野寺氏、六郷氏、戸沢氏、本堂氏ら）が陣を引き払ったと伝え、このような状況に義光は「気を取り乱して」おり、由利地域の諸氏や仙北の小野寺氏が上杉氏の味方に付いたと言っている。この時点で南部氏や仙北衆は撤兵しておらず、由利地域の諸氏が上杉氏の味方となったというのも事実とは異なる。しかし、家康撤兵の噂が瞬く間に広がり、義光が実際に「気を取り乱して」いたことは想像に難くない。会津攻撃が中止となったことは、八月七日には秋田実季《あきたさねすえ》のもとへ伝わっており、奥羽諸将は家康と豊臣方の今後の動向を注視していた。

このような状況下、義光はすぐに対応策を考える。上杉氏攻略という明確な目標を失った諸将を何とかつなぎとめるため、南部氏をはじめとする諸将と起請文《きしょうもん》を交わした。徳川方としての次なる行動目標が決定するまでは、手を取り合って意思疎通を図る必要があったのである。当然、その団結はあくまで家康・秀忠父子への忠誠を前提とするものであった。この時点では、徳川の号令のもとに会津攻めが再び動き出す可能性は残されており、義光は奥羽諸将の代表として次なる一手を待つ態勢を整えねばならなかった。

だが、家康は奥羽諸将に対して自領への帰国待機を命じた。八月十九日付で小野寺、六郷、南部各氏に宛てた家康の直書が残されている。「田中清六《たなかせいろく》に（会津出兵中止について）伝えていたので参陣しないと思っていたが、出陣してくれたのは嬉しい限りである。すぐに帰国して休息するように」といった内容である。また、その二日後にも六郷、秋田、仁賀保、赤尾津（小介川）各氏宛てに帰国を指示する直書を送った。田中清六とは、七月七日付の家康の直書を携《たずさ》えて派遣された者の一人である。会津出兵中止の決定後、家康は再び田中清六を奥羽諸将のもとへ派遣していたようで、「参陣しないと思っていたが……」という口ぶりから考えると、田中清六は自領での待機を通達するよう指示を受けていたも

No.	差出月日	受取時期	差出人	受取人	内容
1	7月7日	7月20日	徳川家康	最上義光 奥羽諸将	会津出兵の日にち 確定と出陣命令
2	7月17日	7月末～ 8月初旬	長束正家等	小野寺義道 奥羽諸将	家康の弾劾
3	7月23日	8月上旬	徳川家康	最上義光	会津出兵の中止
4	7月27日	8月7日	榊原康政	秋田実季	会津出兵の中止
5	7月29日	8月10日頃	徳川家康	最上義光	家康の上洛、 会津については 徳川秀忠と 相談すること
※	7月末～ 8月初め	8月中旬	田中清六	奥羽諸将	自領待機の伝達
6	8月8日	8月20日	秋田実季 奥羽諸将	徳川家康 榊原康政ほか	会津出兵中止 の照会
7	8月19日 8月21日	8月末～ 9月初め	徳川家康	奥羽諸将	帰国待機命令

会津出兵から中止までの文書差出・受取状況。番号欄の※印の項は状況から推定したもの

のと考えられる。田中清六からの連絡は八月中旬頃には届いたものと思われるが、すでに八月七日に会津出兵中止の報《しら》せを受けた秋田実季ら奥羽諸将は、翌日には家康や榊原康政《さかきばらやすまさ》らへ中止に関する照会の文書を送っていた。この返答が八月十九日と二十一日付の家康書状ということになる。家康のもとから文書が発送され、到着するまでには十日間ほどのブランクが生じるため、相互に行き違いがあったのである。なお、八月十九日付の家康書状は八月末から九月初めに奥羽諸将の手元に届いたものと

思われ、秋田実季は八月二十八日に山形から陣を引き払っている。従来は、家康からの帰国命令が届く前に奥羽諸将が三々五々自領へ帰国したと説明される向きもあるが、田中清六からの通達を八月中旬に受けて以後、つまり家康から自領待機という意思が伝わって以後、帰国を判断したのだろう。結局は家康の指示のもとに結集した奥羽諸将にとって、義光と交わした起請文も大きな意味を果たさなかったのである。

慶長出羽合戦、開幕

義光が直江兼続に宛てた八月十八日付の一通の書状がある。五ヶ条にわたる内容は、嫡子の義康《よしやす》を上杉景勝のもとへ出仕させて主人同前に奉公すること、義光自身が一万人の軍勢を引き連れて奉公することなどといったものである。本史料については、上杉氏が最上攻めを行うという噂を聞いた義光が攻撃の停止を哀願した、あるいは無条件降伏に等しいもの、時間稼ぎなどの評価がある（誉田：一九六七、桑田：一九七八、渡辺：一九八五、遠藤：二〇〇四）。逆に、内容が状況とそぐわないという評価や（片桐：二〇〇九、保角：二〇一二）、江戸時代に編纂された上杉氏関係の記録物に収録されており、ほかの記載にも多くの創作が入り交じっているため、捏造《ねつぞう》された偽文書《ぎもんじょ》とする評価がある（粟野：二〇一七）。

現在では偽文書とする説が有力だが、江戸時代に作成されたものか、あるいは義光と奥羽諸将との起請文中にも記されているように、虚偽・計策が錯綜していたなかで最上方か上杉方が当時作成したものか、なお検討の余地があろう。いずれにしろ、会津出兵が中止となり、奥羽諸将の帰国が取り沙汰されている今、義光にとって上杉の存在はあまりにも大きな脅威となっていた。

九月に入り、上杉氏は直江兼続を総大将として最上氏領へ攻め入り、十三日には畑谷《はたや》城を攻略した。兼続が「撫《な》で切りを命じ、畑谷城主の江口五兵衛《えぐちごへえ》父子ほか首五〇〇を討ち取った」と表現しているように容赦のない猛攻を仕掛けた。畑谷城攻撃が始まった頃、義光は伊達政宗に「難儀」の旨を伝え、援軍を要請している。しかし片倉景綱《かたくらかげつな》は政宗に対し、「最上へ鉄砲を送るのは少し見合わせたほうがよい」と注進している。景綱は何を考えていたのだろうか。伊達氏の正史である『貞山公治家記録』には、兼続に山形を攻めさせれば大きな損害・疲弊《ひへい》があるだろうから、そのときを見計らって兼続を討ち取れば、最上の地は伊達氏のものとなる、と景綱が政宗に注進した旨が記録されている。何とも恐ろしい発想である。

しかし、義光は嫡子《ちゃくし》の義康を政宗のもとへ送り、援軍を「懇望《こんもう》」した。畑谷城が落ちた二日後のことである。攻撃を受けて即日の陥落に、義光はかなりの焦燥感を覚えていたことだろう。政宗はこれを聞き入れ、留守政景《るすまさかげ》を大将として馬五〇〇騎、鉄砲七〇〇挺《ちょう》の軍勢を派遣した。

上杉勢は、畑谷城を攻め落とすと、周辺の諸城を陥れた。庄内方面からも軍勢が派遣されており、最上領の全域にわたって上杉勢が占拠した。軍事的に大きく劣る義光は、上山《かみのやま》城と長谷堂《はせどう》城、そして山形城を死守して援軍を待つ作戦を取ったのである（粟野：二〇一七）。

九月十五日、慶長出羽合戦のハイライトともいえる長谷堂合戦が開始された。関ヶ原の戦いが行われた同日のことである。長谷堂城には志村光安《しむらあきやす》が立て籠もっていた。直江軍の上泉泰綱《かみいずみやすつな》は、長谷堂城を守る志村勢の様子を次のように述べている。「鉄砲を主とした布陣で陣取り、山形城との距離は十里ある。長谷堂城を守る軍勢は溢れるほどで、その守備は手堅くみえる」。長谷堂城は比高差約八〇メートルの山城であり、南側に急斜面と川が流れ、西から北方にかけて深田が広がっていた。二重横堀や枡形虎口《ますがたこぐち》、多数の曲輪《くるわ》群を備える堅固な構えであった（保角：二〇〇六）。

畑谷城を陥れた勢いそのままに攻めかけたが、籠城する志村光安は手強《てごわ》かった。長谷堂合戦については、江戸時代の編纂物に多く記録されている。光安は鉄砲を駆使して地の利を活かした陣容で応戦した。山形城からは鮭延秀綱《さけのべひでつな》らが援軍として派遣され、攻め立てる直江軍の横腹を突くなど奮戦している。その後、しばらく膠着《こうちゃく》状態が続き、九月二十五日前後には再び直江軍の総攻撃が行われた。上泉泰綱が討ち死にするなど、凄惨《せいさん》な戦いが繰り広げられたが、ついに長谷堂城が落ちることはなかった。そして、同月二十九日、関ヶ原の戦いで西軍が敗れたとの報が兼続のもとへ届けられた。

慶長出羽合戦、終幕

九月十五日の直江軍の猛攻に耐え、しばらくの膠着状態にあった頃、援軍として派遣されていた留守政景のもとへ一人の女性が数通の書状を送っている（遠藤：二〇〇四）。女性の名は保春院《ほしゅんいん》（義姫《よしひめ》、お東《ひがし》ともいう）。保春院は最上義光の妹であり、伊達政宗の母である。文禄《ぶんろく》三年（一五九四）には伊達家から実家の最上家へ出戻っていた。ちなみに、保春院といえば思い出されるのが、伊達政宗毒殺未遂事件だろうか。これは伊達家の正史である『貞山公治家記録』にも記述があり、政宗の弟であった小次郎を溺愛するあまりに政宗を毒殺し、小次郎を当主へと据えようとした、という事件である。この話は事件発生時期の問題などから、近年では創作とされている（佐藤：一九九五）。

保春院は政宗と義光の関係が破綻《はたん》していた時期、両者の間を取り持つため、和睦仲介《わぼく》に奔走《ほんそう》したことがある（遠藤：二〇一六）。今回も実家の窮地にあたり、少しでも助けとなる働きがしたいと考えていたことだろう。しかも、伊達氏から派遣された留守政景は、保春院の義弟（政宗の叔父）にあたる旧知の人物であった。「お宿も散々なところで、日夜窮屈な思いをしていることでしょう。取り乱れている現状なので、義光もお構いできずいて心苦しく思っています」と、出陣している政景へ慰労をしながら、義光を立てることも忘れない。この局面を乗り切るために、義光とよく相談するようにとも伝えている。また、この頃には会津の上杉景勝が出陣したという噂が届いており、政宗への取り成しもお願いしている。さらに、「このように自ら（＝保春院）が手紙を送っていることは、義光・義康親子には言わないでほしい」と伝えているのもおもしろい。これらのやりとりは、保春院が自らの意思で行っているものであり、最上氏の公式な外交文書というわけではない。だが、家の存亡をかけて義光が忙しく駆け回っている戦時、保春院は自らの立ち位置を理解しながら、目の行き届いた配慮で戦況を見つめていた。

そうして九月三十日、あるいは日が変わって十月一日、義光のもとへ西軍敗北の報が届いた。十月一日に直江軍は撤退を開始し、義光や留守政景は追撃を開始した。これまでとは攻守逆転し、敵味方双方に多くの被害を出す激戦となった。現在、最上義光歴史館に所蔵される義光所用の「三十八間総覆輪筋兜《さんじゅうはっけんそうふくりんすじかぶと》」には弾痕があり、これは直江軍を追撃する際に受けた鉄砲の玉疵《たまきず》と伝えられている。義光の追撃は二日まで続けられたとみられ、直江軍は三日に上杉領へ入り、翌日、米沢城に入城した。

　義光は直江軍の追撃を行うとともに、上杉方によって占領されていた諸城の奪還を図っている。白岩、寒河江、左沢《あてらざわ》からは、十月一日時点で何人もの敵兵を討ち果たしたという報告があった。最上領に乗り込んでいた上杉方の諸将は、西軍敗北の報に接してすぐに自領への撤退を開始した。しかし、このとき谷地城を占拠していた下秀久《しもひでひさ》には撤退する旨の連絡が届いていなかったらしく、谷地城にそのまま籠城することとなった。秀久は抗戦するも、すぐに降伏し、義光への恭順の意を示した。これによって上杉方より占拠されていた最上地域内の諸城を奪い返すことに成功し、地域内の戦闘は終息した。直江軍の追撃に際し、政宗は「最上衆が弱いので大利を得ることができませんでした。さまざまあって直江軍が退散したとのことです。最上衆が弱くて、直江軍を皆討ち果たすことができなかったのは無念千万なことです」と述べている。信夫《しのぶ》、伊達地域に攻撃を加えようとしていた政宗にとっては、この機会に直江軍を厳しく叩いておきたかったのだろう。しかし、義光にとっては領内諸城を奪還することが目下の課題であった。

その後、義光は上杉氏に与同《よどう》して旗を揚げていた横手の小野寺氏を攻め立てた。そして、時を同じくして庄内地域へも軍勢を派遣する。庄内の地は天正十五年（一五八七）から翌年にかけて一年ほど領有していたが、上杉氏によって制圧された地域である。義光の晩年には、庄内の鶴ヶ岡城下の整備や河川の治水、灌漑《かんがい》整備を実施し、手厚い治政を施している。義光は庄内を隠居の地と決めていたとの話も伝わっており、庄内を手に入れんとする念は相当に強かったものと思われる。

庄内攻めは降伏した下秀久を中心に行われた。庄内には二つの拠点となる城があり、一つは大浦《おおうら》城で、もともと秀久が城代を務めていた城であった。在城していた松本助義《まつもとすけよし》は秀久から降伏勧告を受けたが従わず、十月十一日に攻撃を受けて討死した。大浦城を落とした秀久は、次にもう一つの拠点である酒田の東禅寺《とうぜんじ》城（のちに亀《かめ》ヶ崎《さき》城と改称）へ向かい、城代の志駄義秀に降伏するよう勧めたが、義秀はこれを受け入れなかった。このときすでに冬近い時期にあり、秀久も義秀が籠もる東禅寺城は一筋縄で落とすことのできない城であることを理解していたのだろう、東禅寺城攻めは翌年春に延期された。

翌年の四月には義秀が降伏し、東禅寺城は開城している。四月二十一日、伊達政宗は近しい関係にあった今井宗薫《いまいそうくん》に対して、「(東禅寺城は)合戦に及ばず明け渡し、庄内はことごとく平定された」と伝えている。さらに、これは下秀久を味方に付け、義光の嫡子である義康が励んだためであるといい、義光ではこのように段取りよく事は進まなかっただろうとまで述べている。直江軍追撃の際に政宗が言い放った「最上衆が弱い」という言葉に続いて、なかなか辛辣《しんらつ》な言いようである。

いずれにしろ、下秀久の活躍は目を見張るものがあったのだろう。その後も義光は庄内の治政を施すなかで、秀久を重用している。政宗は義光をこき下ろしているが、降伏した秀久を上手く利用しているのも、義光の度量によるものといえるのではないだろうか。少し遡るが、天正十六年(一五八八)、横手の小野寺氏へ六郷氏が反乱を起こした際、義光は小野寺氏に対して「六郷氏と戦闘に及ぶのは仕方ない」としながら、「今の思いで(六郷氏を)討ち取ってしまっては、のちのち後悔することになるでしょう。自分もそのようなことが度々あるため申すことです。今の思いのままに討ち果たしてしまっては、(今後六郷氏を)小野寺氏の御用に立てることは叶わなくなってしまいます」と言っている。和睦を仲介するうえでの謳《うた》い文句とはいえ、義光は敵であった者でも優秀であれば取り立てて、適材適所に役立てる考えを持ち合わせていたのである。

こうして慶長六年四月、庄内の平定をもって義光の慶長出羽合戦は終結した。酸《す》いも甘いも嚙み分けながら成長を遂げた義光にとって、この戦いはまさに存亡をかけた一世一代の大勝負であった。その後、義光は最上、村山、庄内、由利各地域の支配が認められた。徳川大名としての責を実直に全うしたことが報われた瞬間である。義光は五七万石を領する大大名として、激動の時代を終えたのである。

〔主要参考文献〕

阿部哲人「慶長五年の戦局における上杉景勝」(『歴史』一一七号、二〇一一年)
阿部哲人「関ヶ原合戦と奥羽の諸大名」(高橋充編『東北近世の胎動』吉川弘文館、二〇一六年)
阿部哲人「慶長五年の戦局と最上義光」(竹井英文編『最上義光』戎光祥出版、二〇一七年)
粟野俊之『最上義光』(日本史史料研究会、二〇一七年)
伊藤清郎『最上義光』(吉川弘文館、二〇一六年)
遠藤ゆり子「公権の形成と国郡・探題職――最上・伊達両氏の事例から」(同『戦国時代の南奥羽社会――大崎・伊達・最上氏』吉川弘文館、二〇一六年、初出二〇〇二年)
遠藤ゆり子「慶長五年の最上氏にみる大名の合力と村町――大名家の有縁性と無縁性」(藤木久志・蔵持重裕

編『荘園と村を歩くⅡ』校倉書房、二〇〇四年）
大島正隆「慶長五年の奥羽諸侯――関ヶ原役の歴史的意義」（同『東北中世史の旅立ち』そしえて、一九八七年、初出一九四三年）
笠谷和比古『関ヶ原合戦と直江兼続』（日本放送出版協会、二〇〇九年）
片桐繁雄『最上義光の風景』（山形商工会議所、二〇〇九年）
片桐繁雄『戦国の明星　最上義光』（山形市文化振興事業団　最上義光歴史館、二〇一四年）
桑田忠親『戦国武将の書翰（二）』（徳間書店、一九七八年）
佐藤憲一『伊達政宗の手紙』（新潮社、一九九五年）
高橋充「直江兼続と関ヶ原合戦」（矢田俊文編『直江兼続』高志書院、二〇〇九年）
竹井英文「出羽国『庄内問題』再考」（同『織豊政権と東国社会――「惣無事令」論を超えて』吉川弘文館、二〇一二年、初出二〇一〇年）
藤木久志「中世奥羽の終末」（小林清治・大石直正編『中世奥羽の世界』東京大学出版会、一九七八年）
誉田慶恩『奥羽の驍将　最上義光』（人物往来社、一九六七年）
保角里志『南出羽の戦国を読む』（高志書院、二〇一二年）
保角里志『南出羽の城』（高志書院、二〇〇六年）
保角里志『最上義光の城郭と合戦』（戎光祥出版、二〇一九年）
松尾剛次『家康に天下を獲らせた男　最上義光』（柏書房、二〇一六年）
渡辺信夫「関ヶ原の戦いと出羽」（『山形県史』第二巻 近世編上、一九八五年）

『古代・中世史料』上巻、鶴岡市史資料編 荘内史料集一―一（鶴岡市、二〇〇二年）
『山形県史』資料編一五上、古代中世史料一（山形県、一九七七年）
『横手市史』史料編 古代・中世（横手市、二〇〇六年）
『横手市史』通史編 原始・古代・中世（横手市、二〇〇八年）
『米沢市史』資料篇一（米沢市、一九八五年）

第二部

西国の武将

第五章 毛利輝元の戦い

浅野友輔

塗り替わりつつある「西軍の総大将」像

豊臣《とよとみ》政権下で徳川家康《とくがわいえやす》、前田利家《まえだとしいえ》らとともに五大老と称され、安芸広島《あきひろしま》（広島市）を本拠に、豊臣秀吉《ひでよし》をして「東は徳川に、西は毛利《もうり》に任せる」とまで言わしめた西国における最有力大名の毛利輝元《てるもと》（一五五三～一六二五）。徳川家康（東軍）、石田三成《いしだみつなり》（西軍）といった対立軸で語られる関ヶ原の戦いのなかで、彼は家康に抗う「西軍の総大将」となった。その結果、輝元は戦後に領国を大幅に削減され、その支配圏は中国地方西端の周防《すおう》、長門《ながと》（山口県）のみとなってしまう。

関ヶ原の戦いにおける輝元の評価は、決して芳しいものではない。それは、たんに輝元が敗者の側だからというわけではなく、輝元が三成らによって祭り上げられた「お飾り」

のような総大将だったから、という見方が根強かったためである。これまでの輝元評は、関ヶ原の戦いにおいて消極的姿勢で西軍に加担し、家康と三成の対立にのまれ、三成と親しい毛利氏の外交僧安国寺恵瓊《あんこくじえけい》にそそのかされ、あれよあれよという間に総大将となって領国を削られた凡将、といったものだった。

しかし、そうした輝元像は後の世になってから軍記物などをベースに作り上げられたもので、近年では関ヶ原の戦い当時の史料に基づく人物像の再評価が進んでいる（光成：二〇一八ほか）。そこからみえてくるのは、「お飾り」にはほど遠い、独自の思惑で戦いに加担する「野心家」輝元の姿である。

ここでは、豊臣秀吉が没した慶長《けいちょう》三年（一五九八）八月以降の輝元の足どりをたどりながら、変わりつつある「西軍の総大将」像の一端を紹介したい。

豊臣秀吉死後、輝元はどのように動いたのか？

秀吉が没する前後の慶長三年、豊臣政権下の重鎮たちの動きは慌ただしくなった。輝元も例外ではなく、家康、利家らとの間で秀吉の病状悪化に際して、今後の政策方針を確認したり、秀吉の代からの取り決めを順守して後継の秀頼《ひでより》を支え、みだりに大坂から離れないことなどを約束し、他の重鎮たちとの間で密に連絡をとるようになる（『毛利家文書』）。
そして、秀吉の死の翌月にあたる九月三日、輝元、家康、利家や宇喜多秀家《うきたひでいえ》、上杉景勝《うえすぎかげかつ》（＝五大老）と、奉行衆（＝五奉行、前田玄以《まえだげんい》、浅野長政《あさのながまさ》、増田長盛《ましたながもり》、三成、長束正家《なつかまさいえ》）の一〇名は、秀吉の後継者である秀頼に対し忠誠を誓い、派閥の形成を抑止することで、争乱の火種を蒔《ま》くことがないよう誓約書を交わしている（『毛利家文書』）。

以上の流れをみると、秀吉死後も輝元をはじめとする豊臣政権の重鎮たちが協力して政務運営をしていくようにみえるだろう。しかし、この誓約書の前日付の毛利氏家臣の手紙には、三成ら奉行衆と家康の関係はすでにこじれていたことが明記されていた。手紙のなかでは「太閤《たいこう》様（秀吉）が存命中に確約させたことは、もう破られてしまった」と、事態の悪化が嘆かれている（『萩藩閥閲録《はぎはんばつえつろく》』）。

こうした状況下で、九月三日付の誓約書は出されていたのである。一連の流れからは秀吉の死の直後、家康と五奉行の対立により、豊臣政権内部には早くも亀裂が生じていたことがわかるだろう。

その対立の根深さをより克明に伝えるのが、輝元が八月二十八日付で作成した浅野長政を除く奉行衆四名に宛てた誓約書だ（『毛利家文書』）。すでに先行研究でも触れられているが（光成：二〇一八）、興味深い史料なので掲げておこう。

内容は秀吉後継の秀頼に対して忠誠を尽くすというもので、本文の一部に三成の手によって加筆訂正がなされた形跡がみられる。三成が手を加えたのは、「いかなる動乱があっても、秀頼様の家臣とともに、秀頼様に忠誠を尽くす」という部分だ。三成はこの一文を、「何かしらの動乱があって、五人の奉行（＝五大老）のうち、秀頼様には逆らっていなくても、三成ら四人の奉行衆と対立した場合、われら（＝輝元ら五大老）は四人の奉行衆と相談して秀頼様に従う」と書き換えている。

この誓約書が毛利家のもとに残っていることを考えると、輝元は誓約書の文面を一旦三成のもとに送り、それに三成が目を通して輝元に返却したのだろう。つまり、輝元は三成らとの間で意思疎通を図ると同時に、彼らに反目しないよう釘を刺されていたのである。

こうしてみると、やはり輝元は三成の手の内で転がされた人物かのようにみえてしまう。だが、輝元は混迷化する政局を利用するかのように、三成らを巻き込んである策略を練っていくのである。

三成に接近した輝元の思惑とは？

秀吉の死によって中央政局が揺れ動くなか、輝元は自身の領国内で抱えている問題への目配りを忘れていなかった。輝元がとくに注目していたのは、秀吉生前からの懸案事項だった養子秀元《ひでもと》の処遇問題だった。この点については、光成準治氏による詳細な分析（光成：二〇一八ほか）があるため、それに従いつつみていきたい。

長年男子に恵まれなかった輝元は、いとこの秀元を養子に迎えていた。文禄《ぶんろく》四年（一五九五）に輝元に男子（秀就《ひでなり》）が生まれたことで、秀元は輝元の後継者ではなくなったが、秀元は生前の秀吉との結びつきが深く、さまざまな恩恵を受けて、ときに輝元の権限を脅かすまでになっていた。秀吉の生前には、秀吉によって秀元の領地を増加させ、相対的に輝元の力を弱体化させるような裁定もなされていたという（光成：二〇一八）。

その裁定は実行に移される前に秀吉が他界したため沙汰《さた》止《や》みとなったが、輝元は裁定自体を改定し、自身の権限を保持できるよう試みた。そこで、秀吉の死からほどなくして輝元は豊臣政権下で実務を担う三成らに接近し、有利な裁定を獲得しようとしたのである。三成の側も、家康との対立が深まるなかで輝元を味方にしたいと考えていたようで、協力を試みていく。輝元は秀吉生前の裁定を三成らの協力を得て、輝元の有利になるように改めてもらうこととなった（『萩藩閥閲録』）。慶長三年九月の出来事だった。この後も輝元は輝元と三成の仲介役を務めた安国寺恵瓊を軸に、三成との関係を維持していくことにになる。

こうしてみると、輝元と三成との蜜月関係は、関ヶ原の戦いを前提としたものというよりは、自身の権限強化を試みた輝元と、輝元を味方につけて家康との対抗関係で優位に立ち、次代の豊臣政権下での立場を固めようとする三成との間で、利害が一致したことで成立したものだったといえる。両者の関係の進展は、時に秀吉による裁定の改変を伴い、秀吉時代の取り決めを守るという豊臣政権の重鎮たちとの間で交わした約束を、半ば空手形にするような事態につながったのである。

加えて、輝元は九州北部に支配の手を伸ばそうとしていた。秀元処遇問題の裁定が改変される前後、輝元は筑前《ちくぜん》（福岡県北部）の毛利氏による支配が許された、という名目でひそかに家臣を派遣し、支配に向けた工作を行おうとしていたのだ（『萩藩閥閲録』）。この工作の具体像はよくわからないが、当時、筑前や南隣の筑後《ちくご》（福岡県南部）では、久留米《くるめ》（福岡県久留米市）を拠点とした輝元の叔父秀包《ひでかね》のほか、複数の大名が割拠していた。関ヶ原の戦いの前後には九州各地で激戦が繰り広げられている（光成：二〇一九）。戦いに向けた足音は、着実に大きくなってきていた。

輝元はどのように立ち回ったのか?

慶長四年閏《うるう》三月、五大老の一人の前田利家が亡くなると、大坂近辺はにわかに騒がしくなった。豊臣奉行衆、とくに三成に反感をもっていた加藤清正《かとうきよまさ》、福島正則《ふくしままさのり》らが、大坂の三成の屋敷を襲撃したのである。三成は脱出に成功し、京都伏見《ふしみ》の自邸で反撃の機会をうかがっていた(笠谷：二〇〇〇、光成：二〇一六)。

その際、三成が頼りにしたのが輝元だった。三成は当時伏見城下にいた輝元に使者を送って、自分を狙った者たちは特段何事もなく矛《ほこ》を収めたのでよかった、と報告しつつ、摂《せっ》津《つ》尼崎《あまがさき》(兵庫県尼崎市)で軍備を整えておくよう依頼している(「厚狭《あさ》毛利家文書」)。三成は一時的に本拠の近江《おうみ》佐和山《さわやま》(滋賀県彦根市)へ隠退することになるが、輝元との連携を図り続けていたのである。

この襲撃事件は、三成対反三成派の抗争とも、徳川派(清正、正則ら)対反徳川派(三成ら)の抗争ともいわれており、評価はまちまちである。ただ、この三成の隠退劇について、家康は事を大っぴらにすることは避けたかったようで、その旨を輝元に伝え、輝元自身もそんな家康の意向を熟知していた(「厚狭毛利家文書」)。三成も家康も、輝元との関係を切らさないよう必死だったといえるだろう。

しかし、三成襲撃事件以降、輝元は家康の動きに対して神経をとがらせていく。三成が襲撃されてから三カ月後、輝元は安国寺恵瓊を間に立たせて、元養子の秀元に起請文《きしょうもん》を提出させている（『毛利家文書』）。その内容は、秀元と家康が談合していたことについて、事実確認・釈明を行うものだった。輝元は、秀元と家康の間に何かしらの密約があったのではないかと判断したのだ。

実は、この期《ご》に及んでも、秀元の処遇問題は尾を引いていた。秀吉存命時に出された秀元の領地に関する裁定を、輝元が三成らの力を借りて見直してもらったのは、先に述べたように慶長三年九月のことだ。しかしながら、実際に輝元と秀元の間で事態の決着をみたのは翌年六月十五日のことだったという（光成：二〇一六）。長引く秀元との緊張関係は、輝元の家康に対する警戒心を強めたようだ。

とはいえ、家康との直接的な対立契機は、実は史料からは思うように見いだせない。襲撃に遭って以降の三成は家康と協調的で、家康に敵対心を燃やしていたのは輝元のほうだったという見解もある一方（水野：二〇一〇）、慶長四年までの間、輝元は三成、家康のどちらとも連絡を取り合っていることを考えると、両者の間でうまく立ち回っていたようにもみえる。

輝元と家康との間での全面衝突がみられないまま、慶長四年は過ぎていった。

謎だらけの西軍加入背景

事が進展するのは、関ヶ原の戦いが始まる直前の慶長五年のことだった。五大老の家康と上杉景勝の関係が急速に悪化し、六月には景勝討伐が決定されたのである。

同月十六日、家康は景勝追討のため大坂を発ったが、その直前、輝元は関係が良化した秀元のほか、留守居役を大坂に残し、広島へと帰国する（『義演准后日記《ぎえんじゅごうにっき》』）。輝元が直接景勝追討に参加することはなかったが、代わりに安国寺恵瓊や、いとこの吉川広家《きっかわひろいえ》を派遣して、家康の方針に従う意思を表明している（光成：二〇一八）。

しかし、輝元は大坂に入城して対家康戦線を構築する方針を固めていた（布谷：二〇〇五、光成：二〇一六）。広島に帰還していた輝元は、安国寺恵瓊を介し、家康と戦う決断をした三成派との間で連絡を取り合った。三成派から大坂への帰還・制圧を依頼された輝元は、七月十五日に広島を離れ、大坂へと向かう。

輝元が三成と結託しているという情報は、各所に動揺を与えた。阿波《あわ》の大名蜂須賀家政《はちすかいえまさ》は、翌十六日付で毛利氏重臣に対して、三成に加担するのを思いとどまるよう輝元に伝えてほしい、と書き送っている（『毛利家文書』）。だが、この時点で輝元はすでに大坂行きを決定しており、翻意を促すには至らなかった。

その一方で、広島行きから大坂に戻るまでの約一カ月の間、家康との関係性の変化が明らかとなる輝元の挙動は、史料上では確認できない。つまり、輝元がなぜ三成方（西軍）に加担したのかを追う決定的な手がかりが残されていないのだ。

当時大坂にいた留守居役の毛利氏家臣や吉川広家の手紙によれば、輝元に三成方につくようそそのかしたのは、三成と親しかった安国寺恵瓊で、自分たちはそれに反対し、輝元のためを思って家康の家臣に状況を密告したのだという（『益田家文書』『吉川家文書』）。しかし、これらの手紙は書き手の広家らのもとに残っており、実際に送られたかどうかは疑わしい。近年の研究によれば、彼らの言い分は関ヶ原の戦いの後に形作られたもので、自身や毛利氏にとって不利にならないよう、時期を輝元の大坂帰還に遡らせて証拠を用意した可能性が高いことが判明している（山本：二〇一七、光成：二〇一八ほか）。

輝元の思惑は謎に包まれたまま、時は関ヶ原の戦い当日へと移っていく。

関ヶ原の戦いで輝元は何をしていたのか?

大坂に帰還し、七月十九日に大坂城へと入った輝元だったが、動きが速かったのは大坂に残しておいた秀元だった。輝元の入城前に家康が押さえていた大坂城西の丸を占拠し、大坂に輝元を迎える準備をしていたのである（『義演准后日記』）。大坂城に入ってからの輝元は静観の構えをとり、秀元、広家、恵瓊らが毛利勢の主力として動き、伊勢《いせ》（三重県）方面へと東進していく。九月、毛利勢は関ヶ原にもほど近い美濃《みの》の南宮山《なんぐうさん》（岐阜県垂井《たるい》町）に陣取った。九州にいた叔父の秀包も八月には大坂入りし、毛利勢の陣容は拡大した。

輝元はさらに戦線を拡大していく。手始めに、輝元の三成方加担を諫《いさ》めた蜂須賀家政がおさえている阿波徳島《とくしま》（徳島市）を占拠する。八月には、海を挟んで毛利領国と接する伊予《いよ》（愛媛県）に軍勢を送り込んだ。伊予はかつて輝元の叔父小早川隆景《こばやかわたかかげ》がおさえていた地だ。輝元は伊予の領主たちを調略して戦線に参加させたため、伊予攻めの戦線・軍勢規模は大きくなっていった（光成：二〇一八）。

加えて、輝元は九州北部の情勢にも介入した。秀吉存命の折に改易処分をうけて本拠の豊後《ぶんご》（大分県）を没収されていた大友吉統《おおともよしむね》（義統《よしむね》）の失地回復を援助しつつ、豊前《ぶぜん》（福岡県東部、大分県北部)、豊後へと進攻の手を伸ばす。輝元は、大坂にいながら各地で眠る紛争の火種を事前にチェックし、領国の拡大を図ったのだ(光成:二〇一八)。大坂入りしながらも自身は静観して対家康戦線に深入りせず、それでいて多方面の軍事作戦を展開する——そこには対家康戦線一辺倒ではない、緩急自在で野心的な輝元の姿があった。

だが、こうした毛利勢の動きに対し、家康陣営(東軍方)も手を打っていた。八月、家康は伊勢進攻中の吉川広家と親しい黒田長政《くろだながまさ》を介して、広家を説得して輝元に和睦《わぼく》してもらうよう呼びかけた(『吉川家文書』)。説得役を任された長政の言い分によれば、家康は今回の輝元の蜂起が安国寺恵瓊にそそのかされたものだということは知っているから、輝元との交渉の余地は残されているのだという。

広家は次第に家康との和睦へと傾いていく。そして、南宮山に陣取った後の毛利勢は、来《きた》るべき関ヶ原での戦闘に対して静観の構えを見せる。九月十四日、広家と毛利氏重臣筆頭の福原広俊《ふくばらひろとし》は、長政や家康重臣の井伊直政《いいなおまさ》らとの間で不戦の誓約書を交わしたという(『吉川家文書』)。実は、この不戦の誓約の日にちは広家によって操作されたともいわれ(白峰:二〇一五)、輝元の関与の度合いについても諸説ある。

とはいえ、翌十五日、関ヶ原の戦いの火蓋が切られたものの、南宮山の毛利勢が動くことはなかった。輝元も大坂から動く気配をみせないまま戦いは一日で決着が着き、東軍の勝利でもって終幕する。

輝元は最後まで東西両陣営の間でバランスを保ち続けたのだった。

輝元は戦後どのように立ち回ったのか?

関ヶ原の戦いはわずか一日で終幕したが、その後も輝元と家康方とのかけひきは続いていた。

戦闘開始前に不戦の誓約を交わしたとされる黒田長政らは、家康が輝元に対して悪意がないことを伝え、家康との関係維持のため尽力すると伝えた(『毛利家文書』)。輝元によれば、長政たちからは輝元が領国をそのまま維持することを確約する旨の誓約書が送られたようだ(『毛利家文書』)。そして、家康重臣の井伊直政らにも領国の維持を約束してくれたことに感謝し、占拠していた大坂城の西の丸は明け渡すと伝えて、家康に対して友好の意を表明した(『毛利家文書』)。輝元は領国維持の確約にこだわって推敲を重ね、入念に返書をしたためる。

九月末、輝元は長政、直政らとの間で手紙のやりとりを済ませ、約束通り大坂城を退去した。各地で戦っていた毛利勢も引き揚げ始め、事態は落ち着くかにみえた。

しかし、領地の確保を求めた輝元の要望は叶わなかった。十月、輝元は諸大名への西軍参加斡旋と四国出兵を咎められて、領国を周防、長門の二カ国に減らされてしまったのだ(光成：二〇一六)。輝元の失意は想像に難くないが、領国拡大はおろか、既存の領国維持の希望までも失った輝元には、剃髪《ていはつ》して家督を実子秀就に譲渡し、処分を受けるしか術《すべ》がなかった(『毛利家文書』ほか)。

輝元処分のしわ寄せは、一族の秀元や広家、そして家臣たちにも及び、彼らもまた輝元の減封《げんぽう》にあわせて所領を大幅にカットされた。大坂にあった輝元の叔父秀包は、本拠のある筑後久留米に戻ることなく同国内の所領を失った。秀包は失意のまま剃髪し、長門へと移動したが関ヶ原の戦いから半年後の慶長六年三月にこの世を去った。輝元と三成のパイプ役だった安国寺恵瓊にはより厳しい処分が下され、関ヶ原の戦いから半月後、三成や西軍大名の小西行長《こにしゆきなが》とともに京都六条河原《ろくじょうがわら》で刑場の露と消えた。

その他、毛利氏の保護を得られなくなった家臣たちのなかには、輝元の周防、長門への移動に従わない者もいた。豊臣政権下において、絶大な影響力をもっていた毛利氏は、その力を大幅に削《そ》がれて近世大名への道を歩むこととなったのである。

対照的に描かれた毛利氏内の二人の人物

さて、ここまで輝元の動きについてみてきたが、毛利氏と関ヶ原の戦いを語るうえで欠かすことのできないキーマンが二人いる。吉川広家と安国寺恵瓊だ。

これまで、広家は西軍から東軍に寝返ることで毛利氏の窮地を救った名将、一方の恵瓊は、輝元に西軍に与《くみ》することをけしかけて毛利氏の勢威を衰えさせた佞僧《かんそう》という評価が下されてきた。だが、この二人もまた輝元と同様に後代の記録によってイメージが固まっていき、近年人物像の見直しが進んでいる。彼らに触れつつ、毛利氏にとって関ヶ原の戦いがどのようなものだったのかを考えてみたい。

関ヶ原の戦いで、毛利勢の前線指揮官だった広家は、関ヶ原の戦いののち、自身の立場を釈明すべくある作戦に出る。それは、関ヶ原の戦いの直前に関する記録の練り直しだった。広家は、自分は当初から家康の力量を知っていて輝元の西軍加担を諫め、その結果毛利氏が取り潰される危機を救った、という趣旨の文書を複数作成していく。

広家は作成した文書のなかで、輝元をたぶらかしたのは安国寺恵瓊だ、という文言を用い、関ヶ原の戦いの戦後処理で命を落とした恵瓊の非を糾弾する。広家以後の吉川氏歴代当主もこうした叙述方法を踏襲し、吉川氏の経歴を毛利本家や江戸幕府に伝える際のアピール材料として活用していく。ついには、関ヶ原の戦いを題材とする軍記物編纂の場にも割って入り、忠臣としての広家のイメージを創出・流布させていくまでに至った（長谷川：二〇一七、山本：二〇一七ほか）。

こうして、関ヶ原の戦いにおける毛利氏のイメージは、輝元をミスリードする安国寺恵瓊とそれを諌める吉川広家、という構図で広まっていくことになったのだ。

こうなると、むしろ広家が悪者かのようにみえてくるかもしれない。だが、一方で広家以降、吉川氏がこれほどまでに関ヶ原の戦いに関する叙述にこだわったのは、関ヶ原の戦いが、毛利氏ひいては当時の日本社会の歩みを語るうえで重要なターニングポイントだったということの裏返しでもある。

関ヶ原の戦い前後における輝元や、その周辺人物が残した記録からは、戦乱の世を生き抜いた者の血のにじむような思いが垣間見えるのではないだろうか。

〔主要参考文献〕

笠谷和比古『関ヶ原合戦と近世の国制』（思文閣出版、二〇〇〇年）

白峰旬『新解釈　関ヶ原合戦の真実――脚色された天下分け目の戦い』（宮帯出版社、二〇一四年）
同「関ヶ原の戦いにおける吉川広家による『御和平』成立捏造のロジック」（『愛城研報告』一九号、二〇一五年）
布谷陽子「関ヶ原合戦の再検討――慶長五年七月十七日前後」（谷徹也編著『石田三成』戎光祥出版、二〇一八年、初出二〇〇五年）
長谷川泰志「安国寺恵瓊――吉川広家覚書と『関ヶ原軍記大成』を中心に」（井上泰至編『関ヶ原はいかに語られたか――いくさをめぐる記憶と言説』勉誠出版、二〇一七年）
水野伍貴「佐和山引退後における石田三成の動向について」（『政治経済史学』五三〇号、二〇一〇年）
光成準治『関ヶ原前夜――西軍大名たちの戦い』（KADOKAWA、二〇一八年、初出二〇〇九年）
同『毛利輝元――西国の儀任せ置かるの由候』（ミネルヴァ書房、二〇一六年）
同『九州の関ヶ原』（戎光祥出版、二〇一九年）
山本洋「吉川広家――『律儀』な広家像の形成と展開」（井上泰至編『関ヶ原はいかに語られたか――いくさをめぐる記憶と言説』勉誠出版、二〇一七年）

【史料集】
『義演准后日記』第二（続群書類従完成会、一九八四年）
『吉川家文書之二』〈大日本古文書　家わけ九ノ二〉（東京大学出版会、一九二六年発行、一九九七年覆刻）
『萩藩閥閲録』第三巻（「内藤小源太」、山口県文書館、一九七〇年）
『益田家文書之二』〈大日本古文書　家わけ二二ノ二〉（東京大学出版会、二〇〇三年）
『毛利家文書之三』〈大日本古文書　家わけ八ノ三〉（東京大学出版会、一九二二年発行、一九九七年覆刻）

『山口県史』史料編中世三（「厚狭毛利家文書」、山口県、二〇〇四年）

＊なお、本稿脱稿後に水野伍貴「関ヶ原の役における吉川広家の動向と不戦の密約」（『研究論集　歴史と文化』五号、二〇一九年）に接した。毛利、徳川間の交渉の模様や、毛利方内部の状況について詳細に分析されているため、あわせてご覧いただきたい。

第六章

石田三成の戦い

太田浩司

石田三成の蜂起

幼少期から秀吉《ひでよし》に仕えた後、豊臣《とよとみ》政権の屋台骨を支えた「五奉行」の一人に数えられ、関ヶ原合戦における西軍主将となった石田《いしだ》三成《みつなり》（一五六〇～一六〇〇）。その合戦前後の動向を追ってみよう。

慶長《けいちょう》五年（一六〇〇）六月十六日、再三の上洛命令に従わない会津《あいづ》の上杉景勝《うえすぎかげかつ》を討つため、徳川家康《とくがわいえやす》は手兵を率いて大坂城を発ち、伏見《ふしみ》城を経由して関東へ向かった。家康は七月二日には江戸城へ入ったが、豊臣恩顧の諸大名もこれに従う者が多く、福島正則《ふくしままさのり》、黒田《くろだ》長政《ながまさ》、藤堂高虎《とうどうたかとら》など五万五〇〇〇の兵が東国へ向かった。慶長三年（一五九八）八月に秀吉が没してから、豊臣家を無視し独自の政権を確立しようとする家康に不満を抱く三成は、七月初めに佐和山城で、大谷吉継《おおたによしつぐ》、安国寺恵瓊《あんこくじえけい》と会談し、家康打倒の相談を行っている。ここで三人は、西軍挙兵の盟主に五大老の一人毛利輝元《もうりてるもと》を仰ぐことに決め、輝元もその招きに応じ七月十七日には、大坂城西の丸に入った。さらに、五大老の一人である宇喜多秀家《うきたひでいえ》も三成の招きに応じ西軍に加わった。

輝元が大坂城に入った日、長束正家《なつかまさいえ》、増田長盛《ましたながもり》、前田玄以《まえだげんい》の三奉行の名で、徳川家康の罪状十三ヶ条を列挙した「内府ちがひの条々」が各大名に送られ、三成を中心とする西軍は家康への宣戦布告に踏み切った。近畿地方はこのとき、西軍の勢力圏であったが、家康の老臣鳥居元忠《とりいもとただ》が守る伏見城と、細川藤孝《ほそかわふじたか》（幽斎《ゆうさい》）の田辺城（京都府舞鶴市）は、徳川家康側である東軍の拠点となっていた。西軍の猛攻を受けた伏見城は八月一日には陥落したが、田辺城は五十日間にわたる攻撃でも陥落せず、九月十三日に至って開城する。

七月二十四日、下野国小山《しもつけおやま》（栃木県小山市）に到着した家康のもとにも、すでに三成挙兵の報は届いており、七月二十五日（二十四日説もある）には、通説によれば「小山評定《ひょうじょう》」が開催されたとされる。この評定で家康は従軍してきた諸将の去就を問うたが、福島正則の一言で諸将の東軍参加が決まり、石田三成らを討つため、西上（近畿地方に軍を動かすこと）を開始したといわれる。ただし、諸将による何らかの談合は想定されるが、西上武将が全員集結しての「小山評定」はなかったという説も近年発表され（白峰：二〇一二）、研究者の間で議論がなされている。

尾張を核とした決戦構想

七月末から九月に至る三成の戦略については、表のように数通の三成書状が「真田家文書」などに残っており、それらを読み取ることで知ることができる。まず、七月晦日に三成は信濃《しなの》国の真田《さなだ》昌幸《まさゆき》に宛て書状（表内の1）をしたためている。この書状の二ヶ条目で、三成と昌幸が大坂城中にともにいた際、家康打倒の計画を明かさなかったことを詫びている。城内では、他の大名の心理を読むことができず、発言はできなかったが、昌幸の豊臣家に対する忠実な立場を思えば、相談しなかったことは後悔していると記す。また、四ヶ条目では上方《かみがた》（近畿地方）から上杉攻めに加わった武将が、三成らの挙兵を聞いて戻ってきているが、「尾・濃」において「人留《ひとどめ》」して、秀頼《ひでより》への忠誠心を確かめて通行を許しているると述べる。つまり、三成としては、尾張《おわり》国・美濃《みの》国までを西軍の勢力範囲と考え、このなかに入ってくる武将については、敵か味方かを問いただしていたことが知られる。

さらに、三成が昌幸とその子・信幸《のぶゆき》・信繁《のぶしげ》（幸村《ゆきむら》）兄弟の計三人に宛てた八月五日の書状（表内の2）の六ヶ条目では、家康に従って上方へ向かった者たちが、「尾・三」つまり、尾張国と三《み》河《かわ》国に戻ってきているので、それぞれ西軍に味方するかを確認していると述べる。さらに、七ヶ条目では八月一日の伏見城攻撃で鳥居元忠を討ち取ったことを述べ、八ヶ条目では大坂での細川ガラシャ殺害について述べた後、十ヶ条目では岐阜城主の織田《おだ》秀信《ひでのぶ》（信長の孫・三法師）と協議し、尾張に軍勢を出したことを記す。そこで、清須《きよす》城主の福島正則が、未だ西軍か東軍かの態度を明確にしていないので、正則の説得がなったら三河に出陣し、もし福島が味方しないようだったら、伊勢《いせ》に遣わした軍勢とともに、その居城である清須城を攻撃すると述べている。

三成としては、秀吉股肱《ここう》の臣である正則の西軍参加は、濃尾《のうび》地方の中心である清須城主という地位もあって、大いに期待していたようである。しかし、正則は八月四日付の家康書状（「記録御用書本」）によって、尾張国内の年貢徴収を命じられ、さらに八月十日付の家康書状で、徳永寿昌《とくながながまさ》と

出典	愛知県史
真田家文書	918
真田家文書	927
歴代古案	931
浅野家文書	938
歴代古案	939
曼陀羅寺文書	942
顕性寺文書	
西圓寺文書	
圓徳寺文書	
古今消息集	1019

番号	年月日	宛名	条数	内容
1	慶長5年(1600) 7月晦日	真田昌幸	11	事前相談なしを謝罪、上方勢(上杉攻めから帰洛する武将)を尾・濃で人留
2	慶長5年(1600) 8月5日	真田昌幸・信幸・信繁	10	上方勢を尾・三で人留、備の人数書を添付、福島正則を説得
3	慶長5年(1600) 8月6日	真田昌幸	10	諸国の西軍の状況を報告
4	慶長5年(1600) 8月10日	真田昌幸・信繁	7	上方衆は尾・濃に集結
5	慶長5年(1600) 8月10日	佐竹義宣	12	家康を尾・三で討果
6	慶長5年(1600) 8月13日	曼陀羅寺	3	尾張国曼陀羅寺への禁制
7	慶長5年(1600) 8月27日	林村	1	美濃国林村への禁制
8	慶長5年(1600) 9月5日	西圓寺	3	美濃国西圓寺への禁制
9	慶長5年(1600) 9月9日	加納村	3	美濃国加納村への禁制
10	慶長5年(1600) 9月13日	増田長盛	16	敵(家康方)が今日、赤坂に至った報告

慶長5年7月以降の石田三成発給文書一覧。7、8は小西行長、島津義弘、宇喜多秀家との連署。9は島津義弘との連署。「愛知県史」欄は『愛知県史』資料編13の文書番号

ともに上方への通路確保を命じられているように、三成の説得工作が行われている最中も、東軍方との連絡を密にしていた。つまり、三成の説得工作が功を奏す可能性はゼロに近い状態だったのである(桐野：二〇一二)。福島正則の取り込みに失敗し、尾張の拠点を失ったことは、三成の戦略に大きな修正を迫ることになる。ところで、

八月五日付の三成書状の九ヶ条目に、真田一族へ「備之人数書《そなえの》」を示すといっている。この陣立にあたる「備」を記した文書も、真田家に伝わっている。この文書は、関ヶ原合戦を前にして西軍の布陣を記したもので、八月段階の三成の戦略を知るうえで貴重である。

その内容をみてみよう。

安濃津《あのつ》城の富田信高《とみたのぶたか》ら伊勢国の東軍を討滅させるため、「伊勢口」には毛利輝元（実際は一族の毛利秀元《ひでもと》が出陣した）、宇喜多秀家、長宗我部盛親《ちょうそがべもりちか》、立花宗茂《たちばなむねしげ》、脇坂安治《わきさかやすはる》、長束正家ら七万九八六〇人を投入することが記され、大将格として前記も含む一六人の武将の名前が記されている。これは全軍の約三分の一にあたる西軍主力で、徳川家康西上の前に伊勢国の東軍を壊滅させることが、三成らの最大の目標であったことが知られる。次に、「美濃口」には石田三成、織田秀信、島津義弘《しまづよしひろ》、小西行長《こにしゆきなが》ら二万五七〇〇人、七人の武将の名前があがる。金沢の前田利長《まえだとしなが》の南下に備えるため「北国口」には大谷吉継、木下勝俊《きのしたかつとし》、生駒親正《いこまちかまさ》、蜂須賀家政《はちすかいえまさ》など三万一〇〇人を配し大将二〇人を置いた。京都の最終防衛線である「勢田橋爪在番《ざいばん》」（近江《おうみ》瀬田橋の守り）に、太田一吉《おおたかずよし》、垣見家純《かきみいえずみ》、熊谷直盛《くまがいなおもり》の九州勢ら一一人、六九一〇人を置く。さらに、「大坂留守居」に秀頼馬廻りや前田玄以、増田長盛らの奉行衆四万二四〇〇人を配置していた。ここに記された西軍の総数は、一八万四九七

○人に上った。三成ら西軍は、八月段階において伊勢からはじめ、北に上がり尾張・美濃、さらに加賀《かが》・越前《えちぜん》の北陸に至る南北のラインで東軍を迎え撃つ、尾張を核とした東軍迎撃構想を抱いていたことが読み取れる。

濃尾国境での決戦構想

八月十一日、三成は美濃大垣《おおがき》城へ入ったが、尾張清須城主である福島正則の取り込みに失敗したことを知ったのもこの頃だろう。八月十日に三成が真田昌幸・信繁親子へ送った書状（表内の4）では、八ヶ条目に三成や九州勢が「尾・濃」に出陣すると述べている。さらに同日、三成が常陸水戸《ひたちみと》城主の佐竹義宣《さたけよしのぶ》に送った書状（表内の5）では、九ヶ条目で家康がうろたえたら、「尾州・三州の間」つまり尾張・三河国境で家康を討ち果たすと、尾張・三河国境まで出陣を諦めていないが、一方で十二ヶ条目では「美・濃」つまり美濃・尾張境目で仕置《しおき》（種々の政治的処置）を行うと述べている。家康率いる東軍不利の場合の尾張・三河国境までの出張は否定しないが、基本的には美濃・尾張国境の木曽《きそ》川での決戦を想定する内容である。

八月十三日に、三成は尾張国葉栗郡前飛保《まえひぼ》村（愛知県江南市）にある曼陀羅寺《まんだらじ》へ禁制

（表内の6）を発している。曼陀羅寺は木曽川南岸にあるが、この時点で尾張・三河国境への進出を完全に諦め、美濃と尾張国境である木曽川を決戦の地と三成が決心したことを、この禁制は物語っている。東軍側も、八月二十日付の徳川家康書状（『譜牒余録《ふちょうよろく》』）では、三河まで至った京極高知《きょうごくたかとも》に対し、「濃州口」に向かい福島正則と合流するように命じている。これは、東軍としても尾張・美濃国境の木曽川を決戦の場として想定していたことを示そう。

ところが、尾張国清須城に至っていた福島正則、池田輝政《いけだてるまさ》、浅野幸長《あさのよしなが》、細川忠興《ほそかわただおき》らは、西軍の岐阜城を早くも八月二十三日に陥落させた。八月二十四日付の福島正則書状（「福島家譜」）によれば、東軍は城下町を破り、瑞龍寺《ずいりゅうじ》にあった三つの曲輪《くるわ》、さらに三の丸・二の丸を陥落させ、本丸天守まで至ったところで、城主である織田秀信宿老の木造長政《こづくりながまさ》、百々綱家《どどつないえ》が現れ、城主秀信の命乞いをしたという。この書状では、三成が岐阜城支援のために長良《なが ら》川の渡し河渡《ごうど》（岐阜市）まで出陣したが、黒田長政、藤堂高虎によって撃退されたことも記している。岐阜城があえなく落城したことで、三成の木曽川、つまり美濃・尾張国境での東軍迎撃構想はまたも破綻し、決戦の地は美濃国内に移されることになる。

大垣城と赤坂間での決戦構想

東軍の進撃は速く、岐阜城陥落の翌日の八月二十四日には、美濃赤坂にある岡山（岐阜県大垣市）に陣を張った。岡山は三成が籠もる大垣城から西北へ四キロの場所にあり、両軍の対峙《たいじ》が始まった。三成は大坂に使者を出して、毛利輝元に出陣を要請するとともに、西軍諸隊を大垣周辺に集結させるよう命じた。宇喜多秀家も大垣城へ入り、毛利秀元、安国寺恵瓊ら毛利勢も、九月七日には伊勢国から大垣城を臨む南宮山《なんぐうさん》へ展開した。これに先立って、九月三日には北陸から帰った大谷吉継が、関ヶ原西の山中村（岐阜県関ヶ原町）に出陣したと従来いわれてきたが、近年の研究では否定されている（白峰：二〇一四）。吉継も決戦前は大垣城に入ったと推定される。この段階で、三成は明らかに大垣城付近で雌雄を決するつもりであった。

関ヶ原合戦にあたり、美濃国内では慶長五年（一六〇〇）八月から九月にかけて、五三通の禁制が出ている（藤山：一九九九）。これらは、いずれも関ヶ原合戦およびその前哨戦に関するものである。その内訳を発給者別にみると、①東軍部将二三通、②徳川家康（東軍）一七通、③石田三成を含む西軍部将三通、④織田秀信（西軍）一〇通となる。東軍側の禁制は、九月十五日の合戦までは①の形で福島正則、池田輝政らが出し、合戦の翌日から②の家康が出す形に変化している。

これに対し、西軍側の禁制はきわめて少ない。岐阜城主であった織田秀信によるものを除けば、わずか三通にすぎない。そのうち二通は、石田三成、小西行長、島津義弘、宇喜多秀家の西軍四将が、現在の大垣市内の顕性寺と西圓寺《さいえんじ》に出した禁制である。前者（表内の7）は顕性寺がある林村宛て、八月二十七日付で村内の安全保証を表明したもの。後者（表内の8）は赤坂の西圓寺宛てで、九月五日付で境内安全の保証や竹木伐採の禁止がうたわれている。もう一通（表内の9）は、加納村（岐阜市）の圓徳寺《えんとくじ》に、九月九日付の三成・義弘連署の禁制が残る。本来は、もう少し発給されただろうが、敗軍側の禁制は廃棄されたのかもしれない。大垣市内二通の禁制は、八月二十三日の岐阜城陥落後、三成ら西軍大将が、西軍本陣の大垣城と東軍本陣の赤坂の間を決戦地と想定し、それを知った二ヶ寺が求めたものだろう。なお、西圓寺には慶長五年八月付の池田輝政禁制も残っており、東西両軍から禁制を得ていたことになる。

九月十四日、東軍諸将に遅れて関東を発った家康が岡山の本陣に到着した。動揺する西軍の士気を鼓舞するため、三成の家臣の嶋左近《しまさこん》は、大垣城と岡山の間にある杭瀬川《くいせ》で、東軍の中村一栄《なかむらかずしげ》、有馬豊氏《ありまとようじ》隊へ挑発を行い、中村の宿老の野一色頼母《のいっしきたのも》を討ち取るなどの戦果を上げた。この野一色は、近江坂田郡野一色村（米原市野一色）出身の武将である。

江濃国境・関ヶ原での合戦

家康は十四日の夜、諸将を集めて軍略を議し、大垣城を攻めず、西に進み三成の本拠である佐和山城を陥れ、大坂まで進撃することにした。これは、島津家の家臣である神戸五兵衛の覚書（『旧記雑録』）に、三成らは東軍が京都へ向かうという情報を得たとあることからも裏付けられる。西軍の本拠を衝く作戦であるが、三成を城外に誘い出し野戦に持ち込む作戦であったともいう。

この動きを察した三成は、美濃と近江の国境に全軍を進め、近江への街道を封鎖する形で東軍の進軍を止める作戦に出た。西軍は夜陰のなかを行軍し、東軍の先回りをする形で、関ヶ原に全軍を展開した。その陣形は、北国街道を押さえる笹尾山《ささおやま》に三成が陣し、そこから南へ島津義弘、小西行長、宇喜多秀家が並んだ。もう一つ近江に至る街道である後の中山道には、大谷吉継が配され、さらに南の松尾山には、小早川秀秋《こばやかわひであき》の陣があり、小早川陣前には脇坂安治など四将の軍勢が構える形となった。南宮山には、毛利勢が従前より陣を敷いており、西軍の総勢は七万九〇〇〇人であったという（旧参謀本部：二〇〇九）。同じく夜中進軍し関ヶ原中央に陣取った東軍七万人程（同）と比較すると、兵数においては両軍互角であったが、西を西軍本隊に、南を南宮山の毛利軍に、東を大垣城の西軍に、そして北は山に包囲された東軍の状況は、明らかに陣形として不利であった。なお、この合戦に参加した兵数は、九月二十日付の近衛前久《このえさきひさ》書状（「陽明文庫蔵文書」）では、両軍それぞれ約五万人としており、他の戦国合戦と同様、正確な数字はわからない。

合戦は午前八時頃から始まった。合戦の様子を通説に従って記しておこう（旧参謀本部：二〇〇九）。東軍の福島正則隊の横をすりぬけて、後方にいた井伊直政《いいなおまさ》、松平忠吉《まつだいらただよし》隊が、西軍の宇喜多秀家隊に向かって鉄砲を撃ち始め戦端を開いた。両軍は一進一退を繰り返したが、西軍諸隊は動かない部隊が多すぎた。三成の隣の島津義弘は、三成の催促にも応じる気配はなく、松尾山の小早川秀秋の陣も正午頃まで動かなかった。南宮山の毛利勢も合戦を傍観していた。毛利勢については、前日の十四日に、その重臣である吉川広家《きっかわひろいえ》と福原広俊《ふくばらひろとし》が、東軍の中核をなす黒田長政、福島正則、それに徳川家康の家臣井伊直政、本多忠勝《ほんだただかつ》との間でそれぞれ起請文《きしょうもん》を交わし、合戦に参加しない旨の密約が成立していた。

小早川秀秋は、西軍として参陣したが、通説では合戦前から去就を決めかねており、正午をまわった頃、家康から鉄砲を撃ちかけられ、やっと重い腰を上げ西軍の大谷吉継隊に突撃していったとされる。しかし、現在は小早川秀秋の裏切りは開戦当初からで、家康による鉄砲の撃ちかけもなかったとする説が出されている（白峰：二〇一四）。合戦途中からの小早川の裏切りや、家康の鉄砲威嚇の話は、のちに編纂された軍記物が創作した虚構と考えたほうがいいであろう。

それはともかく、西軍として参陣していた秀秋隊一万五〇〇〇の西軍から東軍への離反は、三成方としては決定的なダメージとなった。小早川軍の攻撃を支えきれず、大谷吉継軍は敗退し吉継は自害した。さらに、三成や秀家、行長らの諸将も敗走していった。島津義弘隊のみは、敵中突破を敢行し薩摩《さつま》に逃れたことはあまりにも有名であるが、この作戦についても、合戦後半の正午すぎではなく、早い段階である午前中には敢行されたという見直しの議論がある（白峰：二〇一五）。

西軍敗退の鍵は、松尾山の小早川秀秋の裏切り、それに毛利軍の不参戦にあることは衆目の一致するところである。三成による近江への二街道を封鎖して、敵を江濃国境から押し返すという戦略が、秀秋はじめ西軍諸将の勝手な行動により乱され、それが関ヶ原の敗退に結びついていった。

田中吉政への三成捕縛命令

関ヶ原合戦直後、徳川家康から近江伊吹山《いぶきやま》方面に逃亡した三成追捕の命《めい》を受けたのは、三成と同郷の武将・田中吉政《たなかよしまさ》であった。吉政は三成の故郷である坂田郡石田村（長浜市石田町）から北西に約六キロ離れた、浅井郡宮部村・三川村（長浜市宮部町・三川町）の出身で、三成よりは十二歳年上である。豊臣秀次の筆頭宿老として活躍し、関ヶ原合戦当時は三河国岡崎（愛知県岡崎市）一〇万石の城主となっていた。

田中家の盛衰をまとめた軍記物『田中興廃記《たなかこうはいき》』は、徳川家康から「石田三成は佐和山に籠城しなかったので、どの国に逃げたかは知ることができない。貴殿は三成と同じ近江の出身で土地勘がある。急いで北近江へ向かって、三成の居場所を探索せよ」と命じられたと記す。九月十七日付の田中吉政が出した文書（藤井：一九七九）によれば、石田三成、宇喜多秀家、島津義弘三将捕縛について懸賞をつけ、逃走や手伝い、かくまう行為を行った場合は厳罰に処すと述べている。この文書自体は、文言に不自然さが目立ち偽文書《ぎもんじょ》の可能性もあるが、吉政が佐和山落城前後から、三成探索を命じられていたことは事実であろう。

また、九月十九日付で家康およびその臣の村越直吉《むらこしなおよし》が、宇喜多秀家、石田三成、島津義弘の捕縛を、田中吉政に命じた書状（「早稲田大学図書館所蔵文書」）が残っている。文面から吉政書状に対する返書であることが知られ、三成追捕はこの日以前から、家康周辺や吉政の間で、最も重要な問題であったと推測される。村越直吉の書状では、小西行長を捕縛したことが、吉政へ伝えられているが、伝承によれば、その場所は美濃国揖斐郡中山村（岐阜県揖斐川町春日中山）であった。ちなみに、村越の書状で捕縛が命じられた三人のうち、島津義弘は敵中突破を果たし、江濃国境の五僧峠《ごそうとうげ》（滋賀県犬上郡多賀町五僧・岐阜県大垣市上石津町時山）を越え、堺から出帆して薩摩へ戻っている。ただ、近年では江濃国境は越えず、伊勢国から近江信楽《しがらき》に出たとの説がある（桐野：二〇一二）。宇喜多秀家は北近江に長く潜伏していたあと、島津氏を頼って薩摩国に赴いているので、結果的に家康によって身柄を拘束されたのは三成のみであった。

九月二十二日、徳川家康が田中吉政に三成追捕について指示した書状（「柳川古文書館所蔵文書」）には、以下のように記されている。「三成は小者一人を連れて、越前の方面へ逃走したと聞く。合戦場から京都の北方である八瀬《やせ》・大原・鞍馬《くらま》・丹波《たんば》方面へも探索を行うよう命じている。日夜ご苦労だけれども、二、三日近江国内で休息してから、三成探索を行うようにしてほしい。なお、三成の家臣の中嶋宗左衛門尉《なかじまそうざえもんのじょう》親子は生け捕った」。ここでは、三成の逃亡先について、北近江から越前との情報を得ているものの、家康は山城・丹波方面にも探索の網をめぐらしていたことが読みとれる。実は前日、三成は田中吉政の家臣によって捕縛されていた。同じ九月二十二日付で、徳川家康が吉政に三成捕縛を賞した書状の写（『譜牒余録』）も残っている。おそらく、二つの書状は同じ二十二日付だが、出した時間が違うのであろう。前者を出した直後、三成捕縛の報が入り後者を出したと考えられる。家康は捕縛から一日たってから、三成の生け捕りを知ったのである。

三成の捕縛状況

残念ながら、三成の逃避行や捕縛の真相を伝える同時代の古文書はない。江戸時代の逸話集・軍記物や、地元の伝承でしかその状況は追えない。まず、その逃避経路について、地元の伝承を紹介しておこう（高木：一九九九）。関ヶ原の戦場をあとにした三成は北近江の草野谷《くさのたに》入り、東草野谷（米原市東草野地域）と西草野（長浜市上草野地域）の間にある七《なな》曲峠《まがりとうげ》を越え、さらに黒坂を越えて田根（長浜市田根地域）の谷に入った。この田根の谷の最奥にある谷口村（長浜市谷口町）に至ると、その地の庄屋は三成を奥に招き入れ、床板を破り縁の下に隠したという。しばらく、この地で匿《かくま》われたあと、三成は小谷城の背面を越えて、山田（長浜市小谷上山田町）の谷に出てから、高野《たかの》（長浜市高月町高野）を経て、母の実家がある古橋（長浜市木之本町古橋）に至った。三成は谷口村の庄屋宅を去る際、世話になったということで、「鳩八の紋」と「石田の姓」、そして短刀を庄屋に与えた。そのうち、短刀は戦後、進駐軍に差し出したが、「鳩八の紋」と「石田の姓」は今も使用している。この谷口村の庄屋石田家の元屋敷（三成を匿った場所、現在石田家は町内別場所へ移転）には、石田三成を祀る「石田神社」という小祠《しょうし》が現存する。

次に、三成の捕縛状況を、江戸時代成立の諸書から紹介しておこう。江戸時代の大名・旗本の系譜集『寛政重修諸家譜《かんせいちょうしゅうしょかふ》』では、三成捕縛の経緯を以下のように伝える。三成は近江国草野で樵《きこり》の姿をして隠れていたが、吉政の家臣田中伝左衛門正武《たなかでんざえもんまさたけ》が怪しんで尋問した。三成は自分が樵であると答えたが、その面を知っている者が捜査隊のなかにいて生け捕られたとある。

一方、『田中興廃記』では、次のように記す。三成捜索のため北近江に至った田中吉政は、井口村《いのくち》（長浜市高月町井口）に陣所を置き、諸方へ兵を遣わして探索にあたった。三成は合戦場からの逃亡の途中で、腹痛をおこし歩行もままならぬ状態であった。古橋村までたどりつき、同村の与次郎太夫《よじろうだゆう》に匿ってもらった。しかし、周囲に敵の探索がのびたことを知った三成は、匿っている者たちに迷惑がかかることを嫌い、与次郎太夫に自身の居場所を吉政に告げるよう促す。与次郎太夫は最初三成の申出を断ったが、その強い意思を察し、吉政のもとに三成潜伏を通報した。すぐさま、吉政の家臣である田中伝左衛門、沢田少右衛門が古橋村を訪れ、三成に縄をかけ乗物に乗せて、井口村まで連行したとある。

吉政に会った三成は、「この度の一戦で利を失い言語道断無念なことであった。しかしながら、太閤秀吉《たいこう》への報恩と思えばこの戦いを後悔することはない。今日まで身を離さず秘蔵してきた脇指《わきざし》は、先年太閤より頂戴した切刃貞宗《きりはさだむね》の珍重されるべき名刀である」と述べ、その脇指を吉政に授けたと『田中興廃記』は記す。このとき、吉政が三成から与えられた短刀が、東京国立博物館に収蔵されている「石田貞宗」である。一尺をわずかに越える寸延短刀《すんのび》なので、脇指とも表現される。

なお、三成ゆかりの刀としては、ほかに同じく東京国立博物館に収蔵されている無銘正宗《むめい》がある。慶長四年(一五九九)閏三月《うるう》、加藤清正、福島正則、黒田長政ら七将に襲撃された三成に、徳川家康は佐和山へ引退するよう勧める。その際、伏見から近江に赴くまでの警護にあたったのは、家康次男の結城秀康《ゆうきひでやす》であった。彼は近江国瀬田まで三成を送るが、その礼に三成から送られたのが、この三成の愛刀正宗であったという。

岡山藩士で学者であった湯浅常山《ゆあさじょうざん》の著『常山紀談《じょうざんきだん》』によれば、田中吉政は捕縛された三成に会釈して、「数十万の軍兵を率いられたこと、その知謀は見事なことであった。戦いの勝敗は天の命であって人知の及ぶところでなく仕方ないことだ」と語ったという。そして、三成が望んだ韮雑炊《にらぞうすい》を出してもてなした。そのとき、三成は座上の柱によりかかりながら、いつものごとく「田兵」（田中兵部大夫《ひょうぶだゆう》の略）と呼んで吉政に話しかけていたと記されている。先に記したように、吉政の出生地である浅井郡三川村・宮部村と、三成の出生地である坂田郡石田村は指呼《しこ》の間であった。同じ浅井氏家臣の家系でもあり、両者は幼年期から親しかったと推定できる。

古橋村での捕縛から処刑へ

三成が吉政の軍に捕まった場所としては、『寛政重修諸家譜』は草野と記し、『田中興廃記』は古橋村と記す。このほかにも、脇坂村（長浜市小谷丁野町）・川合村（長浜市木之本町川合）・井口村など諸書によって区々で一定しないが、伊香郡古橋村とするのが最も一般的である。さらに、古橋村のなかでも、具体的な捕縛地については、山中の洞窟としたり、三成を匿った与次郎太夫宅といわれたり、高時《たかとき》川沿いの下川原とする説などがある。地元の伝承では、病のため岩窟から出てきて倒れていた三成を与次郎太夫が自宅に匿ったという話と、葛川与七郎が岩窟に匿い看病した話などが伝わっている（高木：一九九九）。近年、古橋村の庄屋文書「高橋家文書」から、嘉永七年（一八五四）四月十三日に、越前福井藩の家臣であった大関彦兵衛、田中勘助が、田中伝左衛門の子孫と称して古橋村を訪れたときの経緯を記した文書が発見された。それによると、三成は庄屋次左衛門宅の縁の下で生け捕られたと記している（市立長浜城歴史博物館：二〇〇〇）。先に紹介した『田中興廃記』の記述を加え、三成捕縛の状況は複数あり、一つに断定することは不可能である。

このように、三成捕縛地は江戸時代から諸説あるが、吉政や三成の生国である北近江であったことは間違いない。生国であるからこそ、三成は逃亡先に選び、吉政はその追捕を命じられた。この一件は、三成にとっても吉政にとっても、不思議な因縁を抱かせることになったであろう。三成が捕縛されたのは九月二十一日。井口村で三日を過ごした三成は二十四日、吉政に連れられて中山道の経路を上り、翌日には徳川家康の大津の陣営に到達した。なお、東海道沿いにある大津市木下町の和田神社には、大津市の天然記念物となっている銀杏の大木が現存する。この木は、捕らえられた三成が大津へ輸送される途中つながれたという伝承がある。

大津の陣営では、家康が厚く三成をもてなしたことや、三成が前を通った小早川秀秋を「人を欺《あざむ》きて裏切したるは武将の恥辱、末の世までも語り伝えて笑うべきことだ」と痛罵《つうば》した話など、数多くの逸話が『常山紀談』に載る。二十六日には徳川家康とともに大坂へ入り、大坂・堺・京都の町中を引き回されたうえ、京都六条河原で処刑された。享年四十一。処刑の直前、喉の渇きを癒すため勧められた干柿を、「痰《たん》の毒」として食さなかった話が『茗話記《めいわき》』に載る。三成が死の直前まで命を大切にし、大志を遂《と》げようとしていた逸話として紹介される。しかし、この逸話が事実かどうか、歴史学では検証しようがない。

三成を捕縛した田中吉政は、この関ヶ原の一連の戦功により、三河国岡崎・西尾城主一〇万石から大幅な加増《かぞう》を受け、三二万石余の大守《たいしゅ》として、慶長六年（一六〇一）四月、筑後《ちくご》柳川《やながわ》に入部する。三成を生け捕った吉政にとっても、関ヶ原合戦は間違いなく大きな節目であった。

三成の誤算

三成にとって、この合戦は誤算の連続であった。当初、濃尾平野に西軍を展開し、尾張・三河の国境付近で家康軍を食い止めようとしたが、八月初旬に清須城主の福島正則の取り込みに失敗、戦場の後退を余儀なくされた。さらに、八月二十三日に織田秀信の岐阜城が陥落することで、美濃・尾張国境での対決も幻となった。残されたのは、大垣城と赤坂の間での美濃国内の決戦。しかし、これも家康が西に向かう情報を得て、美濃・近江国境の関ヶ原まで後退して合戦を行う状況に追い込まれた。敗戦後は西の伊吹山に沿って近江国内に逃亡し捕縛された。まさしく、三成にとっての関ヶ原合戦は、西への後退の連続であった。

仮に、三成が八月五日の段階で構想した、伊勢・美濃・尾張・北陸を縦断する、尾張国を核とした東軍迎撃網が機能したら、三成はかくも簡単に敗戦することはなかっただろう。そう思えば、尾張国の動向を左右した清須城主の福島正則が味方すると想定していたことが、三成最大の誤算であり、敗因だったと考えられる。

〔主要参考文献〕

愛知県史編さん委員会『愛知県史』資料編一三（織豊三）（愛知県、二〇一一年）
小和田哲男監修『必見！関ヶ原』（岐阜県、二〇一八年）

藤山兼治「戦国期美濃国における禁制発給状況について――発給点数・処罰文言から見る」（『文化史学』五五号、一九九九年）
旧参謀本部編纂『関ヶ原の役――日本の戦史』（徳間書店、二〇〇九年）
桐野作人『謎解き　関ヶ原合戦――戦国最大の戦い、20の謎』（アスキー新書、二〇一二年）
白峰旬「フィクションとしての小山評定――家康神話創出の一事例」（『別府大学大学院紀要』一四、二〇一二年）
同『新解釈　関ヶ原合戦の真実――脚色された天下分け目の戦い』（宮帯出版、二〇一四年）
同「関ヶ原の戦いにおける吉川広家による『御和平』成立捏造のロジック――『吉川家文書之二』〈大日本古文書〉九一三号～九一八号文書、及び、『（慶長五年）九月二〇日付近衛信尹宛近衛前久書状』の内容検討」（『愛城研報告』一九号、二〇一五年）
市立長浜城歴史博物館『特別展覧会　石田三成　第二章――戦国を疾走した秀吉奉行』（二〇〇〇年）
高木清「関ヶ原の戦い　石田三成の逃走路」（『西美濃　わが街』一九九九年八月号）
藤井治左衛門『関ヶ原合戦史料集』（新人物往来社、一九七九年）

第七章

宇喜多秀家の戦い

大西泰正

「大老」宇喜多秀家

備前《びぜん》岡山の大名宇喜多秀家《うきたひでいえ》（一五七二〜一六五五）は、豊臣秀吉《とよとみひでよし》の知遇を得て豊臣政権の「大老」（いわゆる五大老）にまで栄達した。ただ、秀吉の恩愛は、秀家の能力ではなく、自身の養女婿という秀家の属性に対してそそがれていた感が強い。宇喜多氏と秀吉との関係は織田信長《おだのぶなが》の生前にさかのぼる。中国地方の経略を任された秀吉は、秀家の父直家《なおいえ》を味方につけ、天正《てんしょう》七年（一五七九）以降は、安芸《あき》の大名毛利《もうり》氏を相手に、宇喜多氏と共同戦線を張っていた。

直家の死によって天正十年正月、わずか十一歳の秀家が宇喜多氏の家督を継ぐ。秀吉は以後も宇喜多氏との不即不離の関係を維持して、秀家に養女の樹正院《じゅしょういん》（前田《まえだ》利家《としいえ》の四女。

南の御方《みなみおかた》）を娶《めと》らせ、みずからの天下統一事業に協力させた。天正十三年の紀州根来《きしゅうねごろ》攻めと四国平定、同十五年の九州平定、同十八年の小田原攻め、同二十年（文禄《ぶんろく》元）から始まる朝鮮出兵、これらすべてに秀家は軍勢を率いて参加している。

そうした秀家の働きに対し、秀吉はとくに官位をもって報いた。秀家は天正十三年十月に従五位下侍従《じゅごいのげじじゅう》、同十五年十一月に正四位下参議《しょうしいのげさんぎ》、同十六年四月に従三位《じゅさんみ》に昇り、このとき摂関家《せっかん》に次ぐ「清華《せいが》」の家格まで与えられた。領国は備前、美作《みまさか》の二カ国に、播磨《はりま》、備中《びっちゅう》の一部、あわせて四七万石程度であったが、官位の面では異例の待遇であった。なお、宇喜多氏の石高を五七万石とする俗説は、十九世紀に出現した誤伝である（大西：二〇一五）。

文禄四年（一五九五）七月、関白豊臣秀次《ひでつぐ》（秀吉の甥）が失脚、高野山で切腹する（秀次事件）。そのため秀吉の後継者は、このとき三歳の実子秀頼《ひでより》に絞られた。老衰が兆《きざ》していた秀吉は遠くない自身の死に備えて、幼い秀頼を複数の有力大名が補佐する集団指導を構想する。実際の整備は慶長《けいちょう》三年（一五九八）八月の、秀吉の病死直前まで遅れたが、五人の「大老」がここに立ち現れる。徳川家康《とくがわいえやす》、前田利家、上杉景勝《うえすぎかげかつ》、毛利輝元《もうりてるもと》、そして秀家の五人が選抜された。官位序列でいえば、内大臣の家康、権大納言《ごんだいなごん》の利家に次ぎ秀家は三番目。秀家、景勝、輝元はいずれも権中納言《ごんちゅうなごん》だが、叙任年月(文禄三年十月)の早い秀家が、残り二人より格上となる。

秀家のことは幼少時から取り立ててきた経緯がある。だから秀頼補佐の務めから逃れてはならない。「大老」として、「奉行」(いわゆる五奉行)とも連携して諸般の政務を穏当に、公平に調整・尽力するように(『浅野家文書』)。秀吉はこのように秀家への遺言を残し、慶長三年八月十八日、伏見《ふしみ》城において病没した(ここまで大西:二〇一〇、二〇一九ほか)。

家臣団の派閥抗争

秀吉の死の時点で秀家はまだ二十七歳。数多くの戦陣をくぐってきた軍事的経験はともかく、政治的には実績豊富とはいいがたい。天下人秀吉の権威を、家臣団統制に利用していた節もある。有力家臣は秀家に刃向かえばその背後に控える秀吉にも弓を引くことになるので、内心はともかく表向きは従順に努めたであろう。豊臣政権の実力者前田利家もまた、秀家正室の実父として、この若い大名に対する潜在的な後援者であったといえる。

だが、慶長四年(一五九九)閏《うるう》三月三日、前田利家も世を去った。相次いで後援者を失った秀家にさらに追い打ちをかけたのが、同年九月の徳川家康大坂入城である。家康は帰国中の前田利長《としなが》と加藤清正《かとうきよまさ》に上洛無用を通達して排除するなど、豊臣政権の再編を断行した。このとき大坂にいた秀家にも伏見へ移るようにとの圧力がかかり、結果的に家康に屈服する。利家と入れ代わりに「大老」に就いた前田利長と同じく、秀家も政権中枢から斥《しりぞ》けられてしまった。以後も家康、輝元と連署して大名などへの知行宛行《ちぎょうあてがい》には関与し続けるが、秀家の政治的求心力は伏見移動を画期に失墜したといっていい（大西：二〇一〇）。

不幸と苦難が連続した秀家に、痛打を与えたのが有力家臣の決起であった。天正年間の末から文禄年間（～一五九六）にかけて、秀家は領国支配の実権を有力家臣から自身へと移し、支配の実務は有能な側近に担わせるようになった。そこで出世した代表格が、播磨の地侍の息子、中村次郎兵衛《なかむらじろうびょうえ》（家正《いえまさ》）であった。文禄三年（一五九四）に四五〇石の身代《しんだい》であった次郎兵衛は、慶長三年には三〇〇〇石の大身家臣に立身している（「宇喜多秀家士帳」）。森脇崇文氏は、次郎兵衛のごとく秀家の信任を背景に領国支配の担い手に起用された出頭人《しゅっとうにん》を「直属奉行人」と概念化した（森脇：二〇一二）。

文禄三年、秀家の意向をうけた有力家臣長船紀伊守《おさふねきいのかみ》や出頭人中村次郎兵衛らが、領国全域にわたる検地（惣国《そうこく》検地）を断行した。検地の結果、宇喜多氏の石高《こくだか》は飛躍的に増加したとみられ、おそらく大名蔵入地《くらいりち》（直轄領）も拡大した。土地の支配権もすべて大名当主に集約されたので、秀家の権力はいやがうえにも高まった。かたや家臣の多くは知行地の移転や分散を強いられた。しかも新たな石高は実状よりも過大に設定されていたので、名目上、同じ石高でも以前より収入は目減りする。検地への不満はやがて、家臣団内部の派閥抗争に発展していったらしい。家臣団は、検地を断行した紀伊守や次郎兵衛らの一派と、秀家の施政に不満を抱く有力家臣の浮田左京亮《うきたさきょうのすけ》（秀家の従兄弟。のちの坂崎出羽守《さかざきでわのかみ》）や戸川《とがわ》（富川）達安《みちやす》、岡越前守《おかえちぜんのかみ》、花房秀成《はなぶさひでなり》らの一派に二分されたらしい（「戸川家譜《とがわかふ》」ほか）。しかし、彼らの対立が破局的な展開に進むことはなかった。秀家の背後に秀吉が控えていたからである。

その秀吉が他界した。戸川達安の姉妹婿でもあった長船紀伊守も慶長二〜四年頃に病死したという（「戸川家譜」ほか）。浮田左京亮や戸川達安らにすれば、秀家の施政に抵抗し、出頭人中村次郎兵衛を排除する好機が訪れたといえる。彼らの決起＝宇喜多騒動は必然の成り行きであった（大西：二〇一〇ほか）。

宇喜多騒動

慶長四年（一五九九）の冬、秀家に不満の有力家臣らが大坂城下の浮田左京亮邸に武装して立て籠もった。さらに翌年正月五日には、中村次郎兵衛が何者かに襲撃され、落命が取沙汰された（実際は生存）。中村遭難は京都近郊（太秦《うずまさ》）の出来事であったともいう（『鹿《ろく》苑日録《おんにちろく》』『板坂卜斎覚書《いたさかぼくさいおぼえがき》』「戸川家譜」「乙夜之書物《いつやのしょもつ》」ほか）。政権所在地で起こったこの一連の騒擾こそが、宇喜多騒動である（大西：二〇〇八、二〇一〇）。

　秀家はこの騒動を独力で収拾できなかった。大谷吉継《おおたによしつぐ》や榊原康政《さかきばらやすまさ》（徳川家康の家臣）、津《つ》田秀政《だひでまさ》（小平次）の仲裁も失敗した。政権随一の実力者、「大老」徳川家康が裁定に乗り出して落着したという。慶長五年正月のことらしい。秀家には特段の処分もなく、決起した有力家臣も、戸川達安らが武蔵岩付《むさしいわつき》（埼玉県さいたま市）、浮田左京亮、岡越前守、花房秀成らが国許《くにもと》の備前に移送されただけであった（「戸川家譜」ほか）。

　だが、騒動は再燃する。同年の夏に至って備前の岡越前守、花房秀成らが再び秀家と対立、家臣団から離脱した（「戸川家譜」）。前田利長が五月二十二日付の書状のなかで、秀家の有力家臣の「出入《でいり》」（争い）がおおかた済んだと言及するが（「武家手鑑《ぶけてかがみ》」）、ここで語られる「出入」こそが、岡越前守や花房秀成らの退去であろう。

　秀家はこの騒動を通じて、戸川達安、岡越前守、花房秀成らの有力家臣をはじめ、彼らと対立した出頭人中村次郎兵衛まで失った。家臣の名前と知行高などを書き上げた「浮田家分限帳」には、慶長五年春までに立ち退いた者に○印の注記がある。ただし、大坂での騒動終息後、いったん帰参した花房秀成や、「西軍」挙兵までは宇喜多氏の家臣であり続けた浮田左京亮にも○印がある点からいえば、○印は「慶長五年春まで」ではなく、おそらく関ヶ原合戦以前に秀家のもとを去った人々（そのほとんどは騒動の結果、秀家と袂《たもと》を分かった人々）を指すとみていい。この分限帳の総知行高は約三五万石だが、退去した面々の知行高の合計は、その三分の一を超える約一四万石にのぼる。ここにも騒動の深刻さを読み取るべきであろう（大西：二〇〇八、二〇一〇）。

大名宇喜多氏内部の混乱は想像にあまりある。事態の収拾に誰があたるのか。そこで白羽の矢を立てられたのが有力家臣明石《あかし》掃部《かもん》であった（「浦上宇喜多両家記《うらかみうきたりょうけのき》」）。掃部は領国運営には携わらない「客分《きゃくぶん》」といえる立場にあったからか、家臣団内部の派閥抗争にも中立を保っていたらしい。正室は秀家の姉妹で、知行は家臣のなかでは最高の三万三一一〇石を給《きゅう》されていた。戸川達安らの脱落を埋め合わせるためであろう、掃部は上方《かみがた》で著名な者を新たに多数登用するが（「水原岩太郎氏所蔵文書」）、そのほか大名宇喜多氏の再建にどのような方策をとったのかは不明である。キリシタンとして著名な掃部は、信仰心の篤さでは宣教師の折り紙付きだが、その政治的力量を推測できる残存史料は皆無といっていい

（大西：二〇一五）。

岡越前守や花房秀成らの退去から間もなく、徳川家康による会津《あいづ》攻めが開始される。

「西軍」決起

慶長五年（一六〇〇）六月十六日、「大老」徳川家康以下の諸将が大坂城を出陣した。上洛要請を拒絶した会津若松城（福島県会津若松市）の「大老」上杉景勝に謀反《むほん》の嫌疑をかけた家康は、豊臣政権の意思として景勝討伐＝会津攻めを実行に移したのである。

この頃、一時的に帰国していた秀家は、従兄弟の浮田左京亮を自身の名代として家康の軍勢に従わせた（『義演准后日記《ぎえんじゅごうにっき》』「戸川家譜」）。おっつけ秀家も出陣して家康や左京亮と合流する見込みであったとみられる。

七月五日、上洛した秀家は亡き秀吉を祀る京都の豊国社《ほうこくしゃ》（京都市東山区）に参詣《さんけい》し、「神《じん》馬立《めだて》」という神事《しんじ》を執り行った（『舜旧記《しゅんきゅうき》』）。自身の会津出陣に先立つ戦勝祈願であろう（大西：二〇一〇、桐野：二〇一二）。なお、このあと石田三成《いしだみつなり》、大谷吉継らが家康打倒を掲げて挙兵、いわゆる「西軍」が形成されると、出陣の目的が変わった秀家は、七月二十三日、改めて豊国社に参詣し、金子《きんす》を奉納している（『舜旧記』）。

秀家の「西軍」参加は、七月十五日以前と推測される。七月十二日、大坂の「奉行」増《まし》田長盛《たながもり》が、永井直勝《ながいなおかつ》（家康の家臣）に宛て、石田三成が出陣（決起）するとの「雑説《ぞうせつ》」を報《しら》せている（『板坂卜斎覚書』）。「雑説」とは、根拠の乏しい不確かな噂のこと。翌十三日、京都北野社（京都市上京区）の神官 松梅院禅昌《しょうばいいんぜんしょう》や、醍醐寺三宝院《だいごじさんぼういん》（京都市伏見区）の高僧義演が、いずれも大坂の「雑説」を耳にして日記に書き留めている（『北野社家日記』『義演准后日記』）。彼らが詳細をつかみかねた変事こそ、石田三成の決起であった。

当初、大坂の茶々《ちゃちゃ》（淀殿《よどどの》。豊臣秀頼の母）や三人の「奉行」（前田玄以《まえだげんい》、増田長盛、長束正家《なつかまさいえ》）は、三成の動きに同調せず、家康に助けを求めている（笠谷：二〇〇〇ほか）。榊原康政が出羽《でわ》の大名秋田実季《あきたさねすえ》に宛てた書状によれば、石田三成と大谷吉継が「別心《べっしん》」、すなわち裏切ったので、大坂の茶々と三人の「奉行」、そして加賀金沢《かがかなざわ》（石川県金沢市）の前田利長が、関東の家康に即刻上洛を要請し、そのため家康は三成と吉継を成敗するため西上するという（七月二十七日付。「秋田家史料」）。だが、三成はわずか数日のうちに、大坂の二「大老」、三「奉行」を味方に引き入れてしまった。上杉景勝に宛てた七月十五日付の島津《しまづ》義弘《よしひろ》（惟新《いしん》）書状によると、毛利輝元、宇喜多秀家をはじめ、三「奉行」（書状では「大坂御老衆」）、小西行長《こにしゆきなが》、大谷吉継が相談して、豊臣秀頼のために景勝と協力すべきことが確認されたらしい（『旧記雑録後編』）。景勝との協力は家康との敵対を意味する。ここに家康打倒という目的を共有する「西軍」が形成された。そして以上から、秀家の「西軍」参加はこの談合があったとみられる七月十五日以前、と導けるのである（大西：二〇一〇ほか）。

伏見城攻略と伊勢への出兵

慶長五年（一六〇〇）七月十七日、徳川家康を弾劾する「内府ちがひの条々」が三「奉行」によって公表され、石田三成ら「西軍」諸将が挙兵した。同じ日、秀家も毛利輝元との連名によって前田利長を味方に誘っている（「前田育徳会所蔵文書」）。

去年以来の置目《おきめ》（決まり事）や誓約事項に背《そむ》く徳川家康の勝手な動きについては、三「奉行」から申し入れる。「大老」「奉行」を一人ずつ潰されては、豊臣秀頼様をどうして守り立てることができようか。つらつら考えた結果、このたび皆々で談合して挙兵に至った。利長も定めて同じ考えであろう。秀頼様のために尽力すべきことは申すまでもない。返信を待っている。

おそらく前年九月の「大老」前田利長の排除や「奉行」浅野長政《あさのながまさ》の失脚を踏まえ、家康の勢力拡大に危機感をあらわに、利長を味方に誘っている。利長が家康陣営＝「東軍」に投じた事実は本書第九章を参照されたい。

「西軍」諸将はまず、家康の留守居鳥居元忠《るすいとりいもとただ》が籠もる伏見城に襲いかかった。七月二十二日、秀家の軍勢もその包囲網に加わる（『言経卿記《ときつねきょうき》』）。八月一日、伏見城は陥落した。なお、この間の七月二十四日、近江大津城《おうみおおつ》（滋賀県大津市）が秀家に明け渡されたという不確定情報を、醍醐寺三宝院の義演が書き留めている（『義演准后日記』）。確かに秀家勢や小早川秀秋《こばやかわひであき》勢は、醍醐や山科《やましな》、大津に展開していたが（『中川家文書』）、大津城の接収は事実ではない。

伏見落城後、宇喜多勢は二手に分かれたらしい。秀家はいったん大坂へ下り、改めて近江方面へ出陣する。八月十五日、秀家の軍勢一万が醍醐寺辺りを通過し、同月十九日頃には近江草津（滋賀県草津市）に達する見込みであったらしい（『時慶記』『義演准后日記』「水原岩太郎氏所蔵文書」）。かたや秀家本隊とは別に明石掃部の部隊が組織されたようで、これは八月上旬には伊勢《いせ》方面に着陣していた（「水原岩太郎氏所蔵文書」）。

「西軍」諸将は上方から東へ向かい、各地に展開する。伏見落城後に「西軍」の編制を書き上げたとみられる史料によれば、諸将の持ち場は、毛利輝元や宇喜多秀家らの「伊勢《いせ》口」、石田三成や小西行長らの「美濃《みの》口」、大谷吉継らの「北国口」、そして「勢田《(瀬田)》橋爪在番《ざいばん》」（近江瀬田周辺の守備）「大坂御留守居」（大坂城の留守居）に分けられている（『真田家文書』）。伊勢方面を担う秀家勢は一万八〇〇〇の大軍であったらしい。

おそらく秀家本隊は近江からさらに伊勢へ進み、明石掃部の別動隊と合流する予定であったとみられる。

寝返り工作

宇喜多騒動後、武蔵岩付に下った戸川達安は、「西軍」挙兵を受けて「東軍」に身を投じ、先手に加わって八月中旬には尾張清須《おわりきよす》（愛知県清須市）に達していた。その達安が、八月十八日、伊勢に陣取る明石掃部に宛てて書状を送っている（「水原岩太郎氏所蔵文書」）。

この合戦はほどなく徳川家康様の勝利に帰する。秀家は滅亡すると考えるが、貴殿はどう思うか。幸い「侍従殿」（秀家の嫡男孫九郎秀隆《まごくろうひでたか》）を家康様の婿にするとのことだから、宇喜多氏の家名存続は、貴殿の分別次第である。宇喜多氏の滅亡は自分にとっても本意ではないと心得られたい。とにかく秀家の統治では領国が治まらない。それは天下の者ことごとくが知っている。「侍従殿」を推戴すれば貴殿としても（宇喜多氏に仕えるという）筋道は何も変わらないわけだから、ここでの分別が大切である。

達安がここで掃部に求めた分別（書状では「御分別」）とは、具体的にはどのような行動を指すのだろうか。秀家の嫡男孫九郎秀隆を擁立して宇喜多氏の家命存続を図れ、と読めるが、当時この跡継ぎはわずかに十歳。おそらく母の樹正院とともに（戦場から遠く離れた）大坂屋敷にいた。しかも平時ではなく戦時である。したがって大軍を率いる大将秀家の廃立＝孫九郎の擁立はとても現実的とはいいがたい。とすれば、孫九郎の擁立という名目を掲げて秀家ごと宇喜多氏の軍勢を「東軍」へ寝返らせよ、あるいは孫九郎を「家康の婿」にするという条件で、秀家が「西軍」を離脱するよう説得せよ、というのが達安の要請であったのではなかろうか。確かに達安の息子戸川安吉《やすよし》（源兵衛《げんびょうえ》）は「戸川家譜」において、この書状の内容を「秀家は『東軍』に味方すべきである。『西軍』は勝てない。宇喜多氏の家名は大事である」と解説している。

戸川達安の書状に対し、八月十九日、明石掃部は返書をしたためた（「水原岩太郎氏所蔵文書」)。自分は伊勢方面の対応を命じられて十日以前からこちら(伊勢)にいる。秀家は伏見落城後に大坂に下ったが、今頃は草津まで進軍していよう(先に説明した宇喜多勢の動きは、この掃部の書状による)。こうした動きに言及しつつ、掃部は達安に反論する。秀頼様の勝利(ここでは「西軍」の勝利を指す)は当然である。秀家の家臣団についても、皆々の心構えが悪かったので評判が落ちてしまった。秀家の責任というよりも、戸川達安らの不心得こそが、宇喜多騒動による家臣団の分裂を招いた、という主張であろう。しかし孫九郎の件には言及がない。達安の誘いに直接の返答は避けつつ、掃部は不同意を示したのである。

また、掃部が上方にて著名な者を数多く召し抱えた件も、この返書での言及から明らかになる史実である。宇喜多騒動によって抜けた達安らの埋め合わせであろう。のちに吉川《きっかわ》広家《ひろいえ》(「西軍」から「東軍」へ鞍替え)は、秀家と小早川秀秋について、「二人の中納言殿は若輩である。そのうえ家臣もまちまちである」(『吉川家文書』)と述懐したが、家臣団=軍勢の不統一は、こうした応急処置としての人員確保の結果と考えられよう(大西:二〇一〇ほか)。

ちなみに、達安の書状には浮田左京亮の近況も語られている。秀家の名代として家康に従軍した左京亮は、「西軍」挙兵後、そのまま家康に従って「東軍」に投じていた。達安の情報は、左京亮が伊勢安濃津城《あのつ》（三重県津市。城主は左京亮の姉妹婿富田信高《とみたのぶたか》）支援のため、海路、伊勢方面に向かった、という内容である。

これ以前、徳川家康は田中吉政《たなかよしまさ》（三河西尾城主《みかわにしお》）に対し、安濃津へ派遣した山岡道阿弥《やまおかどうあみ》のために船舶の手配を命じている（八月一日付）。ここで家康は道阿弥に「備前衆」を従わせていたというが、この「備前衆」こそ、浮田左京亮の手勢であろう（「徳川記念財団所蔵文書」）。なお、光成準治氏は、「西軍」小早川秀秋の寝返り工作にも関わった道阿弥が、左京亮や戸川達安を使って「西軍」宇喜多氏家臣の調略を試みていたと見通すが、さて事実はどうであろうか（光成：二〇〇九）。

関ヶ原合戦

慶長五年（一六〇〇）九月一日以前、美濃へ進んだ秀家は、石田三成や小西行長、島津義弘ら諸将とともに大垣城《おおがき》（岐阜県大垣市）に入った（『真田家文書』ほか）。明石掃部の別動隊もこの前後の時期、秀家本隊に合流したとみていい。すでに「東軍」の伊勢安濃津城は陥落している。

九月十日、おそらく大垣の陣中にいた秀家は、家臣宍甘四郎左衛門《しじかいしろうざえもん》らに対して、敵軍はうろたえて敗北の形勢にあるという美濃の戦況を伝え、さらに国許の防備態勢と人質の徴収につき詳細な指示を与えた（「新出沼元家文書」、久世町史資料編編纂委員会：二〇〇四）。

城地の守備（在番）の割り振りは、備前のうち岡山は宍甘四郎左衛門と宍甘太郎兵衛《たろうびょうえ》、常山（岡山市南区および玉野市）は川端丹後守《かわばたたんごのかみ》、小串（岡山市南区）は沼本新右衛門《ぬもとしんえもん》、虎倉（岡山市北区）は長田右衛門丞《おさだえもんのじょう》、播磨のうち広瀬（兵庫県宍粟市）は宍甘太郎右衛門《たろうえもん》と牧藤《まきとう》左衛門《ざえもん》、赤穂《あこう》（兵庫県赤穂市）は中吉平兵衛《なかぎりへいびょうえ》と延原六右衛門《のぶはらろくえもん》、美作のうち高田（岡山県真庭市）は小瀬中務正《おぜなかつかさのかみ》、倉敷（林野。岡山県美作市）は明石四郎兵衛《しろうびょうえ》である。そしてこの面々には秀家のもとへ急ぎ人質を送るよう指示。さらに家臣の人質も岡山の宍甘四郎左衛門と宍甘太郎兵衛のもとへ集めるよう命令した。

ただし、女性（女房や娘）の人質は不要という。人質のうち十二、三歳以下は、大坂の浮田河内守《うきたかわちのかみ》のところへ、それ以上の年齢の人質は秀家のいる戦陣へ送れ、と秀家は述べている。なお、この言及から秀家の大坂屋敷には、浮田河内守が留守居として配置されていた事実が判明する。

徳川家康との決戦を控えた秀家は、国許の防御を固めるとともに、家臣からの人質徴収を通して戦時態勢の引き締めを図り、彼らの寝返りを防いだのであろう。あるいは宇喜多騒動以来、家臣団内部の混乱が収まっていなかったのかもしれない。ただ、こうした指示が可能になった背景を、騒動によって反秀家勢力が一掃されたことで秀家の権限が強化されたから、と説く向きもある（森脇：二〇一二）。

関ヶ原合戦は、秀家がこの書状をしたためた五日後、九月十五日のことである。「西軍」が敗れた結果、大名宇喜多氏は滅亡し、関係史料も散逸した。宇喜多氏内部の視点から決戦の様相を伝える史料もほとんど残されることがなかった。そのため関ヶ原での秀家を考えるには、どうしても外部の視点に頼らざるをえない。たとえば、秀家の陣近くにいた島津氏関係者の証言などが有用であろう。

島津氏関係者の覚書などによれば、関ヶ原における「西軍」の陣立ては、一番に石田三成、二番に島津豊久《とよひさ》（義弘の甥）、三番に宇喜多秀家、四番に島津義弘といった具合に復元できる（『旧記雑録後編』、桐野：二〇一二）。ただ、それ以上の戦闘の様子はよくわからない。小早川秀秋の寝返りにともない、大谷吉継勢が崩され、次いで秀家の軍勢も総崩れになったという大局がうかがえる程度である。島津勢のある武士（神戸久五郎）の覚書によれば、宇喜多勢をうかがう方角に岡があったため、こちら（島津）の陣からは戦いの様子がみえなかったともいう（『旧記雑録後編』）。

「東軍」福島正則の陣にいた可児才蔵《かにさいぞう》によれば、九月十五日の明け方、大垣から青野（関ケ原）へ向かう道筋を進む宇喜多勢に福島勢が攻めかかり、切り崩したらしい（「誓文日記《せいもんにっき》」）。

秀家は進藤三左衛門《しんどうさんざえもん》らわずかな家臣をともなって戦場を離脱（『板坂卜斎覚書』ほか）、軍勢は総崩れになって消滅した。キリシタン明石掃部は、乱戦のなかで信仰を同じくする「東軍」の黒田長政《くろだながまさ》に遭遇し、その説得に応じて救出されている（「日本諸国記」）。

八丈島配流

京都の公家《くげ》山科言経《やましなときつね》は、関ヶ原合戦を次のように日記に書き留めた。「美濃、大垣などで大きな合戦があった。「内府」徳川家康が出陣したという。家康が勝利した。小早川秀秋が（家康に）同心したという。「備前中納言」秀家は敗北し、後日自害した」と（『言経卿記』）。

秀家は自害していなかった。進藤三左衛門ら家臣の助けや前田氏関係者の関与など、複数の幸運な要因が重なって、翌慶長六年（一六〇一）夏頃までは上方に潜伏、徳川方の探索から逃れ続けた。海路をとって同年六月には九州薩摩の山川湊（鹿児島県指宿市）に着岸、領主島津忠恒《ただつね》（家久《いえひさ》）を頼って二年あまりを大隅牛根《おおすみうしね》（鹿児島県垂水市《たるみず》）に過ごす。慶長八年八月、伏見に出頭した秀家は、翌九月、島津氏や秀家本人の運動などが奏功して助命され、駿河久能《するがくのう》（静岡市駿河区）に移送された（久能はしかし不便なので、実際には府中の駿府城《すんぷ》に移されたという。『旧記雑録後編』ほか）。だが、何らかの事情があって、さらに慶長十一年四月に至って八丈島に流された。二人の息子（孫九郎と小平次）のほか共連れは村田助六《むらたすけろく》ら一〇人である。九州下向時《げこう》に「成元」（読み方は未詳）、次いで「休復《きゅうふく》」、そして八丈流罪後は「久福《きゅうふく》」と号した秀家の死はそれから半世紀ほどを経た明暦《めいれき》元年（一六五五）十一月二十日。享年八十四。旧臣花房氏が秀家の出島（「出国」）に尽力し、秀家にもその運動は伝わっていたが、ついに赦免の沙汰はなかった。八丈島での秀家には、島の代官から供された食膳の一部を持ち帰った伝説など興味深い逸話がいくつか存在するが、かつて筆者が指摘した通り、典拠史料の成立年代が降《くだ》るにつれて秀家の苦境がより強調される傾向にあるから、これらの取り扱いには注意すべきであろう。ちなみに嫡男の孫九郎は、慶長十四年頃、精神に異常を来《きた》したが、八丈島で妻を娶り、子孫を残した。末子小平次も同様に妻子をもっている（大西：二〇一八ほか）。

ところで、慶長五年の秀家出陣に先立って大坂屋敷にいた正室樹正院は、秀家の戦勝と無事を祈って、大和《やまと》の長谷寺《はせでら》（奈良県桜井市）に次のような願文《がんもん》を納めている（「廊坊篤氏所蔵文書」）。まもなく「中納言さま（秀家）」が出陣する。何事もなく災難にも遭わず、弓矢の冥加《みょうが》＝武功を挙げられるよう祈念してほしい。（秀家は）申《さる》年で二十九歳。世間に「中納言」は多いが、名乗りは「ひていへ」様という「中納言」であるから、そう心得て祈念するように。――この願文には「七日」という日付のみが記されている。会津攻めを控えた七月七日か、近江方面への出陣直前の八月七日であろう。いずれにせよ、樹正院の願いは届かなかった。

彼女は戦後十年ほどを高台院《こうだいいん》（秀吉の正室 北政所《きたのまんどころ》）の庇護のもと京都に生活し、以後の晩年は実兄前田利長、異母弟前田利常《としつね》（利家の四男）を頼って北陸の地で送った。金沢城下の高岡町（石川県金沢市）で彼女が没したのは、秀家に先立つこと二十一年、寛永《かんえい》十一年（一六三四）五月二十三日のことである。なお、八丈島の宇喜多一類への物資援助は、当初、樹正院の母芳春院《ほうしゅんいん》（前田利家の正室）や秀家旧臣の進藤氏や花房氏によって行われていたが、のちに加賀藩前田家が一手に担うようになったとみられ、前田綱紀《つなのり》（利家の曾孫）の時代にそのシステムが整った（大西：二〇一八）。

〔主要参考文献〕

大西泰正「秀吉死後の宇喜多氏――いわゆる宇喜多騒動を中心に」（『日本歴史』七二七号、二〇〇八年）
同『豊臣期の宇喜多氏と宇喜多秀家』（岩田書院、二〇一〇年）
同『宇喜多秀家と明石掃部』（岩田書院、二〇一五年）
同『論集　加賀藩前田家と八丈島宇喜多一類』（桂書房、二〇一八年）
同『「豊臣政権の貴公子」宇喜多秀家』（角川新書、二〇一九年）
鹿児島県維新史料編さん所編『鹿児島県史料　旧記雑録後編三』（鹿児島県、一九八三年）
笠谷和比古『関ヶ原合戦と近世の国制』（思文閣出版、二〇〇〇年）
桐野作人『謎解き　関ヶ原合戦――戦国最大の戦い、20の謎』（アスキー新書、二〇一二年）
久世町史資料編編纂委員会編『久世町史』資料編一編年資料（久世町教育委員会、二〇〇四年）
しらが康義「戦国豊臣期大名宇喜多氏の成立と崩壊」（『岡山県史研究』六号、一九八四年。のち大西泰正編『備前宇喜多氏』岩田書院、二〇一二年所収）
布谷陽子「関ヶ原合戦の再検討――慶長五年七月十七日前後」（『史叢』七三号、二〇〇五年）
松田毅一監訳『十六・七世紀イエズス会日本報告集』第一期第三巻（同朋舎出版、一九八八年）
光成準治『関ヶ原前夜――西軍大名たちの戦い』（KADOKAWA、二〇一八年。初出二〇〇九年）
森脇崇文「豊臣期大名権力の変革過程――備前宇喜多氏の事例から」（『ヒストリア』二二五号、二〇一一年）

第八章

大谷吉継の戦い

外岡慎一郎

大谷吉継の決断

大谷吉継《おおたによしつぐ》（一五六五〜一六〇〇）は、慶長《けいちょう》五年（一六〇〇）七月十六日付蜂須賀《はちすか》家政《いえまさ》書状（『毛利家文書』）に「今度《このたび》石治（三成《みつなり》）大刑（吉継）逆意《ぎゃくい》」と記されたように、関ヶ原合戦に至る一連の政治過程のなかで、徳川《とくがわ》家康《いえやす》を豊臣《とよとみ》政権から放逐しこれを滅ぼす謀議の中心にいた人物である。

幼少期に秀吉《ひでよし》に見いだされ、近臣として活躍の場をあたえられたという点で、石田三成と境遇を同じくしている。しかし、秀吉の死後、合戦に至るまでつねに三成と共同歩調を取っていたわけではない。

大谷吉継が病を理由に豊臣政権中枢から身を引いたのは、第一次朝鮮出兵（文禄《ぶんろく》の役《えき》）

ののち間もない時期のことである。ところが、豊臣秀吉が没し、石田三成が失脚した後、家康主導の色合いを増した豊臣政権のなかに吉継は復帰し、重要な活動に従事していたことが確認されている（石畑：二〇一二、外岡：二〇一六）。

慶長四年（一五九九）九月、前田利長《まえだとしなが》が謀反《むほん》を企てたとの嫌疑を受けた。家康が大坂城に豊臣秀頼《ひでより》を訪問する途次に家康を暗殺する集団謀議に加わったとされたのである。奉行衆の浅野長吉《あさのながよし》（長政《ながまさ》）もこれに加担していたとされ、浅野は蟄居《ちっきょ》の身となる。八月末に加賀《かが》に帰国していた利長は、家臣らを通じて弁明し、母芳春院《ほうしゅんいん》と重臣の親族らを人質として江戸に送ることを条件として和議となったが、その和議に大谷吉継が前田家との取次役を務めていることが知られる（『加賀藩史料』）。

同様に、島津《しまづ》家の内紛（庄内の乱）、上杉景勝《うえすぎかげかつ》謀反疑惑に対しても、家康と協働してその収束を図っており、宇喜多《うきた》家の内紛（宇喜多騒動）については家康の重臣榊原康政《さかきばらやすまさ》とともに仲裁を試みている。

これら、政権に復帰した吉継が従事した案件というのは、豊臣政権のなかではかつて石田三成が担った分野である。政権復帰といっても、吉継の意思だけで可能になるとは考えられない。おそらくは三成の不在によって生じた人材不足を補う必要性から、むしろ家康が吉継に復帰を求め、吉継がこれに応じたという事情も推察できる。

上杉景勝謀反疑惑は最終的に家康自身が討伐に出陣するという、豊臣政権にとって危機的な状況をもたらす。吉継が家康の催促に応じて軍勢を整え出陣するというのは、これら事情を勘案すれば至極自然なことであった。

ところがその途次、石田三成と会い、吉継は三成から家康打倒の計略を明かされる。当初は引き留めたものの、やがて三成の決意の固いことを知り、いくつかの戦略を授けて了解し、ともに挙兵することになった、というのが江戸時代に成立した軍記類が一様に語る吉継決断の経緯である。

しかしこれら軍記類には、すでに全能の「神君《しんくん》」となっていた覇者徳川家康に理不尽な戦いを挑んだ石田三成を貶《おとし》め、共謀者として戦場で命を散らした大谷吉継についてはその誉《ほま》れを称え、惜しむという論調がある。軍記類が語る吉継決断の経緯もその論調に収まるものだから、当然疑ってみなければならない。

関ヶ原合戦の端緒を語る史料としてよく知られているのは、慶長五年（一六〇〇）七月十二日付の増田《ました》長盛《ながもり》書状である（『板坂卜斎覚書《いたさかぼくさいおぼえがき》』）。充所《あてどころ》は家康とともに関東にあった永井《ながい》直勝《なおかつ》。眼病が重症化したため吉継が垂井《たるい》で「両日」滞留する間に三成の挙兵計画が明らかにされ、大坂では種々風聞が飛び交い落ち着かない情勢であるので、今後も追々通知するという内容である。

ところが増田は、その一方で毛利輝元《もうりてるもと》を大坂城に迎えたいとの書状を同日付、長束正家《なつかまさいえ》、徳善院《とくぜんいん》（前田玄以《げんい》）との連署でしたため、安国寺恵瓊《あんこくじえけい》に託し（『松井文庫所蔵文書』）、輝元もまた、この連署状を受けて、十五日に安芸《あき》を発ったことを薩摩《さつま》の島津義久《よしひさ》に伝えている（『薩藩旧記雑録《さっぱんきゅうきざつろく》』）。

関ヶ原合戦の後、吉川広家《きっかわひろいえ》が毛利輝元に合戦に至る経緯を語ったところによれば、安国寺恵瓊が会津《あいづ》出陣の途次、佐和山で三成、吉継らと協議し、出陣を取りやめて大坂に戻った。その恵瓊から大坂へ来るよう促す飛脚が播磨《はりま》に居た広家のもとに来たのが十三日のことという（『吉川家文書』）。矛盾しない。

さらに、京にあった西洞院時慶《にしのとういんときよし》は七月十三日の日記に、会津に出陣した武将たちが十二日夜から伏見《ふしみ》、大坂に帰ってきて騒がしいと記している（『時慶記』）。鍋島勝茂《なべしまかつしげ》もまたその帰参武将たちのなかにあったようで、江戸時代に鍋島藩がまとめた勝茂の年譜には、七月初旬に出陣したところ、近江愛知川《おうみえちがわ》に三成らが関を据えて関東に向かう武将たちの通路を遮断し、大坂に戻るよう促していたので、やむを得ず勝茂もこれに従ったとある（『勝茂公《かつしげこう》譜考補《ふこうほ》』）。

これら史料を勘案すると、石田三成は大坂城の奉行衆（増田、長束、前田）を十二日までに引き入れ、大坂城に毛利輝元を迎える手はずを整えており（事実上のクーデター）、これに大谷吉継と安国寺恵瓊が参与したことは確かなようである。少なくとも、こうした体制（石田・毛利連合政権、白峰：二〇一六）の樹立なくして、近江愛知川に関を設け関東に向かう武将たちに帰還を命じ、武将たちがこれに従う理由はない。

軍記類が語る吉継決断の日時は七月十一日でほぼ一致している。また吉継が三成には人望がないので毛利輝元を大将として挙兵することを勧めたとの語りも、軍記類が欠かさず載せるところである。輝元招請が佐和山合議で提案された吉継の策である可能性は否定できない。ただ、軍記類作者が、無謀・無策の三成に智将吉継が良策を伝授したという文脈を構築したとの疑いもある。

奉行衆とともに大老衆を味方に引き入れることは、大坂城乗っ取りの必要条件である。三成がこれに気づいていないとすれば凡庸に過ぎるが、それはないだろう。三成はこうした構想を吉継、恵瓊らに披露して合力を依頼したのではないか。吉継が三成と協働することを決断した理由は、これから臨むことになる戦いが豊臣家とその政権を守る戦いであると確信したからである。

伏見城陥落、吉継は北陸へ

七月十七日、毛利輝元が大坂城に入る（『真田家文書』）。吉継がこの時点でどこにいたかは明らかではない。軍記類の多くは、伏見から会津に発ち佐和山での協議の後、居城のある越前敦賀《えちぜんつるが》に向かったと記している。吉継が伏見城攻撃に向かうのは同二十二日のことで、宇喜多秀家《ひでいえ》、毛利秀元《ひでもと》、石田正澄《まさずみ》らとともに大坂から伏見に入っている（『時慶記』）。軍記類が記すように一度敦賀に戻り、再度上京したと考えても日程的な無理はない。

主力軍を投入しての伏見城攻撃に堪《た》えているのは、鳥居元忠《とりいもとただ》、松平家忠《まつだいらいえただ》ら家康の直臣たちである。もとより伏見城は秀吉が居城とした「天下人」の城であったが、三成失脚後は家康の城となった。その城を「秀頼様衆」「上方衆《かみがたしゅう》」「京方」（以下、「京方」で統一、家康方は「関東方」とする）などと呼ばれた吉継らの軍勢が攻める。歴史の皮肉のような構図である。七月末に至り、ようやく殲滅戦《せんめつせん》が始まり、八月一日落城する。

落城間近の七月二十八日の夜、吉継は島津義弘《よしひろ》に招かれ大酒に及んだようだ。義弘は朝鮮出兵から帰還した後、薩摩に戻ることもなく政変に巻き込まれていた。当初は警固のため伏見城に入城しようとしたところ、鳥居らに拒まれ家臣が負傷するに至り、攻撃軍に加わることになった。しかし、薩摩からは兵力の支援もなかったので、義弘は再三書状を国《くに》許《もと》に送り援軍の派遣を求めている。兵力がなくては島津の誇りも傷つけられるとの文言もこれら書状にみえる（『薩藩旧記雑録』）。

義弘は吉継にどんな話があって招いたのか。義弘にとって何よりの不安は、今後の戦いにあったと考えられる。伏見城は落城必至となったものの、関東から西上してくる徳川家康軍とこれに従う豊臣大名たちとの戦いは間近である。兵力が足りない。戦略は。勝算は。吉継に問う項目は少なくなかったと思われる。

翌二十九日の朝、義弘の使者が吉継のもとに遣わされたが、吉継は沈酔《ちんすい》を理由に使者には応対せず、詫びの書状を託して使者を返している（『島津家文書』）。ただ、八月一日付で毛利輝元と宇喜多秀家（二大老）の連署で、薩摩にある島津忠恒《ただつね》に宛てて軍勢を至急送るよう促す書状が発せられている。最終的に義弘は援軍を得られないのであるが、吉継の義弘への答えの一つがこの書状にあるように感じる。

さて、吉継は伏見城の焼亡・陥落をみることなく大坂に向かい、三十日付で真田《さなだ》昌幸《まさゆき》・信繁《のぶしげ》宛ての書状をしたためている。真田父子の妻子は吉継が預かっていること、十七日に家康の留守居《るすい》を追い出し毛利輝元が大坂城に入ったことなどを伝え、秀頼を共に支える同志としての意思を確かめる内容である（『真田家文書』）。そして、おそらくはその日のうちに敦賀に向かう。加賀の前田利長が軍を発して越前に侵攻しようとしていたからである。

徳川家康との和議が成った後も、利長は加賀にとどまっていた。上杉景勝謀反疑惑に応じた家康出陣の折には、越後《えちご》津川口（新潟県阿賀町）に軍を派遣していたが、家康が三成の動きを察知し、家康に従っていた豊臣大名たちが西上を開始するのと歩調を合わせて、七月二十六日に金沢を発し、吉継らの工作で「京方」に属していた山口宗永《やまぐちむねなが》が守る大聖寺《だいしょうじ》城に迫っていた。

大坂城では、三十日の夜、毛利輝元、石田三成と奉行衆らが、家康を迎え撃つ戦略を協議していた。吉継はこれに参加することなく敦賀に向かったのであるが、輝元はその背中を追いかけるように書状を発し、協議の内容は追って奉行衆から伝えることを約すとともに、山口宗永に宛てた書状を吉継に託した（「八月一日付毛利輝元書状」『類聚文書抄《るいじゅうもんじょしょう》』、外岡：二〇一八）。

敦賀に戻った吉継は、態勢を整える間もなく軍を進めた。越前海岸沿いの今泉（福井県南越前町）に八月二日付の吉継禁制が残るから（「西野次郎兵衛家文書」）、吉継軍は海路今泉に至り、越前府中城に迫った可能性がある。今泉から越前府中に至る街道は鎌倉時代には通じており（府中馬借街道）、陸路木ノ芽峠などを越えるルートよりも早く多く、人とモノを運ぶことができた（外岡：二〇一六）。

越前府中城は、堀尾《ほりお》吉晴《よしはる》が隠居領として家康から与えられた城である。ただ、家康から会津出陣を免じられ越前に戻るよう指示された吉晴は、池鯉鮒《ちりゅう》（愛知県知立市）で刃傷事件に巻き込まれて負傷し、岡崎城で療養中であり、遠江《とおとうみ》浜松城主である子息忠氏《ただうじ》は家康に従軍していた。府中城には留守居の小勢が籠もるのみであった。

しかし吉継は、府中城を攻めることなく通過し、青木《あおき》一矩《かずのり》が守る北庄《きたのしょう》城（福井）に進軍したようだ。理由は二つ考えられる。

一つは前田利長の動きである。吉継が鯖波《さばなみ》（南越前町、府中の南一〇キロほど）に到着したのは八月三日のこととされる（『慶長見聞書』）。同じ日、利長は降伏勧告を拒絶した大聖寺城を攻め落とし、山口宗永を自刃に追い込んでいる。利長が越前に侵入するのは時間の問題であった。

もう一つは、青木一矩の臆病である。利長が金沢を発して間もない七月二十八日、青木は利長の動きを大坂に報じるとともに、おそらく支援を求めたのであろう。これに応えた石田三成の書状には、伏見城落城間近との報を載せ、事態が切迫すれば三成自身が駆けつけることを約し青木を励ます文言がみえる（「八月一日付石田三成書状」『越前若狭古文書選』）。また、敦賀に到着した吉継にも飛脚を送り、援軍を得られないままに北庄城に利長が迫るようなことがあれば、守備を放棄し上洛すると伝えてきたともいう（『慶長見聞書』）。

そして、利長は越前国境を越えてくる。

前田利長撤退、吉継は関ヶ原へ

前田利長軍の先鋒は九頭竜川《くずりゅう》の北、北庄城を眺望できる位置にまで達していた。ところが、利長はここで突如兵を返す。八月五日に大聖寺城に戻り、七日にはこれを引き払い金沢に向かったという（『越登賀三州志《えつとがさんしゅうし》』）。

利長撤退の理由を軍記類の多くは大谷吉継の謀報戦とする。すなわち、上方から加賀へ帰国の途次にあった前田利家の娘婿中川宗半《なかがわそうはん》（光重《みつしげ》）を吉継が捕らえ、吉継には北庄を拠点に前田軍を迎え撃つ兵とは別に、これより多くの兵を海路宮腰に上陸させ金沢を攻撃するのに充てる計略があるとして帰国を促す内容の書状を書かせ、利長に届けたのだという。利長はこれを信じ、兵を返したとの語りである。

軍記により異同があり、吉継が強要したとも、伏見城陥落を知る宗半は利長の進軍を止めたい思いがあり吉継の提案で書状をしたためたとも語られる。また、石田三成が宗半を捕らえて書状を書かせたとする軍記もある。ただ、加賀前田家の家臣藤田安勝《ふじたやすかつ》が、二代藩主前田利常《としつね》（利長の弟、微妙公《みみょうこう》）の言動を記録した『微妙公御直言覚《みみょうこうおちょくげんおぼえ》』には、吉継に「たらされ」た「臆病者」の書状に動かされて利長は撤兵したという利常の認識が示されている。また加賀藩は軍学者を動員して中川の名誉回復を試みてもいるから、吉継が謀書によって利長の進軍を止めたとの説が江戸時代広く普及していたことは確かである（外岡：二〇一六）。

智将大谷吉継の面目躍如の武辺咄《ぶへんばなし》であるが、真偽のほどはわからない。確かなことは、利長は兵を返し、吉継は戦うことなく大聖寺城を回復し、再度の進攻への備えとしたことである。

加賀、越前国境を擁する九頭龍川以北、大聖寺川以南に属する地域は、かつて越前朝倉《あさくら》氏と加賀一向一揆が幾度となく争奪戦を繰り広げたところである。大聖寺を抑えるということは、加賀から越前へ、そして越前から加賀へ、それぞれ侵入する勢力に対して優位に戦える拠点を確保することになる。毛利輝元が吉継に託した山口宗永宛ての書状は、落城の期日からみて、おそらく山口の手に届けられることはなかったと想像される。しかし、その書状には大聖寺死守を求め激励する輝元の言葉があったに違いない。吉継は最終的に北陸の陣を解き美濃に向かう日まで大聖寺城を維持していく。

一方利長は、金沢への帰路に小松城丹羽《にわ》長重《ながしげ》の迎撃を受け、後世「浅井畷《あさいなわて》戦没九士」と讃えられることになる家臣らを失う（八月八日、浅井畷合戦）。もとより利長が往路で小松城を迂回したのは、攻めれば長期戦になるという判断のほか、吉継が大聖寺城を重視したのと同じ理由で、越前進攻の拠点としての意義を理解していたためと考えられる。

利長は帰還間もない八月十二日、浅井畷合戦までの戦功を褒賞する感状を家臣たちに授けている（『加賀藩史料』）。また、徳川家康は十三日付で軍状を問う書状を利長に送り、利長はこれに答える使者を派遣している。利長にとって、将兵の命を代償に家康の信頼を得たことは何よりの成果であった。家康謀殺の嫌疑をかけられ、吉継もその成就に苦心した和議により、母を人質として江戸にとられた身である。去就を明らかにし、のちに北国は利長の切り取り次第と家康にいわせる素地がここに築かれることになった。

さて、前田利長が去就を明らかにしたことで吉継は北陸から動けなくなった。当初は徳川家康を迎え撃つ拠点の一つとして伊勢《いせ》、近江の国境に新たな城を設け、これに吉継が入る計略もあったが（「八月一日付中川秀成《ひでなり》宛黒田《くろだ》如水《じょすい》書状」『中川家文書』、外岡：二〇一八）、利長の進軍を契機に吉継は「北国口」の大将格に位置づけられ、後日美濃《みの》に転進するまで大聖寺、あるいは敦賀にあったと考えられる。

また、「北国口」には新たな増強部隊も投入されてくる。越前国内で領知《りょうち》を得ていた寺《てら》西是定《にしこれさだ》、上田《うえだ》重安《しげやす》、奥山正之《おくやままさゆき》、戸田《とだ》重政《しげまさ》（勝成《かつしげ》）などとともに、京極高次《きょうごくたかつぐ》、脇坂安治《わきさかやすはる》、小《お》川祐忠《がわすけただ》らも「北国口」に配置されてくる。京極高次の場合、八月十日に近江堅田《かたた》まで出陣し（『時慶記』）、八月末まで「越前在陣」（『新編会津風土記』）であったことが確認できる。

ところが吉継は、八月二十二日、大坂城の毛利輝元、増田長盛と相談することがあると、二千余騎を供として北陸を発ったという。しかし、近江国境に近い越前疋田《ひきた》で石田三成、小《こ》西行長《にしゆきなが》、宇喜多秀家、島津義弘らから遣わされた飛脚の報を受け、急遽大坂行きを取りやめ、翌二十三日、大聖寺に残した軍勢もすべて引き揚げさせて、美濃に向かうことになったという（『慶長見聞書』）。

吉継が北陸から美濃に向かう経緯、期日を知る一次史料はない。二十二日は「関東方」の先鋒福島正則《ふくしままさのり》、井伊《いい》直政《なおまさ》らが木曽《きそ》川を渡る日、二十三日は岐阜城陥落の日であるから、これと調和させる語り口と評価することは容易である。ただ、吉継軍の全軍規模に相当する二千余騎を供として大坂に向けて発つという語りは、美濃転進の経緯を語る場面に不可欠な文脈ではない。利長再挙のリスク覚悟で大坂に向かう理由があったとすれば、豊臣秀頼、毛利輝元の出馬要請ではなかったかと考えると興味深い。

吉継は三成らから、あるいは独自の情報網で福島らの動きは大略つかんでいたと思われる。また、福島らが美濃に侵入してきた時点で、吉継が北陸の陣を解いて三成らと合流することは、事前に調整された予定の行動であった可能性もある。「北国口」に加わった寺西、上田は丹羽長秀《ながひで》の家臣であった縁もあり丹羽長重の小松城に、奥山は大聖寺城に残されている。利長を止める役割は彼らに委ねられ、吉継は福島らを、さらには家康を止めることが次の課題となった。

決戦関ヶ原

吉継が関ヶ原（軍記類には山中、藤川などとある）に布陣したのは九月初めのこととされる。しかし、その時点で吉継は半月後の関ヶ原での合戦を予想していない。「京方」は大《おお》垣《がき》城で籠城する覚悟でおり、家康もまた大垣城水攻めの計略でこれに臨もうとしていた（『真田家文書』）。

すでに「関東方」の先鋒軍は大垣城を迂回し、その北西に位置する岡山とその周辺に布陣していた。吉継はさしあたり「関東方」の西への通路を塞ぐとともに、大垣城の軍勢とともに「関東方」を挟撃できる地を占めたわけである。

吉継本陣の伝承地付近には、土塁《どるい》、空堀《からぼり》などの跡が今も残る。大谷軍はもとより小勢であり、万一先鋒軍がそのまま進攻してきた場合、押しとどめるにはそれなりの備えが必要だったと考えられる。しかし、大垣城籠城戦は実現しない。また、この吉継の陣が戦場になることもおそらくなかった。

大谷吉継とその軍勢が関ヶ原でどのように戦い、敗れていったのか。今もその多くを軍記類、あるいは合戦に臨み生き残った武士たち（およびその遺族たち）の戦功書に依存して語るほかはない。定番として語られるのは、「関東方」との戦いを優勢に進め、反転した小早川秀秋軍の攻撃にも堪えたものの、脇坂安治、小川祐忠らの反転も加わり、奮戦むなしく大谷軍は壊滅。吉継は陣を去ることなく合戦の推移を逐次家臣に報告させていたが、敗戦必至との絶望的な報告を受け、自刃したというストーリーである。

吉継が合戦場に出なかったというのは事実だろう。自刃し首級を家臣に隠させたという語りも、自刃の場が合戦場と離れていなければ合理性を持たない。それでは大谷軍はどこで戦い壊滅的な敗北を喫したのであろうか。

大谷軍の主力は野戦に臨んだのである。また、小早川秀秋も反転の意思を明らかにして松尾山から攻め下ったのではなく、すでに大谷軍が野戦に臨む態勢を整えた折にはすでに反転を決意し、松尾山から下りて大谷軍の背後（後備え？）に位置していた。そして、大谷軍は家康本陣めがけて進み、藤堂高虎《とうどうたかとら》などの軍勢ともみ合っている最中に、秀秋の軍勢に背後から攻めかかられ、さらに脇坂安治、小川祐忠の反転も加わり、合戦の序盤でほぼ壊滅したと考えるのが穏当である（白峰：二〇一六、二〇一八）。

奈良春日社司《かすがしゃし》中臣祐範《なかとみすけのり》は、「上方衆」が優勢であったのを小早川秀秋が背後から一万五千余の軍勢で斬りかかった結果「上方衆」が敗戦したとの報に接してこれを記し、秀吉の養子となり出世したにもかかわらず、この振る舞いは武士として、子として「比興《ひきょう》」（この場合は「卑怯《ひきょう》」と同義）であると世間の不評を買うと評している（『中臣祐範記《なかとみすけのりき》』）。秀秋が背後から攻めたという情報を載せていることは重要である。また、秀秋非難の早い事例としても注目すべきかもしれない。

さて、こうして大谷吉継の戦いは終幕を迎える。関ヶ原合戦に取材した軍記類の多くが吉継最期の場面を感動的に描き、あわせて合戦で討死した大谷吉継の家臣たちの交名《きょうみょう》（名簿）を掲げ、その誉れを称えている。軍記により異同があるが、その数二〇名ほどである。石田三成、宇喜多秀家ら「京方」武将にも、多く合戦で討死した家臣たちがあったはずであるが、同様の扱いはみられない。これも軍記類が共有するバイアスである。

討死した家臣のなかで最も著名なのは湯浅五助《ゆあさごすけ》であろう。吉継を介錯《かいしゃく》しその首級を隠したと伝えられる。ただ、五助は軍記類にしか現れない人物で、吉継及びその周辺で授受された文書群に五助の名を見いだすことができない。奥羽仕置《おううしおき》の後、吉継は越前国内に二万七千石余の加増《かぞう》を受けるが、その内実を示す史料として知られる「越前国府中郡在々高目録」（「馬場善十郎家文書」、以下「目録」）に湯浅五助の名はない。

その意味で注目されるのが、『板坂卜斎覚書』が五助について、「生け捕りにした吉継家臣たちの言によれば、五助は『関東牢人《ろうにん》』の『馬乗り』で吉継の『馬屋別当』として仕えた『新参者』の『小身《しょうしん》』（禄が少ない家臣）で三十余歳の者である」と記していることである。五助が吉継の身辺警護や口上取次を担う、いわゆる馬廻役《うままわりやく》に従事した可能性を示す情報として受け止めることができる。また、「新参者」という言辞からは、徳川家康との合戦が現実の課題となるなかで新規に採用された可能性を含め、吉継が五助に期待した役割が兵事にあったことが想像される。

一方、関ヶ原合戦に出陣し生き残った家臣の一人として寺田久左衛門《てらだきゅうざえもん》がいる。敦賀支配にかかる行政文書にその名がみえ、「目録」では三百余石の領知である。寺田の妻は、長岡《ながおか》（細川《ほそかわ》）忠興《ただおき》の正室（秀林院《しゅうりんいん》、ガラシャ）に仕えた女房「おく」である。会津出陣中の大名の妻子を大坂城に集めるとする「京方」の要求を拒否し、ガラシャが死を選んだ折、「おく」も傍にあった。寺田は戦後、京極高知《たかとも》に仕え、大坂の陣で戦死したという（『綿考輯録《めんこうしゅうろく》』）。

関ヶ原の戦場に臨まなかった家臣もある。軍記類には、木ノ芽峠の守備にあてられていた岩根伝五郎《いわねでんごろう》、近江国境に向かう「七里半（街道）」の備えとして疋田《ひきた》、日置《ひおき》の名がみえる。「目録」に名があるのは岩根のみであるが、吉継が敦賀の軍事防衛線にも配慮して出陣した可能性を示し重要な情報である。

また、敦賀城の留守居としてあったのは、吉継の前任者蜂屋頼隆《はちやよりたか》から引き継いだ家臣の蜂屋隆長《たかなが》（右京進）、蜂屋市兵衛《いちべえ》らである。蜂屋隆長は、行政面での活動を示す文書史料も豊富な人物でもある。しかし、関ヶ原合戦で生き残った吉継の養子大学助《だいがくのすけ》（吉治）、木下頼継《きのしたよりつぐ》が敦賀籠城を企図して敦賀に帰還したところ、蜂屋らは籠城に難色を示し、結果大学助らは大坂に落ち延びたとする説もある（『落穂集《おちぼしゅう》』ほか）。

関ヶ原合戦で大谷吉継は自刃し、多くの家臣たちが命を落としたのであるが、戦場で生き残り、あるいは敦賀などで敗戦を知った家臣たちには、それぞれの戦後があったこともここで確認しておかなければならない。

大谷大学助は大坂の陣では豊臣方に参じ、真田信繁のもとで戦い戦死したと伝える。寺田はこのとき京極の陣にあったことになる。また関ヶ原での寺田の行動について、寺田とともに関ヶ原で戦った佐藤小安右衛門が、細川忠興の重臣加々《かが》山少《やましょう》右衛門《えもん》に語ることがあったことも知られる。佐藤も忠興に仕えていたのである（『綿考輯録』）。

関ヶ原合戦で戦死した吉継とその家臣たちは英雄となったが、生き残った者も吉継のもとで戦ったことが勲章となって仕官の道を拓いたとすれば、これも「大谷吉継の戦い」の意義ということができるのではないだろうか。

〔主要参考文献〕

石畑匡基「秀吉死後の政局と大谷吉継の豊臣政権復帰」（『日本歴史』七七二、二〇一二年）
白峰旬「豊臣公儀としての石田・毛利連合政権」（『史学論叢』四六号、二〇一六年a）
同「関ヶ原の戦いにおける石田三成方軍勢の布陣位置についての新解釈——なぜ大谷吉継だけが戦死したの

か」（『史学論叢』四六号、二〇一六年b）
同「藤堂高虎隊は関ヶ原で大谷吉継隊と戦った――『藤堂家覚書』の記載検討を中心に」（『十六世紀史論叢』九号、二〇一八年）
外岡慎一郎「大谷吉継の関ヶ原Ⅰ――関ヶ原への途」（『敦賀市立博物館研究紀要』三一号、二〇一六年）
同『「関ヶ原」を読む――戦国武将の手紙』（同成社、二〇一八年）

第九章

前田利長の戦い

大西泰正

利長の「大老」昇格

筆者はこの章の主人公の発給文書を一六〇〇通程度確認、整理したが、晩年の筆まめなところを除けば、さほど個性的な人物ではない。不器量ともいえないが、明治維新まで連綿として続いた加賀《かが》藩とその周辺の人々が、この人物を実体以上に誇張して名君に仕立て上げた感がある。以下では確かな史料に基づき、なるべく客観的に、関ヶ原合戦前後におけるこの人物の動向を概説してみたい。

慶長《けいちょう》四年（一五九九）閏《うるう》三月三日、大坂城下において前田利家《まえだとしいえ》（一五三七〜九九）が世を去った。享年六十三。大名前田氏の領国は、加賀、能登《のと》、越中《えっちゅう》の三カ国（石川県と富山県）にまたがっていたが、ざっくり説明すると天正《てんしょう》十三年（一五八五）以降、越中は守山《もりやま》城（富山県高岡市）に入った利家の嫡男利長《としなが》（一五六二〜一六一四）が独立した大名として支配し、残りの能登および加賀（北部の河北、石川二郡）を、金沢城（石川県金沢市）の利家が統治していた。能登については、利家の次男利政《としまさ》に分け与えられたというが、利家の死去まで利政による支配の実態は確認されないので（石野：一九九六）、これも利家の領地とみなしていい。

前田氏の領国三カ国は、利家の死後、その領地（加賀二郡）を受け継ぎ、越中とあわせて支配する利長と、能登を領する利政との兄弟による支配体制に移行した。だが、二人はともに豊臣《とよとみ》政権の所在地である上方《かみがた》にいたらしい。というのも、二人には領主であると同時に、政権の構成員として秀吉《ひでよし》の遺児秀頼《ひでより》への奉公が求められていたからである。

とくに利長には政権幹部としての役割があった。慶長三年の八月、秀吉の死の間際に権《ごん》中納言《ちゅうなごん》に任官した利長は、翌年三月、父利家と入れ代わる格好で「大老」（いわゆる五大老）に昇格した（大西：二〇一七、二〇一八、二〇一九）。俗説に利長の権中納言昇進を慶長三年の四月二十日として、同時に利家が隠居、利長が前田本家の家督を継いだというが（岩沢：一九六六ほか）、この理解は同時代史料の分析によって右の通り否定されている。

慶長四年三月十三日、利長の妹婿である「大老」宇喜多秀家《うきたひでいえ》が、同じく「大老」の徳川《とくがわ》家康《いえやす》宛てに起請文《きしょうもん》を作成し、そのなかに家康と利長が協力して尽力するならば、自身（秀家）もまた秀頼に対して忠誠を誓うという文言を盛り込んだ（『島津家文書』）。これ以前であれば利家の名が入るべき箇所にあえて利長の名を書き込むことで、秀家は利家と同じ立場に利長を押し上げようと考えたのであろう（大西：二〇一七、二〇一八、二〇一九）。秀吉の死去前後、「大老」「奉行」（いわゆる五奉行）は起請文の交換を原則として禁止した。よほどの大事でなければ、起請文の利用は憚《はばか》られたのである。にもかかわらず、秀家がなぜ家康に宛てて起請文を作成したのか。その理由こそ、利長の「大老」昇格と考えられる。

事実、三月十八日には、竹島（近江多景島《おうみたけしま》）から巣鷹《すだか》（鷹の雛《たかひな》）を捕って持参するよう、家康と利長の連署状が荒木三平《あらきさんぺい》と井出猪介《いでいのすけ》の両名に宛てて発せられている（「雑録追加」）。

徳川家康との関係悪化

かくして「大老」の一角を占めた利長であったが、父利家のような働きは望むべくもなかった。政権中枢での政治的経験に乏しい利長には負担が重すぎたようである。徳川家康が、自身を引き立てると述べたことを、利長は利家生前の三月二十四日、江戸の徳川秀忠《ひでただ》（家康の後継ぎ）への書状のなかで語った（「服部玄三氏所蔵文書」）。「大老」としての利長は、いまだ能動的に動く次元になく、あくまでも家康に引き立てられる存在にすぎなかった。利家の病没直後、加藤清正《かとうきよまさ》ら七人の大名による石田三成《いしだみつなり》襲撃事件が起こり、家康の主導によって事態の収拾が図られたが、「大老」利長が事件の解決に関わったという証言はない。

前田利家に近習《きんじゅう》として仕え、その死後は利長の家臣となった村井長明《むらいながあき》（勘十郎《かんじゅうろう》）は、利家の「二七日《にしち》」すなわち没後十四日目に利長が伏見《ふしみ》の家康を訪ねたという（「利長公御代之おほへ書」。この史料は随分後代に至って「象賢紀略《しょうけんきりゃく》」の別名を与えられている）。これが事実とすれば閏三月十六日の伏見訪問となるが、すでに石田三成は居城の近江佐和山城（滋賀県彦根市）に引退して騒動が収まったあとである。

同じ年、すなわち慶長四年（一五九九）の八月、利長は大坂を離れて北陸へ帰国した。帰国の理由も詳しい月日も定かでないが、上方で政変が起こったのはその直後である。

九月初旬、伏見の徳川家康が大軍を率いて大坂に下向《げこう》し、「天下の御仕置《おしおき》」を定めた（『旧記雑録《きゅうきざつろく》後編』ほか）。同月下旬、北政所《きたのまんどころ》が大坂城から京都に移ると、入れ代わるように家康が豊臣秀頼のいる大坂城に入っている。家康はこのとき、三年間は伏見に在住すべしという秀吉の遺言に背《そむ》き、徳川秀忠正妻（秀頼の母茶々《ちゃちゃ》［淀殿《よどどの》］の妹。崇源院《すうげんいん》）の江戸下向、政仁親王《ことひと》（のちの後水尾天皇《ごみずのお》）への譲位、宇喜多秀家の大坂から伏見への居所の変更という三つの政治的要求を掲げた（「長府毛利家所蔵文書」ほか）。この家康の行動を、谷徹也氏はクーデターと評価した（谷：二〇一四）。翌十月に入ると、長岡《ながおか》（細川《ほそかわ》）幽斎《ゆうさい》らは家康に対して起請文を作成し、さらに島津義弘《しまづよしひろ》の書状によれば、大坂城の家康のもとに諸大名が残らず参上したという（『松井文庫所蔵文書』『島津家文書』ほか）。

このとき家康に排除されたのは伏見へ移された「大老」宇喜多秀家にとどまらなかった。家康は加賀金沢の前田利長と肥後《ひご》熊本（熊本県熊本市）の加藤清正に上洛無用を通告し、それでも彼らが上洛に動いた場合、これを食い止めるべく越前《えちぜん》と淡路《あわじ》へ軍勢を派遣したのである（『旧記雑録後編』）。

これら一連の出来事は、家康による豊臣政権の再編というべきであろう。排除された利長と家康との関係は極度に悪化した。九月二十七日、通路の封鎖を聞いた利長は、越後《えちご》の大名堀秀治《ほりひではる》に対し、家康が何かこの利長を疑っているのか、どういう事情があるのか使者を送って照会中、という書状を送っている。ここでは、家康に対して疎《おろそ》かに思う気持ちはさらさらないとも利長は述べている（「徳川美術館所蔵文書」、原：二〇一二）。だが、利長は上洛の制止という事態を重く受け止め、九月二十八日には家臣に宛てて矢倉の構築や鉄や材木、家臣の妻子のことについて指示を下した（「高畠家文書」）。不慮の事態、たとえば武力衝突に備えた周到な手回しであろう（大西：二〇一六、二〇一八、二〇一九）。

「加賀征伐」の虚実

とはいえ、徳川家康は利長の上洛を制止したにすぎず、それ以上の動きは確認できない。俗説が唱えるように、家康が「加賀征伐」の態度を示すとか、そのための軍事行動を発令したわけではない。通俗的な歴史読物の類をはじめ、「一次史料から史実を再検討する」と豪語する近年の一般向けの書籍においても、家康が出兵を命じた日付（十月三日）まで詳しく記す場合もあるが、残念ながらこれらは確かな史料に基づかず、残された同時代史料を洗ってもそういう事実は確認できない。

ちなみに、この家康による「加賀征伐」の号令や、その具体的日付「十月三日」といった俗説の出所は、おそらくは兵学者山鹿素行《やまがそこう》の著書『武家事紀《ぶけじき》』であろう。延宝《えんぽう》元年（一六七三）の序文をもつこの編纂《へんさん》史料には、十月三日に大坂城において謀反《むほん》の噂がたえない利長をめぐる評定《ひょうじょう》が開かれ、そこで丹羽《にわ》長重《ながしげ》（加賀小松城主）が先陣を望んだという記事がある。家康による「加賀征伐」号令説は、おそらくはこの記事から派生したのであろう。

だが、「十月三日」という日付の根拠はなお不明である。『武家事紀』の同じ箇所には、同年十一月、利長が実母の芳春院《ほうしゅんいん》を家康のもとに人質として差し出した、という記述もみえるが、こちらも実際には翌年五月の出来事なので大幅に年月を誤っている。編纂史料『武家事紀』の信憑性は、少なくともこの利長に触れた部分についてはきわめて低いといわざるをえない。

ともあれ、家康による「加賀征伐」号令説は成り立たない。九州の太田一吉《おおたかずよし》（豊後臼杵《ぶんごうすき》城主）という大名が、薩摩《さつま》の島津忠恒《しまづただつね》（義弘の子）に宛てた九月二十八日付の書状には、その前日に上方からもたらされた情報として、家康と利長との関係について、いささか交渉があり、（利長が）筋道を立てて説明した結果、とかく不確かな噂もあるが、ともかくも変事はないだろうとのこと。しかし、近いうちに中村一氏《なかむらかずうじ》、堀尾吉晴《ほりおよしはる》、生駒親正《いこまちかまさ》が使者として（またはこの三人からの使者が）利長のもとに向かうらしい、とある（『島津家文書』）。家康自身の書状をみても、十月二十二日付で上杉景勝《うえすぎかげかつ》に宛てて、こちらはとくに変わったこともないから安心するように、と述べている（『上杉家文書』）。かみくだいていえば、当時の信頼できる史料を眺めると、家康と利長との関係悪化は読みとれるが、それ以上の事実は見出せない。ただ、全体ではないにせよ、信憑性に疑問のある編纂史料の記述を、同時代史料との整合性を無視してつなぎあわせると、(当然であるが) 俗説にいう家康による「加賀征伐」号令が浮かび上がってくる。物語としておもしろいのは後者であるが、どちらが史実かと問われれば、前者のほうを挙げるのが自然であろう。

徳川家康との講和

徳川家康と前田利長との関係修復は、翌慶長五年(一六〇〇)にまで持ち越された。先ほどの太田一吉が正月九日に記した書状には、北国のことはまだ済んでいない、とある(『島津家文書』)。講和の成立時期を具体的に語る史料はないが、最終的な決着は同年五月とみていい。上方にいた亡き利家の正室芳春院や、利長の有力家臣横山長知《よこやまながちか》や前田長種《ながたね》らから差し出された人質が江戸へ下り、その代わりであろうか、上方にいた利長の正室玉泉院《ぎょくせんいん》(織《お》田信長《だのぶなが》の娘)と実弟利政が北陸へ帰された(「坂田家文書」、大西:二〇一八、二〇一九)。

ちなみに、筆者はここで玉泉院が帰国したと理解するが、問題の出来事を記した史料＝浅野幸長《あさのよしなが》書状写には「肥前《ひぜん》殿御内加賀殿」とある。「加賀殿」といえば、利長の妹で秀吉の側室であった女性(「まあ」)が有名だが、ここでは「肥前殿御内」を前田利長(肥前守)の夫人と理解し、したがって「加賀殿」も玉泉院とみなした。のちに石田三成らが挙兵したあと、上方にいた前田利政の正室の安否が問題に挙がるのだが、利長の正室（当時の利長に側室や子息は確認できない）については問題になるどころか、確かな史料に一切の言及がない。彼女は三成らの挙兵時に上方を脱出したようでもないので、これ以前に帰国していたとみていい。その帰国の時期こそ、芳春院の江戸下向時と考えるのが自然であろう。なお、秀吉の側室であった利長の妹は、秀吉の死後、公家《くげ》の万里小路《までのこうじ》充房《あつふさ》に嫁ぎ、そのまま京都にて慶長十年に病没していて、関ヶ原合戦の頃に、彼女が前田氏の領国に下ったという確かな史料も伝承も存在しない。よって「肥前殿御内加賀殿」は、利長の正室玉泉院とみなすべきであろう。

この徳川家康との講和は、芳春院の江戸下向という事実をもとに、前田氏にとって屈辱的な出来事とみられるのが定説であった（岩沢：一九六六ほか）。家康の本拠地に人質を、しかも利長の実母を送ったことが強調され、利長が一方的に不利な条件をのまされて家康に屈服した、と考えられてきたのである。

だが、そもそも芳春院や玉泉院は豊臣政権への人質として、上方での居住を強制されていた。そのうち一人を江戸へ移し、いま一人を国許《くにもと》に取り返したのである。利長が不利益ばかりをこうむったわけではない。

先に大坂へ下った家康が三つの政治的要求を掲げたことに触れた。その一つが上方に人質にとられていた徳川秀忠の正室を江戸へ下すことであった。家康はこのとき、秀忠の子が正室以外に産まれると支障があると口実を構えているが、ありていにいえば人質の回収が狙いである。人質を上方から国許に移すことは、家康が同時に求めた他の要求（後陽成《ごようぜい》天皇の譲位問題、宇喜多秀家の大坂退去）に照らしても重大事であった。

しかも利長は玉泉院に加えて、利政の帰国も許された。しかも芳春院の江戸下向は、当座の処置であった可能性が高い。同年十月時点での彼女自身の書状によれば、上方か国許へ戻るための迎えを待っていたらしい（「前田土佐守家資料館所蔵文書」）。

つまり、苦渋の決断という通説とは正反対に、かなりの好条件で利長は家康と講和を結んだというのが筆者の見立てである（大西：二〇一九）。

大聖寺城の攻略

関ヶ原合戦における利長の行動は、以上のような慶長三年から同五年（一五九八～一六〇〇）にわたる政治的足跡の結果といっていい。ことに徳川家康との講和が、利長の以後の去就、すなわち家康への従属をほぼ決定づけた。講和に際して、実母の芳春院が家康の本拠地江戸に移ったからである。ただし、慶長五年に至って突然、利長の態度が一変したわけではない。そもそも前田、徳川両氏の関係は険悪というよりも、むしろ良好に推移してきた（大西：二〇一九）。

確かに秀吉死後の一時期、家康と利家ないし利長との関係が緊迫する局面もあった。とはいえ、秀吉の存命中はお互いに上方の屋敷を往き来するなど、親しい交流のあった事実もある。文禄《ぶんろく》四年（一五九五）六月には、江戸の家康が上方の利家に宛てて、息子の秀忠に対し万端指南を施すよう頼んでいる（「前田育徳会所蔵文書」）。利家もその死の間際に、利長の行く末を家康に頼んだという（「利家公御代之覚書」。この史料は随分後代に至って「陳《ちん》善録《ぜんろく》」等の別名を与えられている）。過去の経緯から考えれば、豊臣政権に内紛が起こった場合、利長が家康方に与《くみ》するのはそれほど不自然ではない。

慶長五年四月、会津若松《あいづ》（福島県会津若松市）の上杉景勝に対し、豊臣政権を主導する徳川家康は上洛を要請した。利長と同じ時期に帰国した景勝は、各地の城郭普請を行い、家康の疑心を買っていた。翌五月、上洛拒否という景勝の回答を受けた家康は、会津攻めを決定する。

六月十六日、家康は大坂城を出陣した。福島正則《ふくしままさのり》、池田照政《いけだてるまさ》（輝政）、長岡《ながおか》（細川《ほそかわ》）忠興《ただおき》らの諸将がこれに従い、豊臣政権を挙げて会津攻めが開始されたのである。

利長もまた、家康＝豊臣政権の指示に従って会津攻めの部署につく。最上義光《もがみよしあき》を先手として出羽米沢（山形県米沢市）へ進出、北方から上杉方に攻めかかる手筈であった（「歴代古案」）。

戦局の急転は七月のなかば。石田三成と大谷吉継《おおたによしつぐ》が上方において挙兵の動きをみせた。大坂にいた三人の「奉行」（増田長盛《ましたながもり》、前田玄以《まえだげんい》、長束正家《なつかまさいえ》）と、秀頼の母茶々、そして金沢の利長は、三成らの不穏な動きを家康に急報した。家康に上洛して三成らを討つよう求めたのである。そこで会津攻めを一時中断して、三成らを成敗するため家康が西へ向かうことを、榊原康政《さかきばらやすまさ》（家康の家臣）が出羽《でわ》の秋田実季《あきたさねすえ》に報《しら》せたのが七月二十七日（「秋田家文書」）。上方の事態はこの間、三「奉行」および宇喜多秀家と毛利輝元《もうりてるもと》の二「大老」が三成方に転じ、家康を弾劾する「内府ちがひの条々」の公表まで進んでいた。七月十七日付で三成方＝「西軍」への参加を求める輝元と秀家の連書状が届いたが、利長は旗色を変えず、引き続き家康方＝「東軍」に味方した（「前田育徳会所蔵文書」）。

七月二十六日、利長は金沢城を出陣し、実弟利政らを従えて南下する（「高畠家文書」ほか）。会津攻めを中止して上方へ取って返す家康に同調して、利長も北陸道を南へ進み、越前、近江《おうみ》方面へ進んで「西軍」を叩く算段であろう。翌二十七日には寺井、三堂山（石川県能美市）まで進んだとみられ、続いて小松城の近辺に放火している（『秋田家蔵品展観目録並解説』、藤井：二〇一八）。

ただ、「東軍」の拠点伏見城が「西軍」諸将の攻撃にさらされている、との報せをうけ、利長の軍勢は小松城を捨て置いて八月一日に大聖寺《だいしょうじ》（石川県加賀市）まで南下、二日後に大聖寺城を攻略して、山口宗永《やまぐちそうえい》・修弘《ながひろ》親子を討ち取った（「前田育徳会所蔵文書」ほか）。

二度目の出陣

八月三日、大聖寺城を攻略した利長は、そのまま加賀、越前の国境を越えたが、伏見落城と越後における一揆の蜂起を知って軍勢を引き返した（「前田育徳会所蔵文書」ほか）。金沢城に戻る途上にあった八月九日、小松城主丹羽長重の軍勢に襲われ、浅井畷《あさいなわて》（石川県小松市）に会戦している。

金沢城に戻った利長は、再び軍事行動を開始するが、この二度目の出陣には思いのほか手間取った。能登一国を領する実弟利政が、正室が上方にいる（人質にとられている）ことなどを理由に出兵を拒否したらしい。ちなみに、九月五日に至って以上の理由を詳しく語った利長の書状（「前田育徳会所蔵文書」、見瀬：二〇一〇）には、利政の正室のみが問題とされ、利長の正室玉泉院には一切触れられていない。玉泉院が上方にいれば、当然彼女の身の安全が大きな懸案事項になるはずだが、ここで言及されない点から考えると、すでに彼女は上方にいなかったのであろう。先に加賀へ下向した「加賀殿」を、筆者が玉泉院とみなした理由の一つはここにある。

ともあれ、利政は再出陣を拒絶した。大聖寺の攻城戦で、予想外の損害をこうむった点も、あるいは利政が出兵を渋った背景にはあるのかもしれない（見瀬：二〇一四）。

九月三日、「東軍」諸将が美濃《みの》まで進出したとの報せを受けた利長は、一両日中には小松方面に出撃することを黒田長政《くろだながまさ》と藤堂高虎《とうどうたかとら》に伝えたが（『黒田家文書』）、実際の出陣は同月十一日までずれこんだ（「加賀藩史料［稿本］」）。だが、不利をさとったのか、小松城の丹羽長重はこの頃には徳川家康にも通じて、利長との講和交渉を進めていた（「早稲田大学所蔵文書」ほか）。利長と長重とが起請文を交換して正式に和睦《わぼく》したのは同月十八日である（「丹羽長聡氏所蔵文書」ほか）。利長の軍勢は翌日には大聖寺へ進んだらしいが（「松雲公採集遺編類纂」）、東西両軍の決戦はすでに終わっていた。美濃関ヶ原にて家康以下の「東軍」が、石田三成や宇喜多秀家らの「西軍」を撃破したのは九月十五日である（利長はこの結果を長重との講和と同日、九月十八日に伝え聞いている。「秋田家史料」、藤井：二〇一八)。

利長はそのまま越前から近江へ進み、九月二十六日、徳川家康に従って入京する(「加賀古文書」ほか)。詳細な動きはつかめないが、大坂城の豊臣秀頼にも対面したであろう。

十月、関ヶ原合戦の結果を受けて論功行賞が行われ、利長には丹羽長重らの旧領南加賀二郡(能美郡、江沼郡)が加増《かぞう》されている(『譜牒余録《ふちょうよろく》』ほか)。あわせて徳川秀忠の息女(天徳院《てんとくいん》)と、利長の異母弟(利家の四男)との縁組みが取り決められたらしい(「加賀藩史料[稿本]」)。五年後(慶長十年)に実子のない利長から大名前田氏の家督を譲られたのが、この秀忠の娘婿前田利常《としつね》(利光《としみつ》)である。

先に出兵を拒否した利政の改易《かいえき》も、ここで決定したらしい。その結果、利長は能登一国も自領に統合し、加越能三カ国のほぼ全域を支配下に置くことになった。近代に至って「加賀百万石」という俗称が生まれる素地がここに生まれたのである。

なぜ利長は引き返したのか

大聖寺城の攻略後、いったん軍勢を金沢に戻した利長の行動について、次のような俗説がある。中川宗半《なかがわそうはん》(光重《みつしげ》。利家の娘婿)から、敵方の大軍が海路をとって金沢を襲う、という情報（書状）がもたらされ、それを信用した利長が背後をつかれてはたまらない、と軍勢を引き返したというのが、そのあらすじである。『石川県史』『金沢市史』でも取り上げられて一般的にもよく知られた俗説である。とくに『金沢市史』では、この俗説が「微《み》妙公御直言《みょうこうおちょくげん》」（十八世紀に成立した前田利常の言行録）にみえる点を挙げて「重く見るべき」と支持されているが、おそらくは後世のフィクションである。実際には、先に述べたように、救援すべき伏見城が陥落し、越後で一揆が起こったとの報せを受けた結果であった（藤井：二〇一八）。次の史料から事実関係を明らかにしておこう。九月十五日に、利長の家臣横山長知に宛てた徳川秀忠の書状である（「横山家古文書」）。

大久保忠隣《おおくぼただちか》への来信、満足である。大聖寺城のこと、手柄は十分に言い尽くせない（ほどすばらしい）。とりわけ越後での一揆の蜂起につき、利長殿が加勢するとのことであったが、（一揆が）平定されたので上方へ進出するとのこと、もっともである。こちらも上洛を急いでいる。なお（詳しくは）大久保から述べるので省略する。

利長と秀忠との情報連携は、秀忠の軍勢に従う大久保忠隣（家康の家臣）と、横山長知とのやりとりによっていた。ここに現代語訳したように、大聖寺城攻略後の利長は、越後で起こった一揆を鎮圧するために軍勢を引き返し、その事情を秀忠に報せていた。越後の領主は利長とも親しい春日山《かすがやま》の城主堀秀治である。蜂起した一揆は、堀氏の前に越後を治めていた上杉景勝の旧臣によって構成されていた（片桐：二〇一四ほか）。だが、利長の越後進出を待たずに一揆は鎮圧されたらしく、そのため利長は再び上方へ動くことになったのである。この書状をはじめ信頼できる当時の史料（同時代史料）には、俗説に登場する中川宗半や、「西軍」の軍勢が利長の背後を突く、といった話は一切出てこない。

俗説の典拠は、十七世紀後半以後に成立した「三壺聞書《みつぼききがき》」や十八世紀前半に編まれた「可観小説《かかんしょうせつ》」などの編纂史料に限られる。それらに登場する中川宗半の書状は、「三壺聞書」や「可観小説」など史料によって文言が全然異なっており、後世の偽作とみなしてい い（桐野：二〇一二）。筆者としても中川宗半の書状＝偽文書説に異論はないし、「三壺聞書」などの成立以前に編纂された史料をみると、徳川家康の西上遅延にともなう撤兵説が主張されている（「前田家之記」ほか）。そもそも確たる史料に記される理由（伏見落城、越後一揆への加勢）が「三壺聞書」など俗説の出所となった編纂史料にはなぜか一切あらわれない点も、筆者には不審でならない。

どちらが事実を語っているのかは明白であろう。「三壺聞書」などを論拠とする俗説は、伏見落城と越後一揆鎮圧のためという実際の反転理由が忘れ去られた後に、当時の事情を知らない第三者によって創作された可能性が高い。少なくとも俗説の主張者たちは、先に引用した徳川秀忠の書状に語られたような事実関係をまったく知らなかったといわざるをえない。

領国の拡大と存在感の低下

十八世紀、加賀藩士青地《あおち》礼幹《のりもと》は、前田利長の功績を「守成《しゅせい》の御功《ごこう》」と表現した（「懐恵《かいけい》夜話《やわ》」）。「守成」すなわち父利家の創業した大名前田氏、そして前田氏の領国を守り固めたの意である。江戸時代以来、利長を評価する場合の基本線がこの「守成の御功」である。近年では「守る」だけではなく、加賀藩の礎《いしずえ》を築いたとして「礎創の功」という表現を唱える論者もいる（見瀬：二〇一八）。旧加賀藩領の石川、富山両県に視野を限れば、確かに利長の功績は「守成」や「礎創」と表現できるであろう。

しかし、利家・利長親子は、短期間とはいえ豊臣政権において「大老」の要職を占めて国政にも深く関係した。この事実を踏まえた場合、利長は利家から受け継いだ領国を広げた一方で、政権中枢において国政を動かす地位を失い、単なる一地方大名に転落したともいえる。関ヶ原合戦の結果、利長は「大老」の地位と引き換えに、加賀南部の二〇万石程度を得たにすぎないのだが、これを「守成」とか「礎創」とのみ評価するのは一面的であろう（大西：二〇二〇）。失った何かにも目を向けなければならない。

関ヶ原合戦を経て利長の政治的存在感は、むしろ著しく低下した。世間の耳目もまた、その凋落《ちょうらく》を感じ取っている。たとえば、九州の筑前福岡藩では、初代藩主黒田長政の時代、利長の書状は織田信長、豊臣秀吉、豊臣秀長、徳川家康、徳川秀忠と一括《ひとくく》りに保管されていた。だが、長政の孫、三代藩主光之《みつゆき》の時代に至ると、利長の書状は、信長らのまとまりから外され、黒田長政と同格の地方大名たち（堀秀政《ひでまさ》、島津義弘、加藤清正ら）のグループに入れられ整理し直されている（『黒田家文書』、福岡市：一九九九）。「大老」上杉景勝と毛利輝元は、「西軍」に味方して一〇〇万石を超える領地の大半を削られ、一地方大名に地位を落とされた。利長もまた、領地を多少は増やしたが、「大老」の地位を失った点では、関ヶ原の敗者上杉景勝や毛利輝元と変わるところがなかった。加賀藩は、徳川幕藩体制下における最大の外様《とざま》大名である。だが、その誕生の経緯を素直に喜ぶ態度は、ただの「お国自慢」と選ぶところがない。前田氏や前田利長の研究を進め、その存在を正しく歴史上に位置付けるには、石高《こくだか》の多寡《たか》をただ誇るかのような無邪気さを脱し、今少し視野を広く持つ必要があるのではなかろうか。

〔主要参考文献〕

石野友康「織豊期加賀前田氏の領国支配体制」（『加能史料研究』八号、一九九六年。のち大西編著：二〇一六に所収）。
岩沢愿彦『前田利家』（吉川弘文館、一九六六年。新装版一九八八年）
大西泰正編著『シリーズ・織豊大名の研究三　前田利家・利長』（戎光祥出版、二〇一六年）
大西泰正「秀吉死去前後の前田利長と宇喜多秀家」（『戦国史研究』七四号、二〇一七年）
同「前田利長論」（『研究紀要　金沢城研究』一六号、二〇一八年）
同『前田利家・利長――創られた「加賀百万石」伝説』（平凡社、二〇一九年）
同「書評と紹介　見瀬和雄著『前田利長』」（『日本歴史』八六〇号、二〇二〇年）
片桐昭彦「上杉景勝の勘気と越後一揆」（谷口央編『関ヶ原合戦の深層』高志書院、二〇一四年）
金沢市史編さん委員会編『金沢市史』通史編二（近世）（金沢市、二〇〇五年）
桐野作人『謎解き　関ヶ原合戦――戦国最大の戦い、20の謎』（アスキー新書、二〇一二年）
谷徹也「秀吉死後の豊臣政権」（『日本史研究』六一七号、二〇一四年）
原史彦「新出史料「前田利長書状　堀秀治宛」「堀家文書」「徳川秀忠書状　越前宰相（結城秀康）宛」につ

いて」（『尾陽』七号、二〇一一年）
福岡市博物館編『黒田家文書』一（福岡市博物館、一九九九年）
藤井譲治「前田利長と関ヶ原の戦い」（『石川県立歴史博物館紀要』二七号、二〇一八年）
日置謙編『加賀藩史料』一（侯爵前田家編輯部、一九二九年）
同『石川県史』二（石川県、一九二八年［改訂版一九三九年］）
見瀬和雄「関ヶ原合戦前夜の北陸と前田利長――慶長五年九月五日付前田利長書状」（佐藤孝之編『古文書の語る地方史』天野出版工房、二〇一〇年）
同「関ヶ原合戦前後における前田利政の動静」（『金沢学院大学紀要』文学・美術・社会学編一二号、二〇一四年。のち大西編著：二〇一六に所収）
同『前田利長』（吉川弘文館、二〇一八年）

第十章

長宗我部盛親の戦い

中脇　聖

関ヶ原合戦以前

慶長《けいちょう》五年（一六〇〇）九月、いわゆる「天下分け目」と称された関ヶ原合戦による江戸方（徳川《とくがわ》）の勝利によって、羽柴《はしば》（豊臣《とよとみ》）政権は「天下人」の座から陥落し、大坂方（羽柴や毛利《もうり》など）に味方していた大名の一人土佐の長宗我部盛親《ちょうそがべもりちか》（一五七五〜一六一五）は改易《かいえき》され、浪人した。

ここでは、関ヶ原合戦における長宗我部盛親の動向を追うが、その前提として合戦以前の長宗我部家を取り巻く情勢や盛親について概観しておきたい。

長宗我部盛親は、四国をほぼ統一することになる長宗我部元親《もとちか》の四男として、天正《てんしょう》三年（一五七五）に生まれた。本来、家督を相続する立場になかったが、長兄信親《のぶちか》の戦死（天正十四年〔一五八六。ただし合戦のあった十二月は一五八七〕の戸次川合戦《へつぎがわ》）によって、父元親から後継者に指名されたのであった。この、盛親の後継者指名には「家中」での争いがあり、必ずしもスムーズになされたわけではなかった。事実、元親死去まで盛親との「二頭体制」が続き、盛親は父元親に支えられながら嫡子として政治に関与していくのである。

そもそも、盛親は関ヶ原合戦においてなぜ、大坂方に味方したのであろうか。表面的にみれば、盛親は羽柴政権下の奉行の一人、増田長盛《ましたながもり》を烏帽子親《えぼしおや》（二次史料の『土佐物語』が典拠のため、確実とはいえない）とし、懇意であった。だが、元親の後継者としては官位を授与されないまま冷遇されていたといってよい立場だったのである。ちなみに、盛親の秀《ひで》吉《よし》対面も『元親記』にしかみえない。

それに比べて長宗我部家と徳川家は、羽柴政権から「内府（家康《いえやす》）と御同心（協力関係＝同盟）しなければ、疎略《そりゃく》にはしない」（『土佐国蠹簡集《とさのくにとかんしゅう》』）と釘を刺されるほど、良好な関係にあった。

事実、慶長元年七月には徳川秀忠《ひでただ》から元親が饗応され（『言経卿記《ときつねきょうき》』）、同三年十一月には家康自らが元親のもとを訪れる（『言経卿記』）など、関ヶ原合戦直前の頃も交流があったのである。時期的にみても、徳川方から長宗我部方への何らかの働きかけがあったとみて

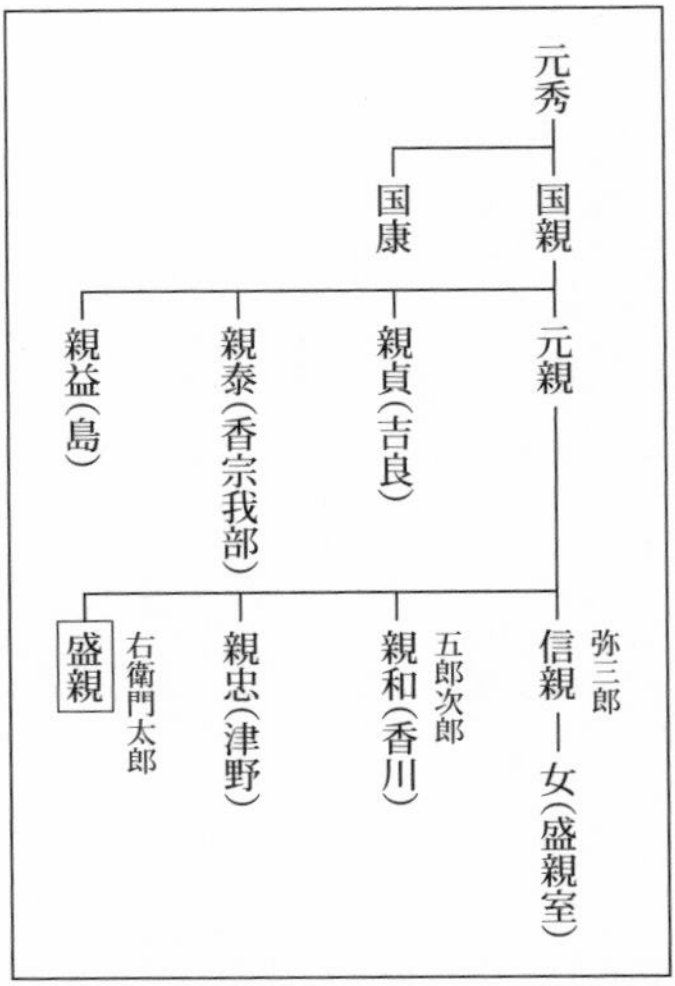

長宗我部家略系図。山本大『土佐長宗我部氏』（新人物往来社、1974年）を一部改変して作成

よいのではなかろうか。

元親は関ヶ原合戦の前年、慶長四年（一五九九）五月に京都の伏《ふし》見《み》屋敷で病没するが、情勢が逼迫《ひっぱく》するなか、盛親へ江戸方に味方するように指示（元親の遺言）があったとしても不思議ではない。しかし結果的に盛親は大坂方に味方したのである。

一方、興味深いのは、盛親が軍議の際に江戸方へ味方することを決め、使者として十市《とおち》新左衛門《しんざえもん》、町三郎右衛門《まちさぶろうえもん》両名を家康のもとに送ろうとしたが、近江《おうみ》国水口で石田三成《いしだみつなり》の軍勢に行く手を阻まれたので、仕方なく大坂方に味方するようになった（『土佐国古城伝承記』）という逸話であろう。

もっとも、こうした逸話は後世から大坂方の敗北をみて後付けされた結果論にすぎないが、長宗我部元親と徳川家康の交流を考えれば、盛親が江戸方に味方するという決断を下していた可能性は高いといえよう。

大坂方として関ヶ原への出陣

長宗我部盛親は慶長五年(一六〇〇)八月、関ヶ原方面に向けて軍勢を率いて出陣する。大坂方の布陣を記した陣立書《じんだてしょ》には、「一　弐千百人　土佐侍従《じじゅう》」(「慶長五年八月五日付真田《さなだ》昌幸宛《まさゆきあて》石田三成書状」「備口人数」)とある。土佐侍従とは盛親をさすが、盛親は侍従に正式に任官されておらず、父元親の官職を仮託されたものだろう。

この史料に記されている盛親の軍勢の人数は誇張されていると思われる。なぜなら関ヶ原方面への出陣の直前、家臣(吉松左右衛門《よしまつそうえもん》)に宛てた書状で盛親は、「我等家老以下を召し連れ行き、罷《まか》り上る」とし、吉松左右衛門にも「出船《でふね》」を急がせている(「慶長五年ヵ七月六日付長宗我部盛親判物控」)。つまり、軍勢が十分整わず家老までも動員しなければならないという焦りがうかがえる(高知県立歴史民俗資料館:二〇一四)。

これは、前年(慶長四年)の盛親実兄津野親忠《つのちかただ》の幽閉(家督争いが原因とされる)や父元親の病死で動揺していた家臣たちに対する盛親の求心力低下に起因するものであり、当時の長宗我部家中は一枚岩ではなかったのであろう。それだけに軍勢の動員に苦心していたため、二〇〇〇を超える兵を集められていたかは甚《はなは》だ疑問である。とはいえ、羽柴政権から長宗我部惣領（＝当主）は「毎陣（陣）三千ニテ陣（陣に）参る」（『多聞院日記《たもんいんにっき》』）と定められていたという伝聞も確認できる。このことからすれば、二一〇〇人という動員数は、さほど大きなズレがないとも考えられる。

一方で、気になる記述のある史料も存在している。盛親と同じく大坂方に味方した薩摩《さつま》国（鹿児島県）の島津《しまづ》義弘《よしひろ》の書状によれば、「長宗我部殿（盛親）は人数五千を召し連れて罷り上った」（『島津家文書』）というのである。この義弘の証言は伝聞と思われ、どこまで信が置ける情報か判然としないが、平井上総氏は、「もし、盛親の兵数が少なかったとすれば長宗我部以外の大名の名前を挙げるはずだから、義弘が書いた内容が実態と真逆の嘘ということはないだろう。盛親が軍役以上の人数を連れてきたという点は事実だったのではないか」（平井：二〇一六）と指摘されている。前掲史料「備口人数」の二一〇〇人という人数と「義弘書状」の五〇〇〇人という人数の、どちらが正しいのか現時点では判断を保留にするほかないが、盛親が混乱する家中において軍勢の動員に苦心していたことは事実とみてよいと思われる。この盛親出陣に際して土佐国内における長宗我部側の外交交渉を担ったのは、滝本寺《たきもとじ》の僧非有《ひゆう》であったようだ（『萩藩閥閲録《はぎはんばつえつろく》』）。ここからも、盛親が家老

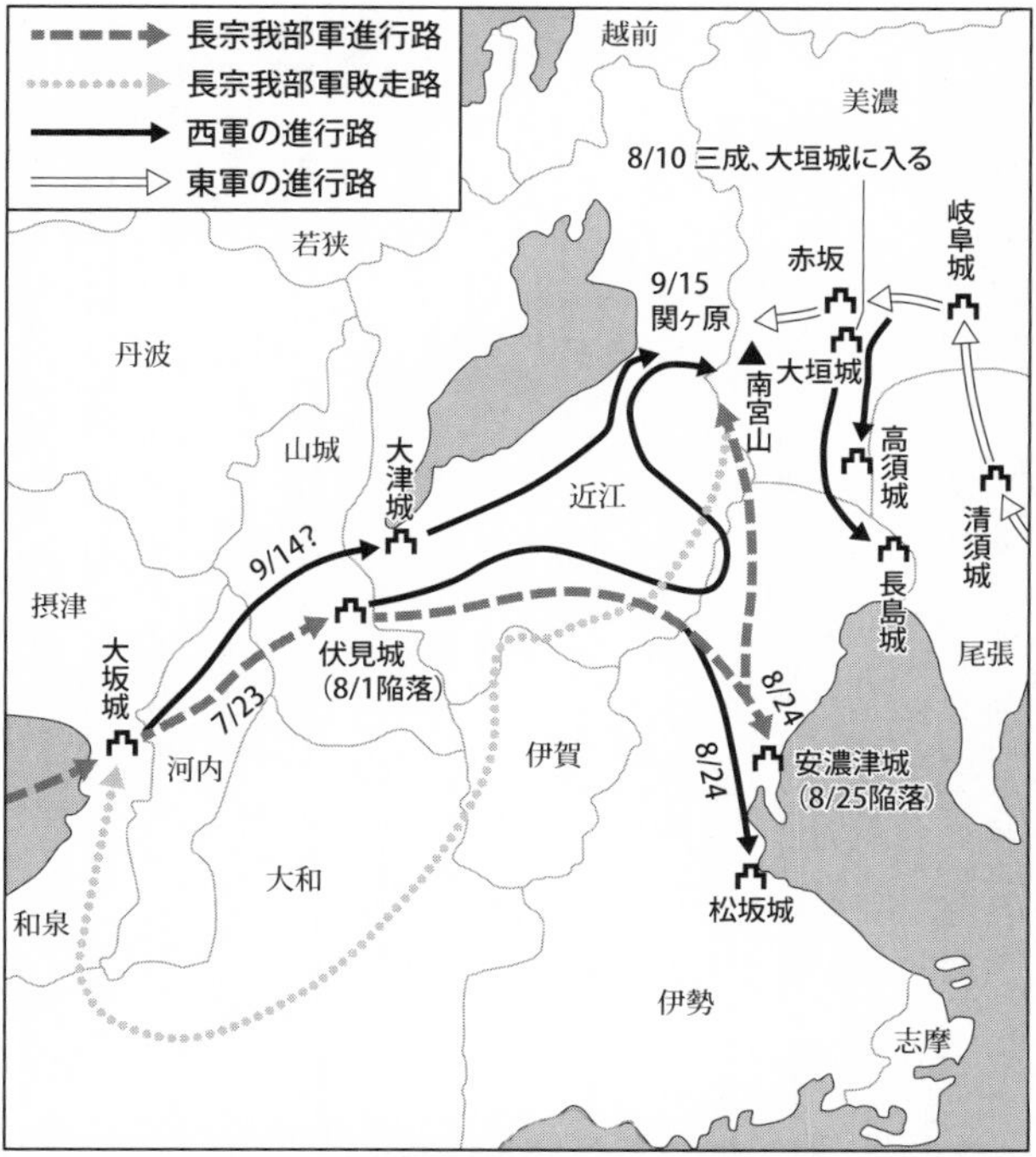

「関ヶ原」合戦時、長宗我部盛親軍進行推定略図。『歴史群像シリーズ29長宗我部元親』（学習研究社、1992年）を元に作成

以下の側近をも総動員したことが察知できよう。

ともかく盛親ら長宗我部の軍勢は同八月二十四日、毛利秀元《もうりひでもと》、吉川広家《きっかわひろいえ》、長束正家《なつかまさいえ》らの軍勢と合流、総勢三万余の軍勢で江戸方の富田信高《とみたのぶたか》、分部光嘉《わけべみつよし》らが守備していた伊勢国《いせ》(三重県)の安濃津《あのつ》城を攻めた。関ヶ原合戦の前哨戦ともいうべき戦いであったが、大坂方の圧倒的兵力を前に、千数百という寡兵にすぎなかった富田らは翌日には降伏・開城を余儀なくされた。

関ヶ原への布陣と撤退

いわゆる関ヶ原合戦における長宗我部盛親率いる軍勢の影は驚くほど薄い。それもそのはずで、盛親らの軍勢は慶長五年九月十日前後に南宮山《なんぐうさん》(岐阜県大垣《おおがき》市ほか)の尾根沿い東南の栗原山《くりはらやま》に布陣したのだが、合戦の大勢が決するまで兵を動かせなかったのである。長宗我部軍の前方には、毛利秀元をはじめ吉川広家、安国寺恵瓊《あんこくじえけい》、長束正家らの軍勢がひしめいていて、それら毛利軍が合戦が始まっても一向に動こうとしなかった。

これまでの通説によれば、徳川家康と内通していた吉川広家が合戦前日の九月十四日に起請文《きしょうもん》(『吉川家文書』)を取り交わし、毛利軍の合戦不参加が決定していたため動かなかったとされていた。加えて九月十七日付の広家書状案では「家康が毛利輝元《てるもと》との和睦《わぼく》に別儀（異論）はないと約束している」と主張している。しかし、近年この広家の主張が「捏造《ねつぞう》」であった可能性を白峰旬氏が指摘されている（白峰「通説打破！〝天下分け目の戦い〟はこう推移した 関ヶ原合戦の真実」『歴史群像』二〇一七年十月号）。広家が合戦前に家康―輝元の和睦を取り付けていたというのは、確かに眉唾《まゆつば》の話ではある。とはいえ、実際に毛利軍は南宮山から動いていないので、広家が秀元らの軍勢を動かさないよう説得工作をしていた可能性は高いと考えられる。

盛親ら後方の軍勢は、当然毛利軍が一向に動こうとしない事態に不審を感じたであろうし、江戸方への毛利の内通を疑っていても不思議ではない。一般に広く流布しているエピソードとして有名な「宰相殿《さいしょう》（秀元）の空弁当《から》」も合戦への参加を盛親ら後方の軍勢に催促された際の言い訳として「今、兵に弁当をたべさせているところである」と返答したというが、同時代史料はおろか秀元死去直前の慶安《けいあん》三年（一六五〇）八月に完成したという秀元の一代記『閩見録』（『三吉家譜』）にも「空弁当」の記述はなく、江戸初期の毛利家家老の桂元昭が記した『桂元昭覚書』によれば、関ヶ原合戦後に撤退する毛利軍が途中の近江国（滋賀県）で兵に弁当を食わせたという。つまり史料によって記述の異同が散見され、

「空弁当」のエピソードは後世の創作であることが明らかにされているのである（松田和也「戦後処理と坊長両国」、特別展「関ヶ原——天下分け目と毛利氏の戦い」ミニ講座②レジュメ、下関市立歴史博物館、二〇一九年）。

いずれにせよ、毛利軍が動かないことを無視して長宗我部軍が独自に兵を動かしても、秀元らが万が一、江戸方に内通していれば背後や側面から攻めかかられる危険があった。結果的に盛親は合戦の火蓋が切られた後も詳しい推移や状況をうかがい知ることができないまま、小早川秀秋《こばやかわひであき》らの江戸方への寝返りなどもあり勝敗が決してしまったのであった。

長宗我部軍が大坂方の敗戦をどのように知り得たのかは諸説あって詳《つまび》らかではない。盛親の重臣、吉田孫左衛門《よしだまござえもん》が敵陣へ潜入して敗戦を知ったであるとか、敗走してきた島津《しまづ》軍の兵によって敗戦が知らされたと伝わる。いずれにせよ大坂方の敗戦を知った盛親は、土佐への撤退・帰国を決断し、伊勢方面へ逃走、和泉《いずみ》国貝塚（大阪府貝塚市）付近で、江戸方の岸和田城主小出秀政《こいでひでまさ》らの軍勢と交戦したという。それでもどうにかして九月下旬には土佐への帰国を果たしたのである。

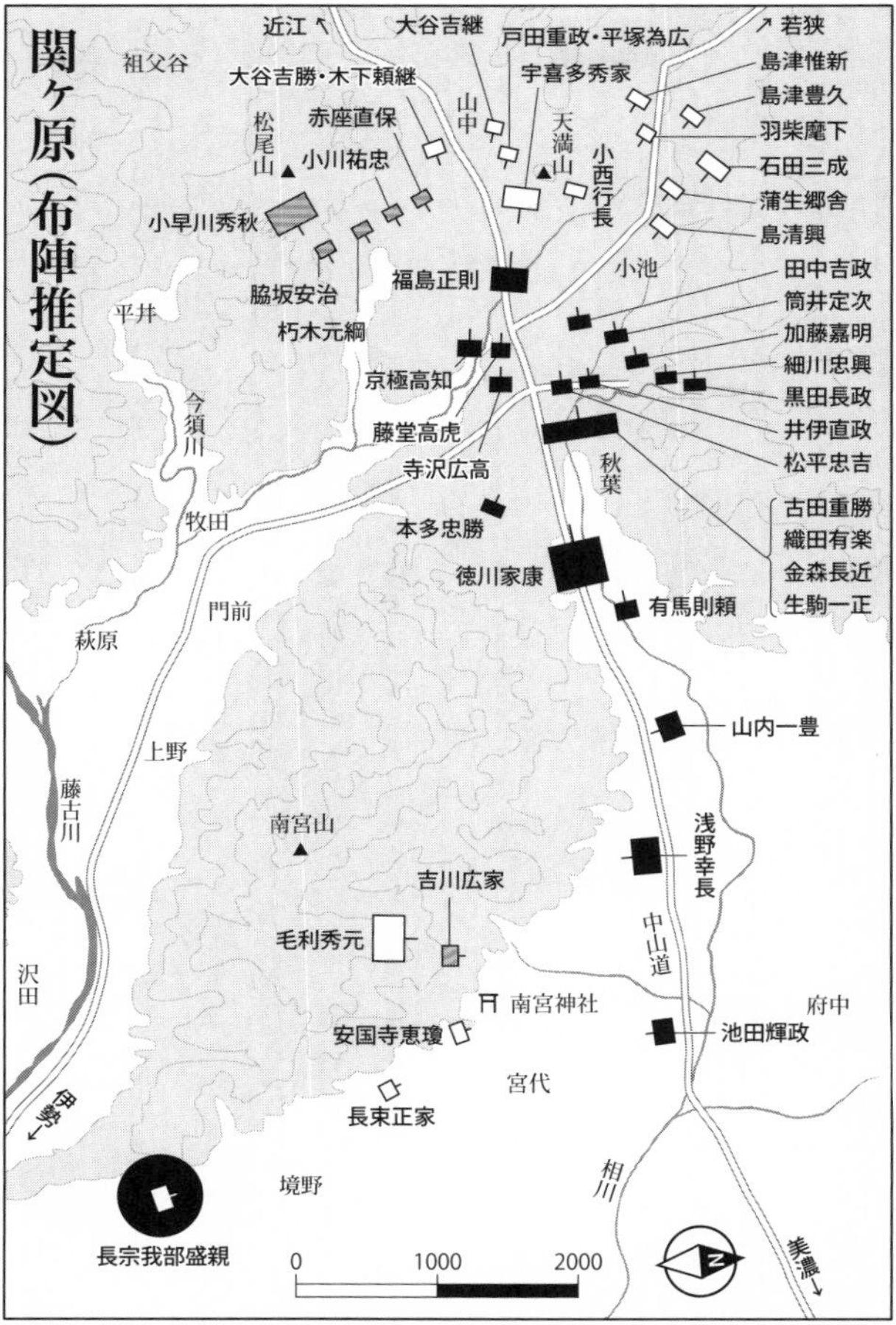

長宗我部盛親軍「関ヶ原」布陣推定略図。『歴史群像シリーズ29長宗我部元親』（学習研究社、1992年）を元に作成

長宗我部家の改易

土佐に帰国した盛親は当初、江戸方の追撃に備え、防備を整えていた。「給人《きゅうにん》、一人も残らず妻子共、召連れ当城（＝浦戸城）へ」と命じつつ、「無足人《むそくにん》（所領を給付されていない下層家臣）の事、手あしの立候もの一人も残らず」とも念押ししており（『土佐国蠹簡集』）、まさに籠城を前提とした総力戦を覚悟して動員をかけていた様子がうかがえる。土佐国内では、こうした徹底抗戦の防備が進められていたのだが、慶長五年十一月中旬頃、盛親は突如として上坂し、徳川家康に降伏する。これはすでに平井上総氏が明らかにされているように、土佐国没収のかわりに「御堪忍分《ごかんにんぶん》」の給付と家康への「出仕《しゅっし》」が取り決められたうえでの上坂だったといえよう（平井：二〇〇八）。

関ヶ原合戦の勝利によって、江戸方に天下の趨勢《すうせい》が大きく傾きつつある情勢のなか、土佐一国への追撃戦を行うより、盛親の身上《しんじょう》を保証することで平和裏に土佐国を接収したいという家康のねらいと、徹底抗戦によって消耗もしくは敗北濃厚な危険を孕《はら》む盛親の利害が一致した妥協案であった。

しかし、このような盛親の方針転換に納得しない一部の家臣らによって、土佐一国安堵《あんど》を江戸方に求める「浦戸一揆」が引き起こされてしまう。江戸方の井伊直政の配下であった鈴木《すずき》重好《しげよし》らが浦戸に到着した直後の反乱であった（『土佐国蠹簡集』）。この長宗我部家臣らによる「浦戸一揆」によって、盛親の「御堪忍分」給付や家康への「出仕」の取り決めは水泡に帰してしまう。「一揆」の首謀者たちが盛親に近い重臣たちではなく、長宗我部家に臣従した旧国衆たる津野《つの》・吉良《きら》家の旧臣であったことから、長宗我部家や当主の盛親に対する反感が根深いものであったことがわかる。

とくに「御堪忍分」の給付による土佐国没収という盛親の妥協策は、在郷給人たる彼らからすれば、先祖伝来の土地と身分を失う一大事であったのである。それだけに、土佐一国安堵を求めて蜂起したのも当然だったといえよう。とはいえ盛親の立場からすれば、一部の家臣らによる余計な反乱によって、身上の保証が反故《ほご》にされ改易・浪人を余儀なくされたのであった。「一揆」自体は盛親に近い重臣らの内部工作によって首謀者らを討ち破ったとされ、決着したと伝わる。

「改易」され浪人した盛親は、翌慶長六年（一六〇一）には京都の伏見に「在宅《ざいたく》」し、「身上」が定まっていない様子がうかがえる（『萩藩閥閲録』）。しかし、大名復帰に向けた再仕官活動を精力的に行っていたと思われる史料も確認できる（『蜷川家文書』）が、再仕官が叶うことはなかった。この点、筑後国《ちくごのくに》柳川《やながわ》（福岡県柳川市）の大名だった立花宗茂《たちばなむねしげ》が、改易後旧領復帰を果たしたことと明暗を分けたといえよう。

盛親にとっての関ヶ原合戦とは？

以上、先行研究の成果に大きく拠りながら長宗我部盛親の戦いを概観しつつ、私見を述べた。盛親の戦いとは、何も関ヶ原合戦本戦のみで完結したわけではない。盛親の関ヶ原合戦をめぐる戦いとは、大坂方味方への決断→安濃津の戦い→栗原山布陣→土佐への敗走→江戸方への防備と交渉→改易→大名再仕官活動という一連の動向をトータルで捉える必要がある。

父元親が公家成《くげなり》の国持《くにもち》大名として「イエ」を存続させ、長兄信親の戦死により思いがけず家督を相続した盛親だったが、国持大名の嗣子としては異例というべき叙位任官がされず冷遇されていた。それだけに、大坂方に味方することによっては羽柴政権内での地位向上（叙位任官）や知行《ちぎょう》の加増《かぞう》を条件提示されていたとすれば、彼が大坂方に味方したのは必然だったのかもしれない。つまり、盛親にとっての関ヶ原合戦とは、自身の地位向上と加増を勝ち取るための戦いであった。

だが、大坂方はあっけなく敗戦し、盛親は江戸方との交渉によって一時は「御堪忍分」の給付を取りつける。しかし、徹底抗戦を主張する一部の家臣らの「一揆」によって改易・浪人する。ここに大名としての長宗我部家は終焉を迎えた。
のちに大名復帰への再仕官活動を精力的に行うも実らず、大坂の陣に参陣・奮戦するも敗退。盛親は捕らえられ慶長二十年（一六一五）五月、京都の六条河原で斬首されるに至り、長宗我部の惣領《そうりょう》家は滅亡した。

〔主要参考文献〕
高知県立歴史民俗資料館編『企画展　長宗我部元親・盛親の栄光と挫折』（同館、二〇〇一年）
同『開館15周年関連企画展　長宗我部盛親――土佐武士の名誉と意地』（同館、二〇〇六年）
同『特別展　長宗我部氏と宇喜多氏――天下人に翻弄された戦国大名』（同館、二〇一四年）
津野倫明『長宗我部氏の研究』（吉川弘文館、二〇一二年）
同「関ヶ原合戦と長宗我部氏のカタストロフィ」（谷口央編『関ヶ原合戦の深層』高志書院、二〇一四年）
寺石正路『長宗我部盛親』（土佐史談会、一九二五年）
平井上総「関ヶ原合戦と土佐長宗我部氏の改易」（『日本歴史』七一八号、二〇〇八年）
同「浪人長宗我部盛親と旧臣」（天野忠幸ほか編『戦国・織豊期の西国社会』日本史史料研究会企画部、二〇一二年）

同『長宗我部元親・盛親――四国一篇に切随へ、恣に威勢を振ふ』（ミネルヴァ書房、二〇一六年）
山本大『長宗我部元親』（吉川弘文館、一九六〇年）
同『土佐長宗我部氏』（新人物往来社、一九七四年）

＊このほか、白峰旬『新視点関ヶ原合戦――天下分け目の戦いの通説を覆す』（平凡社、二〇一九年）など、関ヶ原合戦関連の著書・論文を多数参照した。しかし紙幅の都合上、長宗我部関連の文献に限定して掲出していることをお断りしておく。

第十一章 鍋島直茂の戦い

中西　豪

「関ヶ原の戦い」で成立した鍋島佐賀藩

豊臣秀吉《とよとみひでよし》があるとき御伽衆《おとぎしゅう》にこう語った。天下取りに欠かせぬ資質とは「智恵と勇気と大気」の三つである。当今の陪臣のなかにはその二つまでを持っている者がいる。毛利《もうり》家の小早川隆景《こばやかわたかかげ》、上杉《うえすぎ》家の直江兼続《なおえかねつぐ》、龍造寺《りゅうぞうじ》家の鍋島直茂《なべしまなおしげ》（一五三八～一六一八）がそうである。しかし隆景は勇気が、兼続は智恵が、直茂は大気が欠けていると（『葉隠《はがくれ》』）。「大気」とは天下取りを望むほどの大望、野心であるといえよう。「智勇兼備にして野心なし」とは家臣としての理想像である。鍋島直茂の生涯は主君龍造寺隆信《たかのぶ》の覇業を助け、隆信横死後は龍造寺家存続のために粉骨砕身尽力するものだった。結果的に龍造寺家を鍋島家が継ぐことになってしまったが、それは決して直茂による簒奪《さんだつ》といったものではない。

肥前《ひぜん》佐賀藩、鍋島氏を当主とする知行石高《ちぎょうこくだか》三五万七〇〇〇石の大藩は、「関ヶ原の戦い」において明らかに「西軍」方で参戦しておきながらも、徳川家康《とくがわいえやす》の格別の計らいによって近世《きんせい》大名として成立・存続できたという曰く因縁を有している。

貞享《じょうきょう》二年（一六八五）三月二十四日、佐賀藩二代藩主の鍋島光茂《みつしげ》は戦国時代鍋島氏の主君であった龍造寺隆信の肖像画を宗龍寺《そうりゅうじ》に奉納した。ときあたかも隆信百回忌法要が盛大に催された翌年にあたり、三月二十四日は隆信の命日である。次いで六月三日には「藩祖」鍋島直茂の肖像画を高伝寺《こうでんじ》に奉納した。六月三日は直茂の命日である。

この二枚の肖像画には異様に長文の画賛が添えられている。近世佐賀藩の基礎を築いた隆信・直茂を顕彰するものではあるが、隆信の画賛は隆信の武勇を称えるだけではなく、隆信の腹心であった直茂の功績を記し、隆信死後の龍造寺家を直茂が支え、ついには病弱の隆信嫡男政家《まさいえ》から国政を委ねられたこと、さらに幕府に対しても忠勤を抽《ぬき》んでたために今日の佐賀藩鍋島家があることを強調する。直茂の画賛は、朝鮮出兵、関ヶ原の戦いにおいていかに直茂が徳川家康と密接な関係を結んだのかを謳い上げ、龍造寺宗家断絶の際には幕府が鍋島勝茂《かつしげ》の龍造寺家の家督相続を認め、勝茂を初代藩主として佐賀藩を成立させたこと、以来幕府の御厚恩あるは直茂・勝茂父子の勲功によるものであるとしている。

勝茂の嫡孫である光茂は、鍋島家の統治の正統性、すなわち鍋島家が龍造寺家から領国の統治権を正統に譲られたこと、そしてそれを公儀権力に認められて佐賀藩の存続が許されたことを家中に広く知らしめるために隆信・直茂の顕彰を利用したのである。そのことによって、龍造寺系の大身家臣、鍋島一門の藩主への求心性を強め、藩主権力を高めようとした。以後も佐賀藩ではこの流れで「正史」が編纂されていく。それを精神的支柱とし、佐賀藩は龍造寺・鍋島連合政権的性格を持って幕末まで存続したのである。

しかし、そもそも鍋島家が徳川家の厚恩を蒙る始まりであった関ヶ原の戦い、すでに直茂は家康と厚誼《こうぎ》を結んでいたはずであるのに、なにゆえ西軍方についたのか。あるいは、巷間流布《こうかんるふ》する俗説のように東西両軍に二股をかけていたものだろうか。ここでは直茂が明らかな失点をいかにして挽回したのかをみていきたい。

龍造寺家執政、鍋島直茂の処世術

戦国時代、鍋島直茂の主君にして従兄でもあった龍造寺隆信は、鎌倉以来の伝統的権力が角逐《かくちく》する九州にあって、肥前佐賀郡の一国衆から身を起こしてまずは肥前一国に覇を唱える戦国大名となり、最盛期には九州の三分の一を勢力圏に収め「五州二島の太守」と号した梟雄であった。しかし、天正十二年（一五八四）三月に肥前高来郡の島原森岳の戦いで島津《しまづ》・有馬《ありま》連合軍と戦って敗死してしまう。

残された龍造寺宗家当主、隆信の嫡男政家は戦国大名としての器量に乏しく、龍造寺領国の舵取りは家臣団きっての器量人、直茂に委ねられることになった。譜代家臣団中古参の鍋島一門、その当主清房《きよふさ》の次男として生まれた直茂は若くして隆信の近習《きんじゅう》として仕え、鰥夫《やもめ》であった清房に隆信の実母慶誾《けいぎん》が降嫁したことから隆信の義弟ともなり、以後隆信に忠勤を尽くしてきた。隆信も生前残した書状で子弟一門の者に自身の死後は何事も直茂に図ることを命じている。

直茂のさらなる尽力で、龍造寺家は豊臣政権下でも西九州最大の豊臣大名に転化できた。しかし、豊臣政権の求める「御奉公」に龍造寺家中を取りまとめて勤めることは直茂でなければとても為しえず、政家は天正十八年に隠居させられ家督は幼い高房《たかふさ》に譲られた。いずれは直茂に龍造寺家を継がせようという豊臣政権の意向があったものと思われる。文禄《ぶんろく》元年（一五九二）から七年にわたる朝鮮出兵も、直茂が陣代として龍造寺家臣団を率いて渡海し、戦地で苦労を重ねるなかで龍造寺家臣団も直茂の指導力に徐々に服していった。

しかし、国許《くにもと》肥前佐賀においては龍造寺家が絶対の主君であり続けた。龍造寺宗家家督という「権威」と領国統治・軍事指揮権の「権力」は明らかに分割されたが、直茂はあくまで家臣団とともに龍造寺宗家を主君として立て続けた。世間一般の目からもまた肥前佐賀の領主は龍造寺家であった。朝鮮出兵・慶長《けいちょう》役で日本軍に捕らえられた朝鮮の儒官 姜沆《きょうこう》が日本抑留中の見聞をまとめた『看羊録《かんようろく》』に朝鮮に出兵した大名のこととして「肥前龍蔵（造）寺。その家臣鍋島加賀守が代行した」、あるいは国内事情の肥前の項目に「龍蔵（造）寺が大姓の名家で、その地を食邑《しょくゆう》としている」とある。姜沆の情報源は京・大坂で交友のあった藤原惺窩《ふじわらせいか》以下一流の知識人であり、当時の日本社会の上層部では肥前佐賀の領主は龍造寺氏であるという認識であったものだろう。

慶長三年（一五九八）十一月、嫡男の勝茂とともに朝鮮に在陣していた直茂に、秀吉死去に伴う撤兵命令が届く。秀吉の死後の政局を睨《にら》み、直茂は徳川家康が派遣してきた特使の徳永寿昌《とくながながまさ》を仲介に家康とのつながりを持とうとする。直茂・勝茂父子は博多に着船し、石田《いしだ》三成《みつなり》らから秀吉の遺言を聞くと、佐賀に立ち寄らずに上洛する。秀頼《ひでより》に拝謁し、前田《まえだ》利家《としいえ》邸で秀吉御遺品を拝受し、家康邸にも伺候《しこう》している。

伏見《ふしみ》で越年した直茂は家康に年賀の挨拶を済ませた後、家康の重臣井伊《いい》直政《なおまさ》を訪ねて向後《きょうこう》家康への忠節を抽んずる覚悟がある由を申し置いた。直政からそのことを知らされた家康は、直政に直茂へ答礼に赴かせる。直政が直茂すなわち龍造寺家と家康の取次的役割を果たした最初のことである。

以後、直茂は家康のために犬馬の労を取り、家康もそれに謝意を伝えている。上方《かみがた》情勢不穏の折、家康の身辺警護のためさまざまに尽力したことが伝えられるが、とくに秀忠《ひでただ》正室小督《おごう》の方を有事の際には鍋島家で保護するように依頼されたことは特筆に値するであろう。これは先の直茂肖像画賛にも記され、直茂と家康の交誼が厚いものであった証拠として伝えられたものであり、おそらくは事実であったと思われる。

直茂が家康と密接な関係を構築するのに、絶好なパイプ役が存在した。家康のブレーンの一人であった臨済宗《りんざいしゅう》の元佶《げんきつ》長老こと三要《さんよう》元佶である。元佶は号を閑室《かんしつ》といい、肥前小城郡の出身。本姓を野辺田《のべた》氏という。野辺田氏は一時期直茂が養子入りしていた西千葉家の家臣で、直茂が鍋島家に復帰する際に譲られた一二家門の一つでもあった。京都五山《きょうとござん》で学んだ元佶は関東遍歴中に下野の足利《あしかが》学校の庠主《しょうしゅ》（学校長）となり、家康の知遇を得てその側近に招かれた。家康には兵書講義も行い、関ヶ原の戦いにも従軍している。いわば家康の「軍師」の一人であった。徳川幕府成立後は広く外交・文教政策の顧問を務めている。

四月、直茂は賜暇《しか》を得て帰国するが、その際、西国で一朝事あるときには公儀の軍勢の粮秣《りょうまつ》は龍造寺領で負担することを言上している。家康が伏見から大坂に移るに際しての世情騒擾《せじょうそうじょう》を聞いて、直茂は十月下旬に急遽大坂に駆け付けた。これを家康は「加賀守、老軀をもっての早々の上洛、格別苦労のことである」と懇《ねんご》ろに労《ねぎら》っている。家康の側からも、直茂の働きを注視していたことの表れであろう。

直茂はそのまま勝茂、主君・龍造寺高房とともに大坂玉造《たまつくり》の屋敷で越年する。そうして慶長五年を迎えるのである。

「西軍」方としての参戦、その顚末

六月、「会津征伐《あいづせいばつ》」が発動される。当時在国していた五大老の一人、上杉景勝《うえすぎかげかつ》に不穏の動きありとして糾問《きゅうもん》がなされ、ついには討伐することに至ったものである。豊臣政権の「公儀」の戦争であり、主に東海、東山、北陸、東北の四道、東日本の諸大名が動員され、家康が秀頼の名代として総指揮を執る。

西日本の諸大名は伏見・大坂の留守居《るすい》役や在国が命じられたが、黒田長政《くろだながまさ》、細川忠興《ほそかわただおき》、加藤嘉明《かとうよしあき》らは従軍した。家康不在の上方で騒乱が起ることを予期し、家康与党として一蓮托生の覚悟を示した行動であるとされる。いずれも相応の軍勢を上方に駐屯させていて、即応できるようにしていたのであろう。

直茂も当然の如く従軍を願った。慶長四年の龍造寺家の財政報告書である「目安《めやす》」は在京家臣団にかかる費用が在国家臣団の二倍近くを計上している。かなりの大兵力が上方に駐屯していたことは間違いない。

しかし、家康は直茂に帰国して豊前《ぶぜん》中津に在国する黒田《くろだ》如水《じょすい》とも協議して西国筋の押さえとなるように命じた。直茂は即日帰国の途に就くが、代わりに勝茂と高房を従軍させることを願い出て許されている。

会津征伐に従軍することになった龍造寺軍は、直茂が参加していないからか、龍造寺直臣団を再編制した二つの先手《さきて》「与《くみ》」のうち小規模な成富茂安《なるとみしげやす》与しか参加せず、龍造寺一門の比重が高い。さらに問題なのは、龍造寺宗家家督の高房が従軍していることであった。

勝茂はすでに従五位下《じゅごいげ》・信濃守《しなののかみ》に叙任されており、十分に直茂の代理たりえる。しかし、高房は秀吉から御目見えすることすら渋られた無位無官の存在であり、公的には勝茂と轡《くつわ》を並べて軍勢を率いることのできる存在ではない。しかし、軍中では高房が総大将として奉じられていたことは間違いないだろう。ただし、直茂は帰国に際して勝茂に軍中法度《ぐんちゅうはっと》五箇条を渡している。そのなかでは軍の最高指揮権は勝茂があくまで有すべしとあった。

勝茂は二十一歳の若年ながらも慶長役では直茂とともに渡海し数々の合戦に参加しているが、高房はわずか十五歳で今回が初陣とあれば、龍造寺家中でも了解されたことであろう。だが、その勝茂が不審な行動に出た。江戸に下向《げこう》する家康軍を追ってただちに出陣すべきところ、なぜか京都近辺で一カ月近くも逡巡《しゅんじゅん》し、七月初旬にようやく東進しはじめた頃にはすでに石田三成が挙兵、三成の兄正澄《まさずみ》が近江愛知川《おうみえち》の関を閉ざしていたのである。

前途は閉ざされ、後方は不穏、大坂の母や妻子は人質に取られている恐れがある。勝茂は近江八日市まで軍を戻し、情勢を観望した。やがて毛利輝元《もうりてるもと》、宇喜多秀家《うきたひでいえ》の二大老や奉行衆から書状で招かれ帰坂、「内府ちがひの条々」にも触れ大坂城で秀頼に拝謁したこともあってか、以後、毛利輝元を総帥とする反家康決起軍、いわゆる「西軍」に加担して積極的に活動することになる。

龍造寺軍の兵力は約七〇〇〇。西軍では一〇〇石三人役を課したようで、当時の龍造寺家の石高三〇万九九〇〇石にしてはやや少なく、事実、勝茂は二〇〇〇の増派を国許に懇願している。それにしても、龍造寺軍の兵力は毛利、宇喜多、小早川秀秋《こばやかわひであき》軍に次ぐ有力なものであった。戦闘序列としては龍造寺軍は小早川秀秋の組下に編入されたようである。

龍造寺軍はまずは家康の宿将鳥居元忠《とりいもとただ》が守る伏見城攻略に参加、八月一日の総攻撃では大手口を受け持ってこれを攻め破り、奉行衆から感状を与えられた。伏見城攻略後、西軍首脳部は予想される家康の西上以前に畿内近国の東軍勢力を一掃し、美濃《みの》・尾張《おわり》国境付近で決戦する戦略を採択したと推測される。龍造寺軍は毛利秀元《ひでもと》、吉川広家《きっかわひろいえ》らとともに伊勢《いせ》方面を経略、阿濃津《あのつ》城・松阪城を攻略した。これにて伊勢方面はほぼ平定されたのだが、東軍が予想外の積極的な攻勢に出て岐阜城を攻略してしまう。西軍は新たに大垣《おおがき》城を軸とする防衛線を構築することとし、伊勢方面の西軍も北上を開始する。しかし、勝茂は福島《ふくしま》正頼《まさより》（正則《まさのり》弟）の籠もる伊勢長島城の押さえにあたることを願い出、野代への滞陣を許された。九月十四日、いよいよ家康との決戦近しということで大垣城の宇喜多秀家、石田三成から関ヶ原への転進が求められたが、今龍造寺軍が北上すれば長島城の東軍が打って出て西軍の後背を突くのは必定であるので、長島城の押さえを継続したい旨を伝え、許諾を得ている。そして運命の九月十五日、東西両軍主力の決戦はわずか一日であっけなく東軍の大勝利に終わった。

西軍方として積極的に活動し、いまだ十分な兵力を維持していたと思われる龍造寺軍が、この土壇場で急に消極的、日和見《ひよりみ》に近い行動を取ったのは国許の直茂からの使者が到着し、自重を促したからだとも伝えられるが、確証はない。関ヶ原での西軍の敗北を知った勝茂は、澎湃《ほうはい》として起こる落ち武者狩りに悩まされながら大坂に引き揚げた。壮絶な敵中突破の末に和泉堺《いずみさかい》にたどり着き、海路帰国しようとした島津義弘《しまづよしひろ》は勝茂に使者を遣わして同行を誘った。龍造寺軍が家康に敵対し続けていると考え、九州での共闘を企んだのである。しかし、勝茂はこれを謝絶した。勝茂は龍造寺一門と相談のうえ、玉造屋敷で謹慎して家康の沙汰を待つことにした。

果たしてどのような沙汰が下されるか予断を許さぬなか、高房は大広間にて勝茂並びに家臣一同に対し、もし赦免なきときには自分と勝茂は屋敷で切腹するので、家中の者どもは京・大坂・伏見に走って市街を焼き払い、押し寄せる討手と戦いことごとく討死を遂《と》げよという、壮絶な訓示を述べている。高房が確かに龍造寺領国の主君として奉じられていたことを示す逸話である。

結局のところ、黒田長政、井伊直政、元佶長老らの口添えもあって、勝茂は家康に拝謁・謝罪することができた。家康は従来の直茂の忠義に免じて勝茂の西軍加担の罪を許すとした。しかし、戦意旺盛なまま帰国してしまった筑後柳川《ちくごやながわ》城主の立花宗茂《たちばなむねしげ》を攻めることも命じている。そのことで立功贖罪せよというのである。

こうして勝茂は高房を人質として大坂に残し、龍造寺軍を率いて帰国の途に就いたのである。

国許の直茂の苦悩

一方、秀吉の死後会津征伐発動時まで一貫して家康与党の立場を取ってきた直茂であったが、豊臣政権中央での大異変、さらに上方の勝茂が家康に敵対する陣営に加担するという事態に、少なからず動揺したようである。

勝茂からは（おそらくは西軍方の軍役規定に不足分の）人数・弓・鉄砲を上方に送るようにとの催促が来る。また、奉行衆や安国寺恵瓊《あんこくじえけい》からは直茂自身が軍勢を率いて上坂するように命じてくる。豊臣政権の大義名分は大坂城と秀頼を抱え込んだ西軍方にあることは明白で、直茂もその命令を拒むことはできず、さらに進んで家康を見限る風でもあった。さりとて積極的に動くこともなく、伏見城落城の報を得て、これ以上の増援と自身の上坂は延期することにしたと、八月十日付の書状で黒田如水に申し送っている。

それが直茂の本心であるのか、上方の勝茂の動向を懸念してのことであるのかは不分明だが、直茂も西軍加担の立場を明言してもいる。九月十日付の書状で、家康与党として挙兵することを伝えてきたとおぼしい黒田如水に対して、今後は書状を出さない、すなわち断交を宣言したのである。ただし追而書《おってがき》に、言いたいことはあるが紙面では述べることはできないとしたのは意味深長ではあるが。ともかく直茂と如水は以後音信不通となったのは確かで、九月十三日の石垣原《いしがきばる》の戦いの結果も、如水から直接直茂に伝えられることはなかった。

関ヶ原本戦での東軍大勝利の報が届いて以降も、勝茂の西軍加担の罪で龍造寺家が公儀の征伐を受けるか赦免されるか、それが確定するまでは直茂は在国する西軍方諸大名や留守居の家臣と連携し、西軍方としての立場を取り続けた。ただし、毛利高政《たかまさ》の留守城の豊後《ぶんご》日隈《ひのくま》城から黒田如水の脅威に対抗するための加勢を求められた際には、加勢は出すべきとしながら龍造寺宗家隠居政家が認めないこと、距離が遠いことを理由に婉曲に断るなど、実際に軍事行動を起こすことに対しては慎重な態度を取っている。

一方で、最悪の事態に備え、直茂は佐賀城外の八戸《やえ》に今もその名が地名に残る防御施設「十間堀《じゅっけんぼり》」を掘らせて佐賀城の防備を固めた。さらに、公儀の龍造寺征伐が発動されたとして、家康が主将として下向した場合のその本陣を豊前小倉と想定し、征伐軍の先鋒を肥前の国境で食い止めている間に選りすぐった精兵を発し、筑後方面から迂回してこれを急襲するという乾坤一擲《けんこんいってき》の作戦を立て、具体的な準備も進めていた。この事実は江戸時代は徳川幕府を憚《はばか》ってか、佐賀藩の編纂史料類には残されていないが、口伝《くでん》として伝えられたものがのちに書き残されている。

結局のところ、直茂も終始一貫西軍方の立場を標榜していたわけで、直茂・勝茂父子が東軍・西軍双方に便宜的に分かれて龍造寺家の安泰を図ろうとしたという事実はなかったことになる。ただ、それまで直茂が家康与党であったことは確かで、もしも勝茂が家康軍に同行して会津征伐に従軍していたら、国許の直茂も東軍方として積極的に活動していたものと思われる。

これも徳川幕府を憚ってか、『勝茂公御年譜』などの佐賀藩編纂の史料類では勝茂がやむなく西軍方に属したような記述が多くみられるが、実は勝茂が独断で積極的な西軍加担を決断したようなのである。

最晩年に勝茂は、二代藩主の光茂に関ヶ原の戦いでの自身の行動を述懐している。すなわち、陪臣の嫡子にすぎない身であるのに豊臣秀吉から大名世子並みの叙位任官を許されたことを非常に光栄なことと思い、秀吉の遺児秀頼を擁する毛利輝元、石田三成以下の反家康決起軍こそが豊臣政権の正統であると確信し、それに加担することが秀吉の恩顧に報いる唯一の道であり、そのことで龍造寺・鍋島の御家を滅ぼしても悔いはないとまで思い詰めていた、ゆえにそのことを御赦免くだされた権現様《ごんげん》（家康）の御重恩は申し尽くし難い、と（『光茂公譜考補』）。

実のところ、関ヶ原の戦いをめぐる龍造寺・鍋島家の苦難は勝茂の若気の至りが招いたものであり、龍造寺家の存亡を賭けて戦国たけなわを生き抜いた冷徹な現実主義者であった直茂も困惑懊悩《こんわくおうのう》させるものだったのである。

「柳川征伐」の意義

十月初旬、勝茂率いる龍造寺軍は帰国した。恐縮しきりの勝茂はそのまま柳川城に攻め寄せようとしたが、直茂はそれを制して佐賀に呼び戻した。単純に知行石高を比較すれば龍造寺領の約三一万石に対して立花領は一三万石。動員兵力の差は隔絶しており、万に一つも龍造寺軍が敗れることはないだろうが、龍造寺家と立花家は宗茂の義父戸次道雪《べっきどうせつ》以来幾度も干戈《かんか》を交え、その精強ぶりは身に染みて熟知している。その籠もる柳川城が難攻不落の堅城であることも周知の事実。いまだ若輩の勝茂の手に余るものと思われた。直茂は検使役の黒田如水と綿密な連携を図り、加藤清正《かとうきよまさ》とも連絡を取ったうえで、万全の態勢を整えて佐賀から出陣することとなる。

柳川攻めは、たんに西軍加担の罪を償うためだけではなく、龍造寺家内部でも重大な意味を持つものとなっていた。

関ヶ原前夜、龍造寺家中では勝茂を直茂の後継者とし、いずれその権力を移譲することが、龍造寺一門以下家臣団に承認されるに至っていた。最悪の事態には至らなかったものの、勝茂の西軍加担が龍造寺家を存亡の危機に曝《さら》したことは事実である。勝茂の失策で、鍋島家による龍造寺領国執政体制の鼎《かなえ》の軽重が問われ、鍋島家の勢力後退につながりかねない。そのことが問題なのは、何も鍋島家による御家乗っ取りが遠のくといった下世話なことではなく、直茂・勝茂ラインの後退は龍造寺領国支配体制の不安定化に直結するという危険なのだ。それほどに、龍造寺領国は直茂の手腕に依拠して成立していたのである。

一方で、これを奇貨《きか》として鍋島家執政体制のさらなる強化を図ろうとしたと思われる人物がいる。直茂の養子、鍋島茂里《しげさと》である。茂里は男子に恵まれなかった直茂が妻（陽泰院《ようたいいん》）の実家、石井家から養嗣子《ようしし》に迎えたもので、勝茂の誕生で継嗣《けいし》の地位は譲ったものの、直茂の女婿となりその側近として軍事・内政両面で直茂を補佐した。慶長十五年に早逝しなければ佐賀藩の成り立ちもかなり様相を変えたのではないかと思わせる逸材であった。

十月十一日に佐賀城で開かれた軍議において、茂里は事前に準備した周到な作戦計画を披露し、龍造寺一門や重臣に有無を言わせず軍議の主導権を握った。武雄《たけお》龍造寺家の後藤《ごとう》茂綱《しげつな》が先手大将を望んだがこれも一蹴、茂里自身が実弟茂忠《しげただ》とともに先手を務めることを宣言したのである。龍造寺家大事の一戦、その勝敗帰趨《きすう》の全責任を負うとの覚悟であるが、それは同時に勝利の暁にはこの戦いが「鍋島家の戦い」として周知されることとなる。

朝鮮役の軍役に対応するなかで再編制された龍造寺軍の陣立てで、茂里は龍造寺家直臣のみならず龍造寺一門庶流の者までをも編入した強力な戦闘ユニット「先手与」を永続的に指揮することとなったが、龍造寺軍の主力はいまだ龍造寺一門、多久《たく》、諫早《いさはや》、武雄、須古《すこ》の「龍造寺四家」の私兵（陪臣）であった。その独自の兵力の多さ、「主筋」であるという無言の圧力で龍造寺四家が主導権を奪っても不思議ではない状況を、茂里は跳ね除けたのである。

激闘だった江上八院の戦い

龍造寺領国を挙げて動員された軍勢は約三万。これを一二陣に編成して十月十四日に佐賀城を進発、筑後川を渡河すると黒田如水からの要請を受けて毛利秀包《ひでかね》の留守城の久留米《くるめ》城を接収。一部の兵を残し、黒田兵とともにこれを守らせた。

以後、各地で立花方と小競《こぜ》り合いを繰り広げたが、十八日に城島城に全軍が集結した。成富茂安が柳川城への使者に立ち、二十日の矢合わせ（開戦）を決したという。茂安が城内の雰囲気を探るに、小野和泉《おのいずみ》は籠城策、立花三太夫は出戦策を主張している様子。

十九日、龍造寺軍は柳川城の北方約四キロメートルの江上《えがみ》・中八院《なかはちいん》地区まで進出し布陣する。これを偵察した立花方は、龍造寺軍の総数を「一万少し余り」とみた。その夜の柳川城での軍議では、過去の龍造寺軍との戦いでは一〇倍以上の兵力差がないことはなかったが、一度も不覚を取ることはなかった、今回も同様であろうという楽観論が飛び出し、翌二十日、立花軍は江上・中八院に押し出すこととなる。

龍造寺方、直茂・勝茂父子らとしては、中央で豊臣政権の実権を握った家康の命《めい》に従っての「征伐」であるという大義名分はあったが、立花方からすれば先日までは同じく西軍方として提携していたものが、掌《てのひら》を返すように攻め寄せてくる、明らかな「裏切り」である。龍造寺方に対する敵愾心《てきがいしん》は昂《たか》ぶり士気も高かった。しかし、上方で受けた損害も少なくなく、立花宗茂自身と家中第二位の立花賢賀《けんが》が出陣しないこともあって、出陣した立花軍は約一〇〇〇であったろうか。

両軍は二十日黎明《れいめい》に開戦。その戦いについて巷間流布する経緯は、もっぱら立花方の史料に依拠して「一二備の龍造寺軍を九備まで」突き崩したが衆寡《しゅうか》敵せずして一歩及ばず、無念にも柳川城まで引き取った、というものである。しかし、もし本当に立花軍が龍造寺軍の一二陣の縦深陣を九陣まで突き崩していたならば、勝茂本陣（六陣）・直茂本陣（八陣）までもが打ち破られたことになる。事実ならば龍造寺軍の全軍崩壊につながって当然、そこでなぜ立花軍の勝利とならなかったものか。

実際のところは、立花軍が龍造寺軍の「一二備」と戦ったと認識したことと、実際に龍造寺軍が「一二陣」に分かれて布陣したことが偶然一致してしまったことからの誤解で、結論からいってしまえば、江上八院の戦いで立花軍と干戈を交えた龍造寺軍は、先陣の前衛（鍋島茂忠）、二陣（後藤茂綱）、三陣（龍造寺信昭）の約四〇〇〇だけなのである。

しかし、立花軍が龍造寺軍の一二備のうち九備を切り崩した、ということもあながち間違いではない。これは小野和泉の「覚」（戦闘詳報）にあるもので、和泉の認識としては確かに相対した敵の一二備のうち九備までを撃破したのだろう。ただ、その「備」は龍造寺軍の先陣、二陣、三陣の軍勢をさらに細分化した小部隊のことなのであった。

江上八院の戦いは、野戦築城まではなされなかったが、龍造寺軍が戦場を選定し、立花軍を待ち受けて戦うことになった。その地はかつての国衆・江上家の「水城」が存在し、廃城の後は環濠《かんごう》集落となっていた。江上八院の戦いの攻防の焦点も、まさにこの環濠集落であったと思われる。入り組んだ掘割《ほりわり》地形が現在も残り、現地の伝承、立花方将士の墓・供養塔の位置からも、堀を隔てた曲輪《くるわ》一つひとつをめぐっての激戦が展開されたと推定できる。

三倍以上の龍造寺軍に対し、立花軍が善戦したことは間違いない。九つの「備」を連破したことも事実だろう。しかし龍造寺軍の回復は早く、かえって立花軍は龍造寺軍先手本陣（鍋島茂里の本陣）前まで誘引され、これに突入する前に二陣の後藤勢から鉄砲三〇〇挺による猛烈な「横矢」を掛けられて大損害を被った。龍造寺軍の連敗は偽装であった可能性が高いのではないだろうか。

立花軍は多くの部将が討たれ小野和泉も深手を負って危ういところ、立花吉左衛門《きちざえもん》の来援で撤退することを得た。小野和泉も立花吉左衛門もあと少しの兵力があれば負けなかった、鍋島殿の本陣へも突入できたのにと悔しがっているが、現実にはまだ龍造寺軍の半数以上が戦うことなく控えており、とても不可能なことである。

それだけの予備兵力がありながら、龍造寺軍は徹底した追撃戦を行わなかった。立花吉左衛門が来援した段階で、龍造寺軍は堀を隔てて弓・鉄砲を隙間なく構え、守勢に転じている。少数の立花吉左衛門勢の猛攻に辟易《へきえき》してのこととはとても考えられず、予定の行動であるように思えるところだ。

実は、鍋島茂里が立案し直茂が採用した作戦案とは、鍋島家を戦争の主役とすると同時に立花家との戦争を限定的なものに止《とど》めるものではなかっただろうか。直茂は黒田如水や加藤清正と連絡を取り、やがては島津征伐が行われることを認識していたはずである。立花宗茂を降伏させて、それに参加させることで家康への敵対の罪を償わせるべきとの同意に至っていたのではないだろうか。そうなれば、たとえ自軍に余力があっても立花軍を撃滅するわけにはいかない。

しかし、龍造寺家もまた立花家を討つことで立功贖罪を求められている身である。柳川城に籠城されて攻囲が長引き、その間に立花宗茂が宥免《ゆうめん》されるようなことになれば（事実、江上八院の戦いの直後に宗茂が上方に残した家臣が家康の立花家身上安堵《あんど》の朱印状《しゅいんじょう》を持ち帰っている）、功を立てられなかったとして龍造寺家が処罰される恐れがある。さりとてあまりに激しく膨大な損害を出すような戦争になれば、後日に禍根を残すこととなりかねない。

短時日のうちに家康に対して面目を施せるほどの戦果を挙げるべし、そういった意図で戦われたのが、江上八院の戦いだったのではないだろうか。龍造寺軍の第三陣までの手によって挙げられた立花軍の首級は六百余り、これは塩漬けにして家康に送られた。自軍の損害もまた少なくなく二百余りに達した。この「犠牲」の上に龍造寺領国の保全は成り、直茂・勝茂父子に対する家康の信任もいや増し、龍造寺宗家断絶後の勝茂による家督相続、鍋島家佐賀藩の成立に至るのである。

〔主要参考文献〕

【基本史料】
『佐賀県近世史料』第一編第一巻（佐賀県立図書館編集発行、一九九三年）、同第一編第二巻（佐賀県立図書館編集発行、一九九四年）、同第八編第三巻（同館、二〇〇七年）

【主要参考文献】
白峰旬「関ヶ原の戦い関連の鍋島家関係文書についての考察」（『史学論叢』四九号、二〇一九年）
中西豪・白峰旬『最新研究　江上八院の戦い』（日本史史料研究会、二〇一九年）
藤野保編『佐賀藩の総合研究――藩制の成立と構造』（吉川弘文館、一九八一年）
光成準治『九州の関ヶ原』（戎光祥出版、二〇一九年）

第十二章

小早川秀秋、黒田長政、福島正則の戦い

渡邊大門

東軍勝利に貢献した秀秋、長政、正則

関ヶ原合戦を語るうえで、小早川秀秋《こばやかわひであき》（一五八二～一六〇二）、黒田《くろだ》長政《ながまさ》（一五六八～一六二三）、福島正則《ふくしままさのり》（一五六一～一六二四）は欠かすことができない。三人が東軍の勝利に貢献したことは、誰しもが認めるところだろう。

秀秋は、小説、映画などですでにおなじみである。西軍に与《くみ》していた秀秋は、ギリギリまで東西両軍のいずれに与するか苦悩し、松尾《まつお》山《やま》に着陣した。結果、秀秋は徳川家康《とくがわいえやす》の陣営から発砲され、慌てて松尾山を下り、大谷吉継《おおたによしつぐ》の陣営に突撃した。これにより東軍は勢

いづき、最終的に勝利をつかんだ。ただし、本章で取り上げる通り、この逸話は史実ではない。

一方の長政は、関ヶ原本戦でも活躍したが、むしろ合戦前の調略《ちょうりゃく》で東軍に貢献した。秀秋だけでなく、西軍の主力だった毛利輝元《もうりてるもと》、吉川広家《きっかわひろいえ》を東軍に引き込んだのは、長政の貢献によるところが大きい。その結果、東軍は合戦前に西軍の諸将を味方に引き入れることに成功したので、戦いを有利に進めることができた。

最後の正則は、いち早く徳川家康に味方することを決め、下野小山《しもつけおやま》（栃木県小山市）から西上の途についた。その間、関ヶ原合戦の前哨戦となる岐阜城（岐阜市）の攻防で織田《おだ》秀信《ひでのぶ》を降《くだ》し、東軍が関ヶ原本戦で勝利する先鞭をつけた。戦後の論功行賞では多大に加増されたので、東軍の貢献者の一人として評価できる。

本章では、三人の関ヶ原本戦における戦いぶりを取り上げる。その際、注意すべきこととしては、一次史料に戦いぶりが詳述されていることはなく、多くは二次史料の記述によらざるをえない点である。二次史料に虚実が入り混じっている点は否定できないが、読者にはあらかじめご了解いただきたい。

三人の来歴

最初に、三人の来歴を取り上げておこう。

小早川秀秋が木下家定《きのしたいえさだ》の五男として誕生したのは、天正《てんしょう》十年（一五八二）である。幼名は辰之助《たつのすけ》。初名は秀俊《ひでとし》。のちに秀秋、秀詮《ひであき》と名乗りを変えるが、本章では秀秋で統一する。家定は豊臣秀吉《とよとみひでよし》の妻、北政所《きたのまんどころ》の兄なので、秀秋は「豊臣ファミリー」の一員だった。その後、秀秋は秀吉の養子となり、天正十九年には右衛門督《うえもんのかみ》になった。丹波亀山《たんばかめやま》に一〇万石を与えられるなど、破格の扱いだったといえる。

文禄《ぶんろく》二年（一五九三）八月、秀吉に拾丸《ひろいまる》（秀頼）が誕生すると、その影響を受けて小早川隆景《たかかげ》の養子となり、翌年に備後三原《びんごみはら》（広島県三原市）に赴いている。文禄・慶長《けいちょう》の役にも出陣したが、慶長の役では秀吉から怠慢な戦いぶりを問題視された。帰国を命じられた秀秋は、所領を没収されて越前北庄《えちぜんきたのしょう》（福井市）に配置を変えられた。旧領を戻されたのは、秀吉が亡くなった翌年の慶長四年である。

慶長五年の段階で、秀秋は十九歳という若さだった。若い秀秋を支えたのは、稲葉正成《いなばまさなり》、平岡頼勝《ひらおかよりかつ》といった重臣だった。後述する通り、秀秋の去就や戦いのカギを握ったのは、この二人の家臣である。

永禄《えいろく》十一年（一五六八）、黒田長政は黒田孝高《よしたか》（官兵衛《かんびょうえ》、如水《じょすい》）の子として誕生した。幼名は松寿《しょうじゅ》、通称を吉兵衛といった。天正五年、孝高が織田信長《おだのぶなが》に与したので、同盟の証として人質になった。幼少期は、羽柴《はしば》（豊臣）秀吉の居城の長浜城（滋賀県長浜市）で過ごしたといわれている。その後、長政は秀吉に従って各地を転戦した。

天正十五年、父の孝高が九州征伐の軍功を認められ、豊前中津《ぶぜんなかつ》（大分県中津市）に約十二万石を与えられた。その二年後、長政は孝高から家督を譲られた。文禄・慶長の役に出陣したが、石田三成《いしだみつなり》と対立し関係が悪化した。慶長四年閏《うるう》三月、長政はほかの諸将と三成の所業を訴えたが、それには文禄・慶長の役の一件も絡んでいただろう。秀吉の死後、長政は家康の養女（保科正直《ほしなまさなお》の娘）を妻に迎えるなど、急接近する。

長政は、最初から完全な家康派だった。父の孝高もその立場に近かった。その点は秀秋と異なっていたといえる。

永禄四年（一五六一）、福島正則は福島正信の子として誕生した。幼名は市松。通称は市兵衛だった。母は豊臣秀吉の母の妹でもあり、幼い頃から秀吉と親しい関係にあった。正則が大きな存在感を示したのは、天正十一年（一五八三）四月の賤ヶ岳《しずたけ》の戦いである。

この戦いで正則は大いに軍功を挙げ、「賤ヶ岳の七本槍」の一人に数えられ、近江《おうみ》に五〇〇〇石を加増《かぞう》された。

その後、正則は天正十二年の小牧《こまき》・長久手《ながくて》の戦い、紀州惣国一揆との戦いでも活躍し、伊予《いよ》に一一万三二〇〇石を与えられた。さらに天正十五年の九州征伐、天正十八年の小田原征伐にも出陣し、文禄・慶長の役では朝鮮に渡海した。その際、石田三成と確執が生じ、険悪な関係になったという。

文禄四年（一五九五）、尾張清須《おわりきよす》に二四万石を給与され加増・転封《てんぽう》。慶長二年（一五九七）に羽柴姓を与えられ侍従となった。慶長三年八月に豊臣秀吉が没すると、正則は黒田長政とともに、反石田三成の立場をとった。秀吉の恩義を感じつつも、親家康派として行動することになる。慶長四年（一五九九）、正則の養子正之と家康の養女満天姫が結婚したが、これは諸大名の私婚を禁じた秀吉の遺命に反していた。

関ヶ原に向かった東軍

最初に取り上げるのは、福島正則が活躍した岐阜城の攻防戦である。

慶長五年（一六〇〇）七月、いわゆる小山評定《おやまひょうじょう》を終えた東軍の面々は、福島正則と池田《いけだ》輝政《てるまさ》を先鋒として、東海道を西進し清須（愛知県清須市）で家康の到着を待った。しかし、家康が一向に江戸を発つ様子がないため、福島正則は家康に対して怒りをあらわにし、池田輝政と口論に及んだという、輝政は家康の女婿だったので、家康を弁護していた。間に入って仲裁したのが、井伊直政《いいなおまさ》、本多忠勝《ほんだただかつ》の両名だったが、東軍の陣営には険悪なムードが漂った。

八月十九日、家康から派遣された使者の村越茂助《むらこしもすけ》が清須に到着した。正則が茂助に対して、家康の考えを質《ただ》したところ、「各自が手出しをしないので出馬しないのであって、手出しをすればすぐにでも出馬する」との家康の意向を示した（『板坂卜斎覚書《いたさかぼくさいおぼえがき》』）。「手出し」とは、「戦いを仕掛ける」の意になろう。つまり、家康は東軍の諸将が率先して西軍に戦いを仕掛けたならば、自身も出陣すると言っているのだ。

正則はこの言葉を受けて、ただちに出陣を決意した。こうして向かったのが、織田秀信が籠もる岐阜城（岐阜市）である。とはいいながらも、右の逸話は二次史料に書かれたものであり、多少割り引いて考えるべきかもしれない。

同じ頃、岐阜城主の織田秀信は西軍に属し、東軍を迎え撃とうとしていた。そもそも秀信は家康に従い、会津《あいづ》征討に出陣する予定であったが、準備が整わず、出発が遅れたといわれている。その後、石田三成から美濃《みの》、尾張の二カ国を与えると条件を提示され、西軍に与《くみ》したという。秀信は織田信長の嫡孫ながらも、豊臣政権下では処遇に恵まれなかった。三成の提示した条件は、心揺れるものがあったのかもしれない。

秀信が西軍に属することを決めると、清須城（愛知県清須市）に集結していた福島正則、池田輝政の諸将は、戦いの矛先を美濃に向けた。むろん秀信は対策に余念がなく、岐阜城を中心にして東軍の攻撃に備えた。秀信に味方したのは、犬山城（愛知県犬山市）主の石《いし》川貞清《かわさだきよ》と竹ヶ鼻城主の杉浦重勝《すぎうらしげかつ》（岐阜県羽島市）だった。

二つに分かれた部隊

八月二十一日、東軍は部隊を二つに分けて岐阜城へ向かった。池田輝政が率いる一万八〇〇〇の兵は、木曽川上流の河田（岐阜県各務原《かかみがはら》市）を進軍して岐阜城の大手へ向かった。この軍勢に加わったのは、浅野幸長《あさのよしなが》、山内一豊《やまうちかずとよ》、池田長吉《いけだながよし》、堀尾忠氏《ほりおただうじ》、有馬豊氏《ありまとようじ》、一柳直盛《ひとつやなぎなおもり》、戸川達安《とがわみちやす》、松下重綱《まつしたしげつな》という面々だった。

一方、福島正則が率いる一万六〇〇〇の軍勢は、木曽川下流の尾越《おこし》（＝起《おこし》。愛知県一宮市）から岐阜城へと進軍した。この軍勢に加わったのは、細川忠興《ほそかわただおき》、加藤嘉明《かとうよしあき》、黒田長政、藤堂高虎《とうどうたかとら》、京極高知《きょうごくたかとも》、田中吉政《たなかよしまさ》らの面々で、これに本多忠勝と井伊直政が加わった。

正則の軍勢は尾越から木曽川を渡ろうとしたが、竹ヶ鼻城主杉浦重勝を中心とする織田方の軍勢の反撃に遭い、このルートからの渡河を断念した。そして、八月二十一日の夜、正則の軍勢は加賀井（岐阜県羽島市）へ移動して船で木曽川を渡り、岐阜城の搦手《からめて》（城の裏手・裏門）に至ったのである。

岐阜城へ向かう際、正則と輝政との間で先陣争いがあったといわれている。上流を進軍する輝政は、川幅が狭く渡河が容易だった。一方、正則は川幅が広い下流を進むので、渡河が困難だった。おまけに岐阜城へ迂回する進路なので、到着が遅れる可能性が大きかったのだ。

二人は先陣をめぐって激しく口論に及んだが、最終的に井伊直政と本多忠勝が仲裁に入り、正則軍が到着するまで、輝政が先に攻撃を仕掛けてはならないということで決着したといわれている。

岐阜城の攻防戦

岐阜城の周囲では、緊張感が一気に高まった。戦乱での被害を免れるため、村落や寺社は、それぞれの大名に禁制の発給を依頼した。禁制とは、あらかじめ軍勢による濫妨狼藉《らんぼうろうぜき》（放火、竹木の無断伐採など）を防ぐため、禁止事項を列挙した文書のことである。金銭と引き換えに下付《かふ》された。

たとえば、織田秀信から禁制を獲得した場合、村落や寺社は禁制を秀信の軍勢に見せることにより、濫妨狼藉の行為から逃れたのである。

慶長五年八月、秀信は①濫妨狼藉、②陣取放火、③竹木伐採の禁止および諸役の免除を明記した禁制を円徳寺（岐阜市）に下付した（「円徳寺文書」）。禁制とは禁止行為を列挙するものなので、諸役の免除が加わっているのは珍しいといえる。禁制ではなく、単に諸役を免除した判物も残っている（「養教寺文書」）。また、陣取の禁止と諸役免除だけを明記した判物もある（「浄安寺文書」）。諸役の免除は在地や寺社からの要望でもあり、秀信はその意を汲み取ったと考えられる。

窮地に立たされた秀信は、西軍が駐屯していた犬山城（愛知県犬山市）と大垣城（岐阜県大垣市）に援軍の要請をした。秀信が率いた軍勢は約三〇〇〇といわれ、兵力差は歴然としていた。圧倒的に不利だったのである。

秀信の作戦は岐阜城を拠点とし、味方からの援軍の到着を待って、東軍を挟み撃ちにするものであったという。秀信の家臣の一部からは岐阜城に残存兵力を集結させ、籠城に徹すべきという献策もなされたが、却下された。改めて秀信は態勢を立て直すべく、岐阜城に自身に加えて弟の秀則が入り、岐阜城へ向かう稲葉山砦、権現山砦、瑞龍寺《ずいりゅうじ》山砦と登山口四カ所に兵を分散し、守備を固めたのである。

八月二十二日の早朝、池田輝政の軍勢は、河田《こうだ》（愛知県一宮市）を経て木曽川を渡ろうとした。百々綱家《どどつないえ》ら織田方の率いる軍勢は鉄砲隊で応戦したが、池田方の軍勢は木曽川を越えることに成功した。勢いに乗った池田方は、同日の昼頃には百々綱家らの軍勢と米野村（岐阜県笠松町）で交戦し勝利を得たのである。

秀信は自ら出陣し、池田軍と印食《いんじき》（岐阜県岐南町）で戦うが敗北を喫し、虚しく岐阜城へ引き上げた。

加賀野井城に到着した福島軍は、北上して竹ヶ鼻城を包囲した。織田方の杉浦重勝は援軍に駆けつけた毛利広盛らと福島軍に反撃するが、正則と旧知である広盛は降伏勧告に従ってしまった。重勝は残った城兵と抵抗を試みるが、ついに竹ヶ鼻城に火を放ち、自害して果てた。こうして池田輝政と福島正則は織田軍を次々と打ち破り、岐阜城の近くで合流すると荒田川の河川敷に布陣したのである。

岐阜城の落城

輝政と正則は協力していたものの、いまだ先陣争いのわだかまりは解けていなかったという。しかし、山内一豊が輝政に道を譲るよう説得し、何とか互いの確執が収まったといわれている。

八月二十三日早朝、東軍は西の河渡《ごうど》（岐阜市）に田中吉政、藤堂高虎、黒田長政らを、東の各務郡新加納村、長塚村、古市場村（以上、岐阜県各務原市）に山内一豊、有馬豊氏、戸川達安、堀尾忠氏らを布陣させた。むろん、大垣城（岐阜県大垣市）、犬山城（同犬山市）から西軍の援軍がやってくることを警戒していた。

その直後、東軍の浅野幸長が瑞龍寺山砦へ攻撃を開始すると、続いて井伊直政が稲葉山砦、権現山砦に攻め入った。美濃は輝政の故地であり、地理的なことは十分承知だった。一方の福島正則は、登山口から岐阜城へと迫った。こうして岐阜城は完全に包囲されてしまったが、落城寸前の岐阜城には、最後まで援軍はやって来なかった。岐阜の城兵は寡兵ながらも、東軍の攻撃をよく防いだが、しょせんは多勢に無勢である。

それどころか織田方だった犬山城主の石川貞清は、籠城の最中に東軍へ寝返ったのである。やがて、東軍が岐阜城内へなだれ込むと、一斉に火を放った。これにより、岐阜城の天守が炎上した。こうして織田秀信は、東軍の圧倒的な兵力の前に屈したのである。秀信の周りには、わずか三十余人の家臣しかいなかったという。

秀信はぎりぎりまで抵抗し、最期は自害しようとするが、池田輝政や家臣らの説得により思い止まった。結局、秀信は岐阜城下の浄泉坊（円徳寺）に入って剃髪《ていはつ》したのである。その後、秀信は高野山（和歌山県高野町）に上り、慶長十年（一六〇五）に高野山の麓の向副（和歌山県橋本市）で没した。

なお、岐阜城の攻防後、家康は輝政、正則をはじめ、諸将に激励する書状を送った（「福島文書」など）。東軍は岐阜城の攻防の勝利で、一気に弾みをつけたのである。

秀秋は西軍を裏切ったのか

次に取り上げるのは、小早川秀秋の動きである。

関ヶ原の戦いは井伊直政と松平忠吉《まつだいらただよし》が西軍の陣営（宇喜多《うきた》氏の陣営）に突撃してはじまり、東西両軍が入り乱れての乱戦となった。藤堂高虎らの軍勢は大谷吉継の部隊に攻め込み、古田織部《ふるたおりべ》ら率いる部隊は小西行長《こにしゆきなが》と交戦した。細川忠興らの軍勢は、石田三成の陣に攻撃を仕掛けた。直政と忠吉らの軍勢は、やがて島津《しまづ》氏の陣に攻め込んだという。

東西両軍は激突したが、最初から圧倒的に東軍が優勢だったわけではない。東西両軍は互いに引かず、戦いは膠着《こうちゃく》状態にあった。徳川家康は、この状態に苛立ちを隠せなかった。何より腹立たしかったのは、松尾山に陣を置いた小早川秀秋である。秀秋は家康の味方になると約束していたが、一向に西軍の陣営に攻め込まなかった。ここで、有名な通説を取り上げておこう。

家康は秀秋の攻撃を促すべく、何度も使者を送ったが、秀秋は命《めい》に応じることはなかった。家康は怒りを抑えきれず、秀秋が陣を置く松尾山に鉄砲を撃ちこむよう配下の者に命じた。それは西軍陣営に突撃せよとの合図である。事情を知らない秀秋は、家康の陣営から鉄砲を撃ちこまれて激しく動揺した。すると、意を決した秀秋の軍勢は松尾山を慌てて駆け下り、次々と大谷吉継の陣営に突撃した。ようやく家康の目論見通りになった。

一説によると、吉継は秀秋の裏切りを予想しており、三度にわたって秀秋勢を押し返したという。しかし、やがて大谷軍は総崩れとなり、吉継は切腹して果てた。吉継の死により西軍は形勢が不利となり、最終的に敗北した。秀秋は東軍の勝利に大いに貢献したといえよう。

家康が松尾山に鉄砲を撃たせたのは、「問鉄砲《といでっぽう》」と称されている。しかし、一次史料には明確な記述がなく、『黒田家譜』『関原軍記大成』『高山公実録《こうざんこうじつろく》』などの二次史料にしか書かれていない。「問鉄砲」の逸話は現代まで伝承され、今や関ヶ原合戦に関するテレビドラマ、小説などでは欠かすことができないシーンである。

近年になって、白峰旬氏が「問鉄砲はなかった」ことを検証し、学界で広く認められるようになった（白峰：二〇一二）。以下、秀秋が西軍から東軍に寝返った経緯を含めて、「問鉄砲」の真相について検討しよう。

秀秋の状況

実際の問題として、小早川秀秋が西軍から東軍に寝返ったことにより、関ヶ原合戦の勝敗を決定づけたのは確かなことである。実は後述する通り、当日に寝返ったというよりも、前日に家康と起請文《きしょうもん》を交わしていたというのが正しい。東西両軍のいずれに与するかは、当時、十九歳の秀秋にとって、非常に難しい判断だったに違いない。ここでは、直前の秀秋の状況について、もう少し詳しく考えてみよう。

秀秋が家康と誼《よしみ》を通じようとしていたことは、『寛政重修諸家譜《かんせいちょうしゅうしょかふ》』（稲葉正成系譜）に詳しく記されている。その経緯は、以下の通りである。

上杉景勝《うえすぎかげかつ》の反逆が発覚した際、秀秋の家臣稲葉正成が使者として家康のいる伏見《ふしみ》へ赴いた。家康の側近山岡道阿弥《やまおかどうあみ》（景友）は正成と面会し、上方《かみがた》で逆心《ぎゃくしん》の者があった場合、秀秋が家康に忠節を尽くすよう申し入れた。そこで、秀秋は兄木下延俊《きのしたのぶとし》の居城である姫路城（兵庫県姫路市）を借り受けたいと申し出て、家康の許しを得た。

ところが、延俊は秀秋との関係を絶ち、この命令を拒否したと伝える。秀秋が家康に接近したことは納得できるが、姫路城を借り受けるというのは、そもそもの意図がはっきりとしない。いったい、何が目的だったのか不明である。

六月に家康が下向《げこう》する際、秀秋の家臣平岡頼勝は家康に密事を報告するため、家中の大野作兵衛《さくべえ》に書簡を託した。作兵衛は三河《みかわ》国岡崎（愛知県岡崎市）で家康に拝謁し、家康の家臣村越茂助を通して書簡を差し出した。家康は正成の養子政貞《まささだ》が近々に家康に勤仕《きんし》するので、疑うべき点はないとしたうえで、作兵衛に忠勤を励むようにと黄金を与えた。

その後、秀秋は、家康から伏見城（京都市伏見区）の守備を託された鳥居元忠《とりいもとただ》に使者を送った。そして、秀秋は西の丸を守り、実父の木下家定を人質として本丸に入れると申し出た。しかし、元忠がこの提案を拒否したので、秀秋はやむなく七月十九日からの伏見城攻撃に加わった。事実上、西軍に身を投じたのである。

とはいえ、秀秋の気持ちは家康にあった。そこで、正成は秀秋に説いて、上方の情報を家康に報告したのである。伏見城落城後、三成は秀秋を伊勢安濃津《いせあのつ》（三重県津市）に向かわせたが、秀秋が西軍に属したのは本心ではなかったと『寛政重修諸家譜』は書いている。秀秋は、泣く泣く三成に従ったということになろう。

いったん西軍に与した秀秋

一連の話は、小早川秀秋が心の底から西軍に与していなかったことを強調している。東西両軍から秀秋に誘いがあったことは事実と考えてよいが、破格の条件や家譜という史料の性格も含め、慎重に検討する必要がある。その後、秀秋が不本意であったかどうかは別にしても、西軍方で行動したことは事実である。

稲葉正成、平岡頼勝宛ての井伊直政、本多忠勝の連署起請文（慶長五年九月十四日付）には、次の三点が記されている（『関原軍記大成』）。

①秀秋に対して、家康がいささかも疎《おろそ》かにする心を持っていないこと。

②稲葉正成、平岡頼勝が家康に忠節を尽くすのであれば、疎かにすることはないこと。
③忠節をしたならば、西国方面で二カ国の知行宛行状《ちぎょうあてがい》を秀秋に与えること。

一方で、まったく同じ日付で秀秋に送られた石田三成らの起請文には、次の四つの条件が書かれている。

①秀頼が十五歳になるまでは、関白職《かんぱく》を秀秋に譲渡すること。
②上方での賄《まかな》い料として、播磨《はりま》国一国を与える。筑前《ちくぜん》国は従前通りとすること。
③近江国で一〇万石ずつを秀頼から、稲葉正成、平岡頼勝の二人に与えること。
④当座の進物として、黄金三〇〇枚を稲葉正成、平岡頼勝の二人に与えること。

先に提示した『寛政重修諸家譜』の記述と少し内容が異なっているが、おおむね事実と考えられよう。

とくに注目されるのは、稲葉正成、平岡頼勝の二人の家臣の扱いである。示された条件が家臣への扱いとしては、破格のものだった。当主の秀秋だけではなく、小早川家中で東軍に与するという賛意を得るためには、二人の家臣の意見が重視されたに違いない。
それゆえ三成は、破格の条件を二人に対して提示したと推測される。秀秋は両軍から起請文を捧げられたが、最終的に家康の東軍に味方したのである。

黒田長政の説得

小早川秀秋が西軍から東軍に寝返ったのは、黒田長政による粘り強い交渉の成果であり、それは『黒田家譜』にも詳しく記されている。
元和《げんな》九年（一六二三）八月二日の黒田長政の遺言覚には、自身の過去を振り返って、次の通り書かれている（「黒田家文書」）。

関ヶ原合戦の日には粉骨を尽くし、石田三成の本陣を追い立てた。とはいえ、これは偶然のことではない。第一には私（長政）の智謀によって、毛利家（輝元）、小早川家（秀秋）を味方につけ、これによってそのほかの者が味方として従ったのだ。

毛利家と小早川家への調略が、長政の手柄であるのは事実である。ただ、長政自身の遺言であるので、内容や表現について多少は割り引いて考える必要がある。というのも、この遺言状は黒田家の永続を願い、孝高（如水）、長政父子の活躍を誇張している部分が少なからずあるからだ。

とはいいながらも、八月二十八日付の黒田長政、浅野《あさの》幸長《よしなが》の連署書状（秀秋宛《あて》）は、秀秋に東軍へ与するよう要請したもので、秀秋の説得について長政の尽力があったのは疑いない（「島根県立古代出雲歴史博物館所蔵文書」）。書状の形態は小切紙《こきりがみ》であり、密書であったと指摘されている。

この書状は、黒田長政と浅野幸長が小早川秀秋に対して、秀吉の妻、北政所の縁により、東軍に味方するよう要請したものである。そして、書状を送った二人（幸長、長政）は、北政所の子飼であったと指摘されている。長政は十歳のときに織田信長のもとに人質に送り込まれ、北政所により秀吉の居城、長浜城（滋賀県長浜市）で養育された。幸長の母は、北政所の妹であったという。秀秋は、北政所の兄木下家定の五男だった。つまり長政、幸長、秀秋は北政所と近しい関係にあった。

秀秋も北政所から恩を受けたという関係によって、長政と幸長が説得に動いたと推測される。しかし、現実にはまだこの時点において、秀秋は東軍に与するという決断をしていなかったと考えられる。したがって、秀秋は伏見城の攻撃を渋々ながら行ったとされ、本当は東軍に与したかったといわれているが、それは後世になって都合よく理由付けされた可能性もある。

松尾山に着陣した秀秋

同年九月十四日、小早川秀秋は運命の松尾山に着陣した。松尾山は、標高約二九二メートル。もともと松尾城なる城があり、そこからは東西両軍の配置が確認できたという。現在は関ケ原町指定史跡となっており、土塁《どるい》、主曲輪《しゅぐるわ》、曲輪などの跡が残っている。

白峰氏は、秀秋は石田三成からの攻撃を避けるため、緊急的な措置で松尾山城に入ったのであって、戦闘に積極的に参加する目的がなかったと指摘する（白峰：二〇一二）。そのような理由のため、秀秋は十分に戦況を把握することができず、動けなかったというのが真相だった。つまり秀秋は、最初から三成らから戦力として期待されていなかったということになろう。

同日夜、石田三成らは大垣《おおがき》城の外曲輪を焼き払ったが、秀秋には西軍に味方する意思はなく、家康の関ヶ原進発に伴う移動だったともいう。

一方で、秀秋は積極的に東軍に加担するわけでもなく、孤立した状況にあった。秀秋は松尾山城に入ったものの、中途半端な位置づけだったといわれている。同じ九月十四日、秀秋は家康と和睦《わぼく》を結んだ（『関原軍記大成』）。家康は、秀秋を味方に引き入れることに成功したのである。

仮に、先述した白峰氏の説が正しいとするならば、家康も秀秋がいまだ逡巡しているという情報を入手していた可能性は高いであろう。それゆえ、家康が秀秋に調略戦を仕掛けても決して不思議ではない。この説は編纂物である『関原軍記大成』に記載された文書によっているので、もう少し分析が必要かもしれないが、秀秋がその後東軍に与したので、内容は問題ないと認めてよいだろう。

秀秋は東軍に属する意思を表明したものの、土壇場まで西軍に属するか東軍に属するか迷っていたと考えられる。

秀秋の戦いの影響

白峰氏が指摘した通り、関ヶ原合戦の当日になると、小早川秀秋は合戦開始時から東軍に属して戦った（「堀文書」）。以下、その概要を示しておこう。

井伊直政と松平忠吉が先鋒として西軍に攻め込むと、そのほかの東軍の衆もそれに続いて突撃した。東軍の勢力が西軍の要害へ攻め込んで戦いがはじまると、小早川秀秋、脇坂《わきさか》安治《やすはる》、小川祐忠《おがわすけただ》・祐滋《すけしげ》父子が西軍を裏切って東軍に味方し、やがて西軍は敗北を喫したのである。

史料の一行目に「十五日巳之刻、関か原へ指懸被為及一戦」と書かれているので、おおむね開戦した時間は午前十時頃と考えてよいだろう。「此四人御味方被申、うらきり（裏切り）を被致候」という記述からすると、この四人は開戦直前まで西軍に味方していたというのが、東軍側の認識だったと推測される。

秀秋が東軍に属していたことを実際に知っていたのは、家康などごく一部の人間に限定されていたのではないか。

右の戦闘の経緯については、『十六・七世紀イエズス会日本報告集』の記述で確認できるので、すでに触れた白峰氏の指摘の通り、開戦と同時に秀秋は東軍に味方して、西軍を攻撃したことは明白である。こうして秀秋は大いに軍功を挙げるとともに、東軍を勝利に導いたのだ。

ただし、その後の処遇は明暗が分かれた。西軍を裏切った小早川秀秋、脇坂安治、小川祐忠・祐滋父子のうち、小川祐忠は所領を没収され、脇坂安治は本領安堵《あんど》に留まった。小早川秀秋はその貢献によって大幅に加増《かぞう》される。関連する史料は乏しいが、そうした処遇の差については今後も検討を要しよう。

秀秋が土壇場で裏切ったことにより、当初は善戦していた西軍があっという間に形勢不利になった。また、無念のうちに大谷吉継が非業の死を遂《と》げた通説は、非常にドラマティックですらある。

ところが、それは二次史料に基づいたテレビや小説などのフィクションにすぎない。秀秋が東西両軍のいずれに味方するか迷ったのは事実であるが、すでに戦いの結果は前日に決定していたのである。

長政と家臣の奮闘

次に取り上げるのは、黒田長政の戦いである。長政は関ヶ原合戦前の内応工作だけでなく、実際の戦いでも西軍を相手に軍功を挙げた。

関ヶ原合戦当日の九月十五日、長政は約四五〇〇の兵を率い、竹中重門《たけなかしげかど》とともに丸山《まるやま》狼煙場《のろしば》に着陣した。この場所は、西南に松尾山、東に南宮山《なんぐうさん》、東南に養老山《ようろうさん》が位置し、しかも関ヶ原一帯が見下ろせる絶好の地にあった。正面には西軍を率いる石田三成の陣営があったので、長政がいかに徳川家康から信頼を得ていたかわかる。

合戦開始と同時に、長政の部隊は三成の軍勢と戦い、勝利を収めた。なかでも家臣の菅《かん》六之助《ろくのすけ》は、島清興《しまきよおき》（左近《さこん》）を討ち取る軍功を挙げた。以下『黒田家譜』の記述をもとに、長政の家臣の戦いぶりを確認しておこう。

黒田家の一番槍は、黒田蔵人《くらんど》である。蔵人は時枝平太夫《ときえだへいだゆう》の次男で、妻は荒木村重の家臣加藤重徳《かとうしげのり》の娘だった。このとき蔵人は、わずか十六歳である。あまりの活躍ゆえに、戦後に福島正則が蔵人を召し抱えたいと長政に申し出た。長政は断りにくかったので、蔵人を正則に与えたという逸話がある。のちに正則が改易《かいえき》されると、蔵人は細川忠興に五〇〇〇石で召し抱えられた。

黒田三左衛門《さんざえもん》も活躍した一人である。三左衛門は名を一成《かずしげ》といい、加藤重徳の子であった。荒木氏の滅亡後、三左衛門は黒田家に召し抱えられ、戦後は三奈木黒田家の祖となった。三左衛門には、東軍として出陣した伊丹勝長《いたみかつなが》とのエピソードがある。

荒木村重の放逐後、勝長は浪人生活を送っていた。勝長は東軍に与するに際し、徳川家康から活躍を条件として、摂津《せっつ》で本領を与えられる約束を交わしたという。ところが、勝長は不運なことに、敵と遭遇して槍で戦ったものの、深手を負ってしまったのである。実は、勝長と三左衛門は、旧知の間柄だった。

三左衛門は勝長に怪我を負わせた敵を難なく討ち取ると、その首を勝長に渡し、さらに先へと進んだ。討ち取られたのは安宅木作右衛門《あたかきさくえもん》といい、あるいは生け捕ったとも伝わる。また、三左衛門は蒲生将監《がもうしょうげん》を討ち取るなど大活躍した。

その後、三左衛門は勝長が討ち死にしたことを知る。三左衛門が遺骸を回収しようと人を遣わすと、勝長は敵に乗りかかった状態で亡くなっていた。三左衛門は近くの僧侶を呼び、勝長の菩提《ぼだい》を弔ったという。

島清興（左近）の戦死

菅六之助兄弟も大いに活躍した。六之助の先祖は美作《みまさか》の出身で、のちに黒田家に仕えた。六之助自身は「黒田二十四騎」に名を連ねるなど、猛将として知られていた。六之助は弟の弥市右衛門《やいちえもん》、弥十郎《やじゅうろう》とともに出陣し、獅子奮迅の活躍をした。三成配下の島清興を討ったのは、最も大きな軍功だった。しかし、戦いのなかで、十六歳の弥十郎は討ち死にしてしまう。そのあたりを詳しく触れておこう。

九月十五日の関ヶ原の本戦で、島清興は黒田長政の軍勢と戦った。三成の部隊は、長政の部隊の対面に位置していた。清興は部隊を二手に分け、片方の部隊を率いて長政の部隊へと進軍し、片方の部隊は三成の部隊を守らせた。長政の部隊の菅六之助は清興の出陣を確認すると、鉄砲隊を率いて丘に登り、清興の部隊をめがけて発砲を命じた。

清興の部隊は思いがけない銃撃で不意を突かれ、たちまち総崩れとなった。そこに東軍の生駒一正《いこまかずまさ》、戸川達安の鉄砲隊が加わったので、戦況はさらに悪化した。清興自身も銃弾を体に受け、瀕死の重傷を負いながらも、ようやく自陣に撤退するようなありさまだったという。

その直後、東軍の黒田長政、細川忠興、田中吉政の諸勢が三成の部隊に攻撃を仕掛けてきた。三成は陣頭指揮を執り、一時は東軍を押し返すような奮闘ぶりを見せたが、やがて少しずつ後退していった。清興も大いに奮戦したが、その最期については諸説ある。

『関原軍記大成』『落穂集』には、奮戦の末に鉄砲にあたり怪我をし、壮絶な戦死を遂げたという。その鬼人のような清興の戦いぶりに対して、徳川方は「誠に身の毛も立ちて、汗の出るなり」と恐怖したと伝わる(『常山紀談《じょうざんきだん》』)。

『関原軍記大成』には、清興の消息が不明であると書いてある。また、『古今武家盛衰《ここんぶけせいすい》記《き》』などは、戦場を離脱した清興が京都で潜伏生活を送り、寛永《かんえい》九年（一六三二）に亡くなったとする。いずれの説が正しいかは、判然としない。清興の最期は諸説あるが、戦場で亡くなったのはたしかだろう。

長政の軍勢は、三成の軍勢と一進一退の攻防を繰り広げたが、やがて圧倒的な勝利を得た。敗北した三成はいずこともなく逃亡した。これにより西軍は総崩れとなり、東軍は大勝利を収めたのである。

翌九月十六日、勢いに乗った東軍は、三成の居城、佐和山城（滋賀県彦根市）を攻撃する。先鋒は福島正則が務め、長政が次鋒を担当した。佐和山城には三成の家臣ら残党が籠もっていたが、しょせんは多勢に無勢である。長政ら東軍は、たちまち佐和山城を落城に追い込んだ。落城後、長政は家康の命《めい》により、小早川秀秋に佐和山城の番を担当するよう伝えた。その際、長政は秀秋に家臣の後藤又兵衛《ごとうまたべえ》を添えて、城を守らせたという。

抜け駆けを許した正則

次に、福島正則の戦いぶりを見ておこう。福島正則と井伊直政、松平忠吉の先陣争いは有名である。結局、正則は直政、忠吉の抜け駆けを許した。九月十五日の早朝、関ヶ原合戦が開戦した。その口火を切ったのが、井伊直政の抜け駆けだったという。

『関ヶ原御合戦当日記』には、次の通り書かれている。

直政は松平忠吉を伴い駆け出すと、先陣の福島正則の家来可児才蔵《かにさいぞう》は直政を押さえて、「先陣は福島家である。ここは通せない」と押し留めた。直政はこれを聞いて「もっともだ」と述べると、「先陣を仕るのではない。忠吉公のお供をして、偵察を仰せ付けられた。敵は間近で小勢ではない。通してほしい」というと、才蔵は承知して陣を開いた。すると、直政はすぐに飛び出し、島津の陣に突撃した。島津の足軽が鉄砲を撃ってきたが、構わずに攻め込んだ。

直政が突撃したのは宇喜多氏の陣営であり、実際は島津氏の陣営ではなかったと指摘されている。福島勢から島津氏の陣営は、あまりに遠すぎる。直政の抜け駆けを確認した福島勢は、すぐさま兵卒に出陣を命じたという。結果として、直政の抜け駆けが開戦につながり、東軍は勝利した。

当時、手柄に応じて恩賞が与えられたので、誰もがいち早く敵陣に攻め込んで軍功を挙げようとした。家康は軍法を発しているが、そのなかの最重要事項の一つに抜け駆けの禁止がある。抜け駆けを認めてしまうと、たちまち秩序が乱れてしまう。抜け駆けが原因で敗北することもあったので、禁止したのである。

『寛政重修諸家譜』によると、直政は家康に「今日の合戦で抜け駆けをしたことについて、ほかの諸将は腹を立てているでしょうか」と尋ねると、家康は上機嫌で「直政の行動（抜け駆け）は今に始まったことではない」と述べたといわれている。直政には多少の後ろめたさがあったが、家康は抜け駆けを認めたということになろう。ところで、直政の抜け駆けは事実だったのだろうか。あるいは何か事情があって、行ったのだろうか。

松平忠吉の存在

抜け駆けのカギを握るのは、直政とともに出陣した松平忠吉である。天正八年（一五八〇）、忠吉は徳川家康の四男として誕生したが、のちに東条松平家忠の養子になった。ちなみに、井伊直政と忠吉は、舅―婿という関係にあった。この事情を考慮すれば、直政が忠吉を伴った理由がわかるだろう。忠吉は武蔵忍《おし》（埼玉県行田市）に一〇万石を与えられ、関ヶ原合戦で敵の首を獲るなど、初陣を飾って大いに軍功を挙げた。戦後、忠吉は尾張清須に五二万石を与えられ、慶長十二年に二十八歳で亡くなったが、後継者がなく家は絶えた。

家康の子という忠吉の血統を考えると、関ヶ原で初陣を飾ろうとした事情は理解できる。とはいえ、忠吉が関ヶ原合戦に参陣した、詳しい経緯は判明していない。その理由は忠吉の家が断絶し、関係する史料が散逸してしまった影響もあるだろう。それゆえ、忠吉と関ヶ原合戦の件は、江戸時代からいろいろと穿鑿《せんさく》されていた。

江戸時代の政治家で儒者でもあった新井白石《はくせき》は、その間の事情を『藩翰譜《はんかんふ》』のなかで分析した。白石は同書のなかで、忠吉の関ヶ原合戦前の行動が不明なことを遺憾とし、忠吉の関ヶ原合戦における役割は家康の代官として大将を命じられたとし、井伊直政、本多忠勝を軍奉行として味方の大名を引き連れて攻め上がったと指摘する。笠谷和比古氏は白石の説を「忠吉＝家康名代説」と名付け、白石の説に賛同を示しつつも、やがて疑念を持つに至った（笠谷：二〇〇八）。

忠吉の行軍の経過は、『藩翰譜』に書かれている。忠吉は尾張清須城に至ると、福島正則、池田輝政を先鋒とした。そして、諸大名に軍奉行として直政と忠勝をつけ、岐阜城に向かわせたという。その後、すでに味方が勝利したので、忠吉も岐阜に向かった。忠吉は織田秀信が降参したので、味方の部将に岐阜城を守備させた。

白石が根拠としたのは『黒田氏関原記』であるが、忠吉が味方に岐阜城を守らせたという事実は、一次史料で確認することができない。笠谷氏は岐阜城攻めに関する一次史料が少なからずあるなかで、忠吉の名前が確認できないことに不審を感じた。それゆえ、新井白石の「忠吉＝家康名代説」は疑わしいと指摘している。

考えられる理由

笠谷氏は一次史料が皆無であるとしながらも、二次史料を用いて松平忠吉の関ヶ原合戦に至る経過を検討している（笠谷：二〇〇八）。江戸末期に成立した『翁物語』によると、慶長五年八月五日に家康が小山から古河《こが》（茨城県古河市）を経由して江戸に帰還する際、常陸下妻《しもづま》（同下妻市）の大名の多賀谷重経《たがやしげつね》に襲われそうになった。そのとき徳川秀忠と結城秀康《ゆうきひでやす》は宇都宮方面にいたが、忠吉も一緒にいたという。

宮川尚古の『関原軍記大成』によると、同年九月一日、家康は豊臣系武将に背後から襲われることを懸念し、出陣を躊躇《ちゅうちょ》していた。すると、福島正則と黒田長政から書状が届き、出陣を要請された。家康は大いに喜んで出陣を決意し、二人からの書状を忠吉らに見せたという。同年九月十三日、忠吉は尾張清須（愛知県清須市）に到着したが、いまだ岐阜にまでは至っていなかった（『大三川志』）。その翌日、家康は赤坂（岐阜県大垣市）の岡山陣所に到着した際、忠吉も一緒だったと記している。

右の経過から類推すると、忠吉は秀忠らとともに会津征討に向かい、宇都宮に陣を置いたことになる。忠吉は宇都宮城の防備をしたが、秀忠とともに中山道から行軍せずに、家康に従って東海道を進軍した。慶長五年九月一日、忠吉は家康とともに西上し、九月十四日に美濃赤坂に到着した。笠谷氏は、途中で忠吉が尾張清須、岐阜を経由していないと推測している。

ここで改めて問題となるのは、あとからやって来た忠吉が関ヶ原合戦で先鋒を務めた理由である。福島正則と池田輝政は、岐阜城の攻防戦で激しい先鋒争いを演じた。その理由は、先鋒を務めて手柄を挙げることは、武将の名誉あるいは誇りとされていたからだ。もちろん恩賞も得られる。つまり、笠谷氏は初陣の忠吉が先鋒を務めるためには、周囲を納得させるだけの理由が必要だったと考える。

なぜ忠吉が先鋒を務めたのか

笠谷氏は、松平忠吉が先鋒を務めた大きな理由として、井伊直政と忠吉が舅―婿という関係にあったことを挙げている。忠吉が家康の四男だったことも影響しているだろう。直政が軍《いくさ》奉行を務めていたこともあり、忠吉が先鋒を務めることに対して、ほかの武将は異議を申し立てづらかったに違いない。

中山道を行軍した秀忠は、信州上田城（長野県上田市）を討滅した後は、家康の軍勢と合流する予定だった。本来、秀忠が率いる部隊が関ヶ原合戦で先鋒を務めるはずだったが、到着が遅延したので実現しなかった。そこで、代わりに忠吉が先鋒を務めたのである。秀忠の先鋒への起用が前提だったならば、忠吉が代わりに務めても、諸将は納得したと推測される。

直政の抜け駆けの経緯は先述したが、井伊家側の記録『井伊家慶長記』には、次の通り書かれている。

> 井伊軍がしきりに前に出ようとした。正則はこの様子を見て、「今日の先陣は私が承ったので、直政の軍勢が前に出るのは狼藉である」とこれを制止しようとした。（中略）すると、直政は角（隅）取紙（方形の紙の四隅を切り取ったり折り込んだりしたも

の）を竹の先に多く付け、魔のごとくそれを持て振りかざすと、忠吉とともに一番に敵陣に攻め込んだ。兵卒らもそれに続いて攻め込み、正則の部隊もあとから攻め込んだ。

直政と忠吉の抜け駆けは、半ばどさくさにまぎれて実行されたような感があり、確信犯的にも思える。しかし、『家忠日記増補追加』には、「直政が忠吉を伴って、正則の脇備《わきぞなえ》を駆け抜けて、先陣に進もうとした。福島家の部将の可児才蔵らの先鋒の兵卒は立ちふさがって、福島家が今日の先鋒を承っているので、何人たりといえども陣を押し割り、この備よりの抜け駆けは叶わないと言って、これを許さなかった。直政はもっともなことなのでこれに応じたが、前に出たのは斥候《せっこう》のためと断って、忠吉とともに敵陣に攻め込んだ」と、少々違った意味合いで書かれている。

ほかの編纂《へんさん》物でも似たような記述が確認できるが、直政は斥候つまり偵察だと強弁して、忠吉とともに抜け駆けをしたというのである。しかし、たった二人で敵陣に突撃するという行為は危険を伴うので、不可解さを感じる。その理由については、どのように理解すればいいのだろうか。

抜け駆けをした事情

笠谷氏は井伊直政と松平忠吉がたった二人で（あるいは数名の従者を伴って）敵陣に攻め込むことは、十分にありうることだと指摘する。

合戦の当日は、深い霧が朝から立ち込めて、視界不良という天候だった。敵陣に鉄砲部隊があることは自明だが、戦闘を開始する機会が天候不順でうかがえず、全軍の戦闘のムードが弛緩《しかん》していた。そのような背景のもと、霧に紛れて直政と忠吉は敵陣に近づき、馬上で吶喊《とっかん》（大勢の者が一時に大声をあげて叫ぶこと）突撃を敢行した。二人が敵兵を槍で倒して、無事に生還することは困難ではなかったという。最初から、二人とも死傷は覚悟のうえだったと指摘する。

笠谷氏の指摘を要約すると、次のようになる。直政と忠吉は偵察のため前線に出たところ、たまたま敵と遭遇した。そこで、二人は自ら槍を取って敵と戦った形を作り、抜け駆けをしたという非難を回避しようとした。同時に、家康の血筋を引く忠吉が、関ヶ原で一番槍を入れたことを残そうとしたとする。足軽隊による銃撃戦よりも、忠吉が馬で敵陣に攻め込み一番槍を入れたことは後世まで語り継がれる名誉になった。

笠谷氏は一次史料を欠くなかで、二人の抜け駆けは偵察をしているときの突発的な戦闘突入と考えた。ところが、まったく疑問がないわけではない。第一に、偵察には比較的軽輩の者が行くと思われるが、大将格の人物が命を賭してまで行く必要があったのかということである。第二に、いかに手柄を立てるためとはいえ、無謀ともいえる危険な賭けに出る必要があったのかということである。

さらに、霧が深かったことは、『板坂卜斎覚書』に書かれている（時間の記載なし）。後世に成った『庵主物語』には巳の刻（午前八時頃）に、『関ヶ原御合戦当日記』にも巳の下刻に霧が晴れたと記している。いずれも二次史料の記述であるが、おおむね開戦時の午前八時には霧が晴れていたと書かれている。これでは、霧が深いためあえて二人が偵察に行き、偶発的に敵と合戦になったとは考えにくいのではないだろうか。

抜け駆けはあったのか

抜け駆けの件を考える前提として重要なことは、慶長五年八月四日に家康が諸大名に発した書状の内容である（「相州文書」など）。そこには「今度、先勢として井伊直政を遣わせたので、作戦についてはよく直政と相談し、どのようなことも直政の指図次第になるので、それが本来の望みである」と述べている。つまり、関ヶ原合戦において、実質的に家康の名代を務めたのは直政だったので、その指示に従うことが明言されていた。

次に重要なことは、先述の通り家康は抜け駆けを軍法で禁止していた。直政自身も同年七月十五日に軍法を定め、その二条目で抜け駆けを禁止している（「中村不能斎採集文書」）。これは井伊家だけに限らず、軍法には一般的に抜け駆けの禁止がほぼ規定されていた。むろん、突発的な抜け駆けがあったのかもしれないが、大将たる直政自身が抜け駆けの禁をあえて破るとは考えにくい。

ここで、私の考えを示しておくことにしたい。

直政は、先述の通り家康から戦闘全般を任されていたので、事前に先鋒を譲ってほしい旨の断りを福島正則に入れたと推測する。そして直政が戦闘の開始を指示し、一斉に全軍が突撃したと考えられないか。指示命令系統がしっかりしていないと、全軍の統率は図り難い。前線に忠吉がいたのかどうかは不明であるが、いた可能性は高いのではないか。戦後の恩賞がその事実を示している。

後世の編纂物は直政や忠吉の武勇を強調するため、抜け駆けの禁をあえて冒してまでも敵陣に突撃し、大活躍した姿を描いたのではないだろうか。それは家康の四男、忠吉の初陣を華々しく描く目的もあった。戦闘の指揮は家康が直政に任せたので、直政は正則に先鋒を譲るよう要請した可能性が高い。

直政の抜け駆けは、結論としてなかったと考えざるをえない。家康が直政に戦闘の指揮を任せたことから、当日は正則が直政の指示に従い、直政・忠吉に先鋒を交代したというのが自然な考え方である。ただ、正則が直政・忠吉に抜け駆けを許したとはいえ、その軍功が認められなかったわけではなく、大幅に加増されたのは後述の通りである。

関ヶ原合戦後の三人

戦後、小早川秀秋は宇喜多秀家に代わり、備前《びぜん》・美作に五七万石を与えられ、岡山城(岡山市北区)に入った。破格の扱いである。秀詮《ひであき》と名を変えた秀秋は、寺領の寄進や安堵、家臣への新知《しんち》の割り当てなどを行った。しかし、その後の秀秋の運命は暗転した。翌慶長六年、家臣団の軋轢《あつれき》もあって、重臣の稲葉正成が小早川家を出奔《しゅっぽん》する。

慶長七年(一六〇二)十月、秀秋は鷹狩の最中に体調を崩して急死したが、後継者となる子はいなかった。これにより、小早川家は無嗣《むし》断絶によって、改易処分を受けたのである。その死因については、秀秋の裏切りによって敗死した大谷吉継の祟《たた》りであったといわれているが、それは俗説にすぎない。実は、酒の飲みすぎが原因であるとされている。

黒田長政は関ヶ原合戦前の内応工作だけでなく、実際の戦いでも西軍を相手に軍功を挙げた。父官兵衛も東軍に属して、九州の西軍勢力と戦い勝利を得た。合戦後の論功行賞において、長政は筑前名島《なじま》に約五二万石を与えられた。この待遇は、福島正則らと並ぶ破格のものであり、親子二人でつかんだ恩賞といえよう。

『常山紀談』には、孝高が「家康を倒すことはたやすいことだ」と豪語した逸話を載せる。また、出典不明ながらも、家康と握手したと喜ぶ長政に対して「左手はどうしていたのか(家康を刺せとの意)」と孝高が問うたという逸話がある。いずれも、孝高が天下に志があったことを示すエピソードであるが、史実とは認めがたい。

当時の黒田家は、豊前中津に約一三万石しか持たない大名にすぎなかった。もとより家康に対抗する力はなく、たんなる逸話にすぎない。むしろ長政の遺言にある通り、「幕府に逆らうな」というのが本音だったであろう(「黒田家文書」)。遺言の内容は、たんに孝高の存在意義を誇張したものである。なお、長政が亡くなったのは、元和九年(一六二三)のことである。

福島正則は先鋒として岐阜城を攻略して弾みをつけ、関ヶ原本戦でも大いに軍功を挙げた。その功は徳川家康に認められ、安芸広島に四九万八〇〇〇石を加増・転封となった。しかし、豊臣恩顧のイメージはなかなか抜けなかったようで、慶長十九年から翌年にかけての大坂の陣では幕府から警戒され、江戸留守居役を命じられた。

元和五年（一六一九）、正則の居城の広島城は台風の被害によって、修繕の必要が生じた。そこで、正則は本丸などを修理したが、これが無断で行われたため、「武家諸法度」に抵触するとして改易となった。正則は信濃などに四万五〇〇〇石を与えられ、家督を嫡男の忠勝に譲り、自身は出家して高斎《こうさい》と号した。なお翌年、忠勝は亡くなった。

寛永元年（一六二四）、正則は高井野（長野県高山村）で亡くなった。これにより福島家は取り潰しとなったが、のちに忠勝の孫が家を再興した。

冒頭で示した通り、東軍が最終的に勝利をつかんだのは、小早川秀秋、黒田長政、福島正則の力なくして語れない。しかし、その後の命運は大きく違ったのである。

〔主要参考文献〕

笠谷和比古『関ヶ原合戦――家康の戦略と幕藩体制』（講談社学術文庫、二〇〇八年）
黒田基樹『小早川秀秋』（戎光祥出版、二〇一七年）

白峰旬『新解釈　関ヶ原合戦の真実——脚色された天下分け目の戦い』（宮帯出版社、二〇一四年）
同『新「関ヶ原合戦論——定説を覆す史上最大の戦いの真実』（新人物往来社、二〇一一年）
福尾猛市郎・藤本篤『福島正則——最後の戦国武将』（中公新書、一九九九年）
光成準治『小早川隆景・秀秋——消え候わんとて、光増すと申す』（ミネルヴァ書房、二〇一九年）
渡邊大門『黒田官兵衛——作られた軍師像』（講談社現代新書、二〇一三年）
同『黒田官兵衛・長政の野望——もう一つの関ヶ原』（角川選書、二〇一三年）
同「関ヶ原合戦における小早川秀秋の動向」（『政治経済史学』五九九・六〇〇合併号、二〇一六年）

終　章――関ヶ原本戦について記した近衛前久書状

白峰　旬

近衛前久書状の存在

関ヶ原の戦い（本戦）の状況について記された一次史料は数が少ないが、近衛前久《このえさきひさ》書状は、本戦の状況などについて具体的に記された稀有《けう》の一次史料である。近年、この書状の内容が注目されているので、終章ではその内容について詳しく検討する。

近衛前久（一五三六～一六一二）といえば、長尾景虎《ながおかげとら》（上杉謙信《うえすぎけんしん》）、織田信長《おだのぶなが》、徳川家康《とくがわいえやす》との交流が著名であり、その関係により越後《えちご》、関東、九州に下向《げこう》するなど、戦国時代における武闘派の公家《くげ》として有名である。

その近衛前久が、関ヶ原本戦（九月十五日）五日後の九月二十日付で子の信尹《のぶただ》に送った書状には、関ヶ原本戦やそれに関係するいろいろと重要な記載がされている。

筆者は以前、拙稿（白峰：二〇一五。以下、「前稿」と省略）において、この「（慶長五年）九月二十日付近衛信尹宛《あて》近衛前久書状」（以下、「前久書状」と省略）の記載内容について『史徴墨宝考証《しちょうぼくほうこうしょう》』に収載された前久書状をもとに検討した。

その後、近世史研究で著名な藤井譲治《ふじいじょうじ》氏が陽明文庫《ようめいぶんこ》に所蔵されている前久書状の原本を調査して、その原本写真、活字翻刻《ほんこく》とともに、記載内容の詳しい考察を論文「前久が手にした関ヶ原情報」（藤井：二〇一七。以下、「藤井論文」と省略）として発表された。

藤井論文では、原本を調査しなければわからない点の分析も多く見られ、その意義は非常に大きく、前稿に対しても貴重な御批判をいただいた。

よって、以下では前稿に加筆訂正する箇所も含めて、まず前久書状の内容を検討し、さらに藤井論文でも取り上げられた戦場名の問題について検討する。

近衛前久書状の内容検討

まず、筆者（白峰）が行った前久書状の現代語訳を以下に示す。（　）内は、筆者による補足である。①以下の丸数字は、一つ書きの各箇条が何条目にあたるのかを示すために便宜上付けた。また、ポイントと思われる点を太字で示し、それぞれに（a）～（o）

を付した。藤井論文では、前久書状に出てくる「大助」は近衛信尹の家人《けにん》、「主水《もんど》」は近衛前久の家人の倉光主水と推測している。

近衛前久筆　公爵近衛篤麿《あつまろ》蔵

昨朝（昨日［九月十九日］の朝）、（近衛前久が子の近衛信尹を）見舞ったが、早天《そうてん》（早朝）に（信尹が）大津へ行ったとのことなので、大助に申し置き帰山した。主水をも遣わしたが、**いまだ家康は大軍なので路次がつかえ、江州《ごうしゅう》（近江《おうみ》）守山《もりやま》あたりに居陣している、**(a)とのことであり、（このため）昨日、主水も中途より帰った。（そちらの）「御仕合《しあわせ》」（状況という意味か？）はいかがであるのか。

①

一、**一昨夕（九月十八日の夕）、その「陣床《ママ》」（陣所《じんしょ》か？）より拙者《せっしゃ》（近衛前久）（のところ）へ来た者がすぐに語った内容を**(b)（信尹の）御心得《こころえ》のために（以下に）述べる。家康は当月（九月）朔日《さくじつ》に国許《くにもと》（江戸）を出馬《しゅつば》して、(c)（九月）**十四日に大垣《おおがき》方面へ押し寄せた**(d)**のを大垣（城）の軍勢の石田三成《いしだみつなり》、島津義弘《しまづよしひろ》、小西行長《こにしゆきなが》などが見て山へあがった。**(e)家康は（家康方の諸将の兵力と合わせて）五万ほどにて、手人数をそれぞれ別（々）に備《そなえ》（を立て）られて居陣した。

②

一、(f)先手の軍勢は、福島正則《ふくしままさのり》が一番、細川《ほそかわ》（長岡《ながおか》）忠興《ただおき》が二番、金森長近《かなもりながちか》が三番、田中《たなか》吉政《よしまさ》そのほか上方《かみがた》の軍勢四万ばかりがそれぞれに備（を立てて）青野《あおの》ヵ原《はら》にて合戦があった。(g)（この合戦では家康方軍勢が）即時に切り立てて（切りかかり）、大利《たいり》（大勝利）を得た。(h)（この合戦では）同じ組になっていた者（大谷吉継《おおたによしつぐ》）に対して小早川秀秋《こばやかわひであき》は手を返した（裏切った）ので、その太刀場《たちば》（戦場）において大谷吉継は討死《うちじに》をして、（小早川秀秋は大谷吉継の軍勢を）そのまま切り崩した。(i)（この合戦で）上方より出陣の軍勢は五万ばかりであり、（そのうち）四〇〇〇～五〇〇〇も討死した、と（近衛前久のところへ来た者が）言った。

③

一、（家康方の軍勢は）（九月）十九日に澤山《さわやま》（佐和山）へ攻め寄せて、すぐに落城した。石田三成の子、石田正澄《まさずみ》などを討ち果たしたとのことである。

④

一、石田三成、島津義弘は山伝《やまづた》いに引《ひ》き退《の》いたとみえ、行方《ゆくえ》がわからない。越州《えっしゅう》（越前《えちぜん》または越中《えっちゅう》または越後）へ退いたのであろうか、と（前久のところへ来た者が）言った。（この二人を）生け捕りしたとの噂は嘘である、と（前久のところへ来た者が）言った。

⑤

一、(j)**吉川広家《きっかわひろいえ》は、毛利輝元《もうりてるもと》が取っている知行分《ちぎょう》をことごとくたまわり置くのであれば家康へ味方に参るべし、との噯《あつか》い（［事前の］交渉）であったが、それではあまりの 恣《ほしいまま》 ということで、半分の契約（協定）にて（家康に）一味《いちみ》（味方）したとのことである。**安国寺《あんこくじ》恵瓊《えけい》は乗り物にて退いたのを吉川広家の者共が追いかけたが、行方がわからず見失った。（安国寺恵瓊の）生け捕りの噂は聞いていない。ただしその行く末はわからない、と（前久のところへ来た者が）言った。

⑥

一、(k)**宇喜多秀家《うきたひでいえ》は討死したとの風聞《ふうぶん》である。（このことは）異儀《いぎ》（異存）がない、**とのことを（前久のところへ来た者が）言った。これにより（宇喜多秀家が討死したことにより）、（宇喜多秀家の戦力は）**「(l)味方（加勢）」**（するほどの戦力）にはならなかった、と（前久のところへ来た者が）言った。

⑦

一、上杉景勝《うえすぎかげかつ》（と家康）との和睦《わぼく》は（まだ）ない。その（上杉景勝への）対応として（家康は）結城《ゆうき》秀康《ひでやす》、伊達《だて》政宗《まさむね》などを残された、と（前久のところへ来た者が）言った。伊達政宗は一筋《ひとすじ》に（一途《いちず》に）家康へ一味（味方）しているとのことである。白石《しろいし》とかいう城は景勝（方）が守備していたが、**「(m)此方」（こちら）へ取られて、**政宗が入城したということである。この城は前々は政宗の城であったとのことである。

⑧

一、**(n)佐竹義宣《さたけよしのぶ》は上杉景勝、石田三成などへ一味（味方）したとのことで、（家康とは）隔心《かくしん》と聞こえている、**と（前久のところへ来た者が）言った。

⑨

一、信州の真田《さなだ》昌幸《まさゆき》は（家康の）敵になり、徳川秀忠《とくがわひでただ》、榊原康政《さかきばらやすまさ》などが「彼口《かのくち》」（真田昌幸の居城である上田城）へ差し向けられた、と（前久のところへ来た者が）言った。これも（上田城を攻め落とすのには）手間がいるはずがないので、（徳川秀忠は上田城攻撃を）一途に（断固として）申し付けて上洛するとのことである、と（前久のところへ来た者が）言った。

⑩

一、長束正家《なつかまさいえ》は水口《みなくち》の城（長束正家の居城）にいる。そこへも（家康は）軍勢を寄越して討ち果たす予定とのことである、と（前久のところへ来た者が）言った。

⑪

一、（家康と敵対した豊臣公儀の大坂）三奉行は（家康によって）成敗されるはずとのことである、と（前久のところへ来た者が）言った。

⑫

一、昨日（九月十九日）より（の）風聞（として）は、長束正家は家康（のところ）へ駆け入った、と（前久のところへ来た者が）言った。（その長束正家に対して）家康は三奉行なみに（同様に）分別させるつもりであると返事をしたとのことである。（このように家康が分別させることは）良くとも悪《あし》くとも（という両方の意味である）とのことである、と（前久のところへ来た者が）言った。このことは昨日（九月十九日）より聞いたが、事実は（よく）わからない。

右の内容は水が入らない（間違いがない、という意味か?）、確かなことである。あの虎口《ここう》（虎口は非常に危険な場所という意味なので、関ヶ原の戦場という意味か?）より、すぐに当所（京都か？）へ来た者（からの報告）である。（この報告を）すぐに聞いたので（信尹の）御心得のために（このように）述べた。以上。

九月二十日　　　　　　東入

猶々《なおなお》、このように述べたところに津小平（津田秀政《つだひでまさ》）方より書状をくれて、**家康は**（○）**今日（九月二十日）大津へ来た**とのことを言ってきたので、主水をまた遣わした。今日また（信尹は家康がいる大津へ）行くのであろうか、きっと（こうしたことは信尹も）聞いているであろうが、（以上のように）申し上げる。大変急いで申し上げる。（この）書中を御覧になったならば、火中々々（に入れて焼却するように）。

この前久書状の差出書《さしだしがき》として日付（月日）の下に記されている「東入」とは「東山入道」の略であり、近衛前久を指す。

(a)は、関ヶ原の戦いの勝利後、家康が上方へ軍勢を進めて九月十九日の時点で近江の守山あたりに在陣していると記されている。この点については、通説では九月十九日に家康は草津にいた、としていて違いがある（相田：二〇一六）。

（a）では「家康は大軍」としているので、徳川本隊（家康自身が江戸から率いてきた直率《じきそつ》部隊）は、路次がつかえるほどの大軍であったことがわかる。このことは、関ヶ原の戦い（本戦）に参戦した徳川本隊の兵力数を推定するうえで重要な意味を持っている。

（b）は、近衛前久のところへ関ヶ原の戦いなどに関する情報を持ってきた人物についての記載である。その人物について具体的な名前は出さずに（名前を出すと支障があった可能性も考えられる）、一昨日の夕方（九月十八日の夕方）にその陣床《ママ》（陣所という意味か？）より前久のところへ来た者が語った内容としている。関ヶ原の戦い（本戦）は九月十五日に行われたので、その三日後に前久はこの情報を入手したことになる。このことからは、当時、京都にいた公家（近衛前久）が独自の情報源を持っていて、ほぼリアルタイムに近い情報を素早く入手していたことがわかり興味深い。

（c）は、九月十四日に家康が大垣方面に押し寄せたとしているが、『史徵墨宝考証』の解説では、家康は「十三日岐阜ニ至リ、十四日大垣ヲ打過テ赤坂ニ次ス（十四日大垣表へ被押寄）トアルハ誤聞ナリ」（傍点引用者。以下同じ）としている。この点は通説でも、家康は九月十三日に岐阜着、翌十四日に美濃《みの》赤坂着とあり同様である（相田：二〇一六。『史料《しりょう》綜覧《そうらん》』)。
(d)は、大垣城に在城していた石田三成、島津義弘、小西行長などの諸将が大垣城から移動して山へあがったとしている。「山へあがった」というのは、大垣城から移動して山《やま》中《なか》(岐阜県不破郡関ケ原町山中)という場所に布陣したことを意味しており、山中は地形的には山地であるので、「山へあがった」という記載は表現としては正確である。戦場名としての「山中」についての検討は後述する。
(e)は、家康方の軍勢(家康自身が江戸から率いてきた徳川本隊の兵力数も含めて)の合計を五万ほどであるとしている。「手人数をそれぞれ別(々)に備(を立て)られて居陣した」というのは、家康方の諸将がそれぞれ別々に備を編成して布陣したという意味であろう。
(e)における「五万ほど」について、藤井論文では「手人数」とあることから「家康単独の軍勢数と考えたい」と指摘して、前稿において家康の軍勢五万を福島正則ら家康方についた者を含めた数とした点に対して御批判をいただいた。
確かに、藤井論文のような解釈も可能ではあるが、(e)における「手人数」の「手」とは「軍勢の集団」(『邦訳　日葡辞書』)という意味であることや、(f)にある「上方の軍勢四万ばかり」と合算すると家康方軍勢の総数が九万になり過大な人数になってしまうことから、(e)における「五万ほど」というのは徳川本隊を含めた家康方の軍勢の総数と理解したい。

(f)は、家康方の軍勢の先手について、一番が福島正則、二番が細川忠興、三番が金森長近であったとしている。家康方軍勢の先手については、「吉川広家自筆書状案《じひつしょじょうあん》」(『吉川家文書之二』)では福島正則と黒田長政《くろだながまさ》としているほか、「九月十七日付松平家乗《まつだいらいえのり》 宛石川康《いしかわやす》通《みち》・彦坂元正連署状写《ひこさかもとまされんしょじょううつし》」(『新修福岡市史』)では尾張衆《おわりしゅう》、井伊直政《いいなおまさ》、福島正則としている。また、『舜旧記《しゅんきゅうき》』では家康の先勢《さきぜい》(先手)について、福田(ママ)(福島ヵ)、細川忠興、加藤嘉明《かとうよしあき》としている。このように、福島正則が先手であった点は共通しているが、その他の先手の部将名については食い違っているので(ただし、細川忠興については『舜旧記』の記載と一致する)、この点については、今後さらに検討していく必要がある。

(f)において、「田中吉政そのほか上方の軍勢四万ばかりがそれぞれに備(を立てて)青野ヵ原にて合戦があった」とあるのは、田中吉政など家康方に付いた豊臣恩顧の部将の軍勢(=上方の軍勢)四万くらいが、それぞれに備を編成して戦った、という意味である。上記の(e)では、家康方の軍勢は五万ほどとしているので、そのうち四万くらいが石田方の諸将との戦いに投入されたことになる。なお「青野ヵ原にて合戦があった」という記載は、前久書状において戦場名が記されているという点で重要であるが、この点についての検討は後述する。

ちなみに、青野原《あおのがはら》とは現在の岐阜県大垣市の北西端青野町を中心に、東の青墓町から西の不破郡垂井《たるい》町府中にかけて比定される野原である（『日本歴史地名大系』）。

(g) は、家康方の軍勢が即時に攻撃して大勝利であったとしている。

(h) は、小早川秀秋の裏切りにより大谷吉継が討死したとしている。原文では「ツカヒニ」となっている箇所の意味として、藤井論文では「『ツカヒニ』は『番』で『ちょうどその時』の意」としている。

『日本国語大辞典』には「つがい（番）」の意味として「事をしようとする、ちょうどその時。また、機会」ともあるので、藤井論文の解釈も可能である。だが、「つがい（番）」には「組になっているものの一員、または相手」という意味もあるので、私見では後者の意味をとって、小早川秀秋と大谷吉継は同じ組として（つまり、家康方軍勢に敵対する立場で同じ組として）出陣したが、秀秋が家康方に寝返って大谷吉継を攻撃したため吉継は討死をしたと解釈したい。

この解釈からすると、小早川秀秋と大谷吉継は同じ組として出陣し秀秋が裏切るまで大谷吉継はそのことに気付いていなかった、ということになる。また同じ組であるから小早川秀秋は大谷吉継の直近に布陣していたはずであり、その意味では小早川秀秋が真っ先に大谷吉継を攻撃した理由が整合的に理解できる。この点から、（h）は小早川秀秋と大谷吉継の布陣位置を考定するうえで重要な意味を持つ記載である。

なお（h）には小早川秀秋の布陣場所が松尾山《まつおやま》であったとは記されていないので、この点も重要である。小早川秀秋の布陣場所が松尾山であったというのが通説であるが、前久書状を含め一次史料には小早川秀秋の布陣場所について松尾山であったことはまったく記されていないので、この点については今後再検討が必要である。

（i）は、敗北した石田三成方の軍勢は五万くらいであり、そのうち四〇〇〇～五〇〇〇が討死したとしている。「（慶長五年）九月二十二日付細川忠利《ただとし》宛細川忠興書状写」（『綿考《めんこう》輯録《しゅうろく》』）では、（敵である石田方の軍勢のうち）数千人を切り捨てにしたと記されているので、石田方の軍勢で四〇〇〇～五〇〇〇が討死したとする（i）の記載は信憑性が高い。

ただし、藤井論文に掲載された前久書状の写真を見ると、史料原文では「出陣ノ人数〇四五千モ討死候」と記されていて（「〇」は「数」と「四」の文字の間に小さく書かれている）、「〇」の右側の行間に「五万斗《ばかり》候」と小さい字で記されているので、「〇」と「五万斗候」という記載は後日に追加して加筆された可能性が高い。つまり最初は「上方より出陣した人数（軍勢）のうち四、五〇〇〇も討死した」と記されていたことになる。よって、石田三成方の軍勢を五万くらいとしている点は後日の追加情報であるので、兵力数として人数的に過大と思われる点も含めて、今後検討が必要である。

前久書状における箇条③については、『史徴墨宝考証』の翻刻では三条目になっているが、藤井論文では「この箇条は追記であり陣場から来た使者から得た情報ではない」としている。

藤井論文に掲載された前久書状の写真を見ると、この箇条は字の大きさが他の箇条と異なり小さい字で行間に書かれているので、藤井論文で指摘されているように追記と考えられる。よって、箇条を読む順番としては、藤井論文の指摘のように尚々書《なおなおがき》の直前（つまり本文の末尾）に位置付けるべきと思われる。この点については、藤井論文により前稿に対して御批判をいただいたので訂正する。

（j）は、吉川広家が家康に味方した本当の理由として、現在の毛利輝元の知行分をすべて広家にもらえるのであれば家康に味方する、という（事前の）「曖い《あつか》」（交渉）における条件であったが、それではあまりに広家の思いのままであるので、（そうした批判を恐れて）毛利輝元の知行分の半分という約束で広家は家康に味方したと記されている。「曖い」（扱《あつか》い）とは「交渉すること」（『邦訳　日葡辞書』）という意味であり、この場合は、家康が敵対状態にある毛利家への切り崩しのために吉川広家に対して事前に行った「交渉」という意味になる。

前稿では、（j）における「曖い」について「当初の条件」と解釈したが、藤井論文により「広家を家康方につけるための『曖』における条件であり（後略）」という御批判をいただいたので、この点は訂正する。

（j）における「契約」とは「約束、または、協定」（『邦訳　日葡辞書』）という意味であるので、広家は家康とこうした条件で「協定」を結んで家康に味方した、ということになる。

この（j）について、原文の解釈を「毛利輝元に現在の知行分のまま賜るのであれば、広家は家康に味方するという『曖い』における条件であったが、その後、現在の輝元の知行分の半分という『契約』で家康に味方した」という意味にとることもできなくはない。だが、仮にそうであれば、（1）「本領安堵《ほんりょうあんど》」のような文言が入るはずであるが入っていない、（2）「知行分」ではなく「御分国《ごぶんこく》」という表記になるはずであるがそうなっていない、（3）輝元の本領安堵という条件であれば「それではあまりの恣ということで」という記載にはならないはずである、などの点からこうした解釈は成立しないと考えられる。「吉川広家自筆書状案」（『吉川家文書之二』）、「吉川広家自筆覚書案《じひつおぼえがきあん》」（『吉川家文書之二』）では、吉川広家は毛利家の存続のために家康と和睦交渉を行ったとして自らを正当化している。だが（j）にあるように、現在の毛利輝元の知行分をすべて（結果的に半分）広家にもらえることを条件に家康に味方したとするならば、広家の本音（私欲による主家［毛利家］の知行分横取り）と建前（毛利家の存続という大義名分）はまったく違うところにあったことになる。

（j）は単なる風聞であるといってしまえばそれまでであるが、前久書状における情報全体の確度が高いことを勘案すると、一概に切り捨てることはできない。なぜ広家が他の毛利家中《かちゅう》（福原広俊《ふくばらひろとし》は除く）に相談せずに独断で急いで和睦交渉を行ったのか（もっとも、和睦交渉というのは吉川広家が一方的に主張しているだけで、実際には九月十四日の時点で毛利輝元と家康との和睦は成立していない［白峰：二〇一五］）を考えると、こうした破格の条件が存在したとすれば容易に納得がいくのである。

（k）の「異儀」について、藤井論文では「『異儀』なし、すなわち討ち死にはしていない」と解釈している。このような藤井論文の解釈も可能なのだが、この場合の「異儀」は

「異存」（『日本国語大辞典』）という意味であるから、「異存」がない、つまり宇喜多秀家討死の風聞を肯定していると解釈したい。

（l）の「味方」について、藤井論文では「ただしこれをもって宇喜多秀家が家康に味方したことにはならない」として、文字通り「味方」と解釈している。この解釈も可能かもしれないが、そうなるとその前の宇喜多秀家討死の風聞の記載箇所との関係性が出てこなくなるので、この場合は「味方」＝「加勢すること。助勢すること」（『日本国語大辞典』）と解釈したほうがよいと思われる。

（m）は、上杉景勝方が守備していた白石城を伊達政宗が攻略して入城したことに関して、「此方」（「こなた」と読み、「こちら」という意味）へ取られたとしているので、近衛前久に関ヶ原の戦いに関する情報を持ってきた人物は家康サイド（あるいは、伊達政宗サイド）の人物ということになる。

（n）は、佐竹義宣は明確に反家康の立場であり、反家康として上杉景勝と石田三成を同じサイドとみなしている点に注意したい。つまり、上杉景勝と石田三成は反家康として同調していたと認識されていたのでありバラバラに動いていたわけではない、ということになる。

（o）は、家康が九月二十日に大津へ来たとしている。この点は通説（相田：二〇一六）とも一致する。

前久書状によれば、近衛前久が関ヶ原の戦いのわずか三日後に戦いの具体的経過、結果とその後の動きのほか、遠隔地の上杉景勝、伊達政宗、佐竹義宣、真田昌幸の動向まで、確度の高い情報を取得していたことに驚かされる。藤井論文でも、前久書状の内容について「当事者でないがゆえの不確かさや誤報を含んではいるが、おおむね正確なものであった」と評価している。

前久書状に九州や西日本の動向が記されていないのは、近衛前久に情報を持ってきたこの人物が東国からやって来たことをうかがわせる。

近衛前久は当時政治的に活発に動いた著名な公家であったので、いろいろな情報源を持っていたと考えられると同時に、前久自身がこうした情報収集に積極的であったと思われ、こうしたことが迅速かつ詳細な情報取得につながったのであろう。

そして、この情報取得の最大の目的は、近衛前久が関ヶ原の戦いの戦況の推移と勝敗結果を一刻も早く知りたい、という必要性があったことによるものと考えられる。

「青野ヵ原」合戦、「関ヶ原」合戦、「山中」合戦

上述したように、前久書状では「関ヶ原」ではなく「青野ヵ原」にての合戦と記されている（f）。だが藤井論文では関ヶ原の戦い以後、直近の時期に出された各文書における戦場名の表記に着目し、いろいろな事例を検討したうえで、「様々の呼称が乱立する事態をどのように整合的に説明するかであるが、いずれもそれなりの理由があると思える」として、以下のようにまとめている。

（1）「山中」は、実際に東軍と西軍が激突した地である。

（2）島津義弘が「関か原之合戦」としたのは、島津軍が山中より少し東に陣取り、敗軍のあと関ヶ原を突ききって伊勢口へと向かったことに起因している。

（3）「青野が原」については、青野が原を背にして東軍の池田《いけだ》輝政《てるまさ》、浅野《あさの》幸長《よしなが》、山内《やまうち》一豊《かずとよ》、有馬《ありま》則頼《のりより》らが陣を張っており、東軍の布陣を含めて大局的にみれば、この戦いを「青野が原」と称することは、誤ったものではなく、この合戦の一つのとらえ方とみることができる。

このように、藤井論文では「青野ヵ原」「関ヶ原」「山中」の戦場名について考定している。

（1）については、すでに拙著（白峰：二〇一四）で指摘したように異論はない。（2）については、島津軍が「敗軍のあと関ヶ原を突ききって伊勢口へと向かったことに起因している」という藤井論文の指摘の通りと思われる。つまり島津義弘の軍勢が危機を脱するために、生死を賭した究極の激戦を行ったのは撤退戦のときであり、その戦闘の場所が関ヶ原であった。ただし、この戦いに参戦した島津家家臣の後年の覚書《おぼえがき》の内容によれば、島津義弘は石田三成、宇喜多秀家、小西行長などの主力諸将と同じく「山中」に布陣したと考えられ、（2）にある「山中より少し東」に陣取ったのではなかった。

藤井論文では、「合戦後比較的早い段階で『関原表合戦』とする情報のあったことが確認できる」という重要な指摘がされている。

なぜ合戦後の比較的早い段階で「山中」と「関ヶ原」という二つの戦場名が併存していたのかについて考えると、端的にいえば、「関ヶ原」と「山中」の二箇所で戦いが行われ、「山中」のほうが主戦場であったからということになる。

徳川家康は九月十五日付で伊達政宗に出した書状（『徳川家康文書の研究』）では「十五日の午刻《うまのこく》（昼の十二時頃）、濃州の山中において一戦に及び、宇喜多秀家、島津義弘、小西行長、石田三成の軍勢をすべて討ち捕らえた」（「午刻」というのは合戦が終わった時刻を指すと考えられる）と記す一方、家康が九月二十四日付で小早川秀秋に出した書状（『新修徳川家康文書の研究』）では、「この度の関ヶ原での御忠節については、誠に感悦の至りである」と記している。このように合戦直後の発給文書において、家康は「山中」と「関ヶ原」を書き分けているので「山中」と「関ヶ原」を別々の場所と認識していたことは明らかである。

つまりこの家康書状における書き分けは、家康方軍勢が石田方主力の諸将と戦った主戦場は「山中」であり、小早川秀秋が戦ったのは「関ヶ原」であったということを意味している。このことは同時に、小早川秀秋が開戦時に松尾山に布陣しておらず、関ヶ原まで移動していたことを示すものである。

これまでの通説では小早川秀秋は開戦時に松尾山に布陣していたとされてきたが、この点については一次史料では確認できず、開戦時における小早川秀秋の布陣位置については、これまでの固定観念を排除して考える必要がある。

小早川秀秋が布陣して戦ったのは「山中」ではなく「関ヶ原」であったことは、九月十九日付で小早川秀秋が家臣の林正利《はやしまさとし》に出した書状写（感状）（『新修福岡市史』）に「この度の関ヶ原表における比類のない働きと手柄については、並ぶものがない」と記されていることからも明らかである。

前久書状の（h）の解釈において上述したように、小早川秀秋は大谷吉継の直近に布陣していたと考えられるので、大谷吉継も「山中」ではなく「関ヶ原」に布陣して戦ったことになる。

（3）については、エリア的にマクロにみれば藤井論文の指摘は間違っていないが、青野ヵ原と家康方諸将の動向を考慮すると次のような見方ができる。

『藤堂家覚書』（寛永十八年［一六四一］成立）によれば、①家康は九月十四日の昼に赤坂へ着陣した、②九月十四日夜、家康方の先手の上方衆は青野ヵ原へ出陣してそこで野営した、③九月十五日の未明に「いつれも」青野ヵ原を出て関ヶ原へ出陣した、という家康方諸将の動向がわかる（白峰：二〇一八）。

つまり、青野ヵ原とは、関ヶ原の戦い（九月十五日）の前夜に家康方先手の諸将が集結した場所なのである。家康方の先手の諸将（先手の上方衆）というのは、藤堂高虎、加藤嘉明、細川忠興、黒田長政など西国に領国がある諸将のことを指すと考えられ、尾張清須城主の福島正則もそのなかに含まれると考えられる。

そして、その家康方の先手の諸将が青野ヵ原を出て関ヶ原へ出陣したとしていることから、「青野ヵ原」と「関ヶ原」は、家康方先手衆の一連の軍事行動の場所としては、関連した場所になっていることがわかる。よって、前久書状において「青野ヵ原」にての合戦と記されているのは、家康方先手衆が九月十五日の未明に青野ヵ原から出撃したことを指して、「青野ヵ原」にての合戦と記したと考えられる。その意味では、前久書状において「青野ヵ原」にての合戦と記されているのは、必ずしも間違いとは言い切れないのである。

推測を逞《たくま》しくすれば、近衛前久に情報をもたらした者は、家康方の先手の諸将が青野ヵ原に集結したことや青野ヵ原から出撃したことを直接見たか、あるいは間接的に聞いたのではないだろうか。

なぜ「関ヶ原」合戦が公称として残ったのか？

なぜ「関ヶ原」合戦という呼称だけが公称として残ったのか、逆にいえば、なぜ「山中」合戦という呼称は公称として定着しなかったのかという点について考えると、次のようになる。

上述したように、家康が九月十五日付で伊達政宗に出した書状(『徳川家康文書の研究』)によれば、石田方の宇喜多秀家、島津義弘、小西行長、石田三成などの主力諸将が布陣して戦ったのは「山中」エリアであったのは間違いないが、家康が九月二十四日付で小早川秀秋に出した書状(『新修徳川家康文書の研究』)によれば、小早川秀秋が布陣して戦ったのは「関ヶ原」エリアであったことがわかる。この戦場名の違いを時系列で考えると、九月十五日の午前十時頃に戦いが始まった主戦の「山中」合戦よりも、同日早朝に戦いがあった「関ヶ原」合戦のほうが時間的に早かったので、「関ヶ原」合戦の名称のほうが後世に有名になったのではないかと推測できる。

さらに推測を逞しくすれば、徳川本隊(家康自身が江戸から率いてきた直率部隊)が直接戦ったのが「関ヶ原」合戦であり、「山中」合戦は家康方の先手の諸将(福島正則など)だけによる殲滅戦・追撃戦のみで短時間(午前十時頃~昼の十二時頃)で決着したから、と考えることも可能であろう。

なお、「九月十七日付松平家乗宛石川康通・彦坂元正連署状写」(『新修福岡市史』)によれば、井伊直政は福島正則などとともに先手に入っていたことがわかる(つまり、井伊直政は徳川本隊に入っていなかった)。

近衛前久書状はなぜ重要なのか?

前久書状における重要なポイントは三点ある。まず一点目は(d)にあるように、大垣城から移動した石田三成、島津義弘、小西行長などの主力諸将が布陣した場所についての記述として「山へあがった」としている点である。このことは、これらの主力諸将が平坦な地形である関ヶ原エリアに布陣したのではなく、地形的に山地である山中エリアに布陣したことを意味している。

よって、主戦が行われたエリアは平坦な地形の「関ヶ原」エリアではなく、山地の地形である「山中」エリアであったことがわかるので、従来の通説では関ヶ原の「原」という字から平地での両軍の戦い(激突)というイメージが持たれてきたが、この認識は改めなければならないだろう。

二点目は(g)にあるように、戦闘経過として、家康方の軍勢が即時に攻撃して大勝利であったとしている点である。この記載は「吉川広家自筆書状案」(『吉川家文書之二』)に、「山中のことは即時に乗り崩され、ことごとく討ち果たされた」「(九月)十五日に家康はすぐに山中へ押し寄せて合戦に及び、即時に（敵を）討ち果たした」と記されている点と一致する。

このことからすると、山中エリアに布陣していた石田方の主力諸将は、一方的に家康方の軍勢に攻め込まれて「即時」に敗北したのが事実であった。従来の通説では、合戦当日（九月十五日）の午前中は一進一退の攻防であり石田方の諸将は善戦したとされてきたが、このように石田方の主力諸将が関ヶ原に打って出て家康方の軍勢と華々しく戦ったわけではなかった。この点は、通説による戦闘経過の説明を大きく訂正しなければならない部分である。

また、家康が合戦当日の正午頃に小早川秀秋の陣に鉄砲を撃たせた（いわゆる「問鉄《といでっ》砲《ぽう》」）結果、小早川秀秋が家康方に寝返ったとする通説の説明にあるような話も前久書状にはまったく記されていない。この点からも、有名な「問鉄砲」のエピソードがフィクション（後世に創作された架空の話）であることがわかる。

三点目は（j）の解釈で述べたように、現在の毛利輝元の知行分をすべて（結果的に半分）広家にもらえることを条件（このことは吉川広家が毛利輝元にとってかわって所領をそのまま引き継ぎ大大名になるという条件であることを意味した）に、広家が家康に味方したとする記載内容である。

現在では、この家康側からの提示は文書として確認できないが、毛利輝元の陣営を必死に切り崩そうとした家康が、こうした破格の条件で吉川広家を一本釣りして味方につけようとしたことは容易に想像できる（もちろん、この時点で家康は豊臣公儀から排除されていたため、家康には知行宛行権《あてがい》はないので、空手形《からてがた》である）。

この点を想起すれば、七月下旬の時点では家康との対決姿勢を示していた吉川広家が（『吉川家文書別集』）、どうして九月になって突然、家康に接近したのか（私見では、九月十四日の時点での家康との和睦成立は広家による捏造《ねつぞう》であったが［白峰：二〇一五］）、という点の謎が解けるのである。

〔主要参考文献〕
相田文三「徳川家康の居所と行動（天正十年六月以降）」（藤井讓治編『織豊期主要人物居所集成（第二版）』、思文閣出版、二〇一六年）
白峰旬『新解釈　関ヶ原合戦の真実――脚色された天下分け目の戦い』（宮帯出版社、二〇一四年）
同「関ヶ原の戦いにおける吉川広家による『御和平』成立捏造のロジック――『吉川家文書之二』〈大日本

古文書〉九一三号～九一八号文書、及び、「（慶長五年）九月二十日付近衛信尹宛近衛前久書状」の内容検討」（『愛城研報告』一九号、愛知中世城郭研究会、二〇一五年）
同「藤堂高虎隊は関ヶ原で大谷吉継隊と戦った――『藤堂家覚書』の記載検討を中心に」（『十六世紀史論叢』九号、十六世紀史研究学会編集、株式会社歴史と文化の研究所発行、二〇一八年）
土井忠生・森田武・長南実編訳『邦訳　日葡辞書』（岩波書店、一九八〇年）
徳川義宣『新修徳川家康文書の研究』第二輯（徳川黎明会、二〇〇六年）
中村孝也『徳川家康文書の研究』中巻（日本学術振興会、一九五九年）
藤井讓治「前久が手にした関ヶ原情報」（田島公編『禁裏・公家文庫研究』第六輯、思文閣出版、二〇一七年）
細川護貞監修『綿考輯録』四巻、忠利公（上）（出水神社発行、汲古書院製作・発売、一九八九年）
『吉川家文書之二』〈大日本古文書　家わけ九ノ二〉（東京大学出版会、一九二六年発行、一九九七年覆刻）
『吉川家文書別集』〈大日本古文書　家わけ九別集〉（東京大学出版会、一九三二年発行、一九九七年覆刻）
『史徴墨宝考証』第二編第三巻（帝国大学編年史編纂掛編、大成館、一八八九年）※国立国会図書館のデジタルコレクション（インターネット）で閲覧できる
『舜旧記』第一〈史料纂集〉（続群書類従完成会、一九七〇年）
『史料綜覧』巻一三（桃山時代之三　文禄二年～慶長八年）（東京大学出版会、一九五四年発行、一九八二年覆刻）
『新修福岡市史』資料編、中世一（福岡市、二〇一〇年）
『新修福岡市史』資料編、近世一（福岡市、二〇一一年）
「藤堂家覚書」（近藤瓶城編『改定史籍集覧』第一五冊、近藤活版所、一八九二年。臨川書店、一九八四年復刻）

『日本国語大辞典（第二版）』一巻（小学館、二〇〇〇年）
『日本国語大辞典（第二版）』九巻（小学館、二〇〇一年）
『日本国語大辞典（第二版）』一二巻（小学館、二〇〇一年）
『日本歴史地名大系』二一巻〈岐阜県の地名〉（平凡社、一九八九年）

おわりに

白峰旬氏から「関ヶ原の戦い」に関する企画を本会にいただいた。「関ヶ原の戦い」そのものの検証だけではなく、この戦いに関係する武将らの政治的行動・軍事的行動を再検証して、イメージが先行する「関ヶ原の戦い」を史料に即して捉えなおしたいという内容であった。

各武将に関しては、それぞれ研究の蓄積があり、各武将について個別に研究を進めている方々に依頼して、総合的な評価を「関ヶ原の戦い」に加えるという試みは、新書として類書がないと思う。したがって、本会としても白峰氏の情熱が込められたこの企画に賛同した。この企画に白峰氏を含め十二名の研究者の参加を得た。協力していただいた研究者の方々、また、出版事情が厳しいなか朝日新書の一冊として刊行に尽力いただいた方々に感謝申し上げる次第である。

テーマや執筆者はすべて白峰氏の選定によっているので、読者の皆さんには、白峰氏が描く「関ヶ原の戦い」を堪能していただき、忌憚のないご批判と一層のご教示を賜ることができれば幸いである。

二〇二〇年五月

日本史史料研究会代表　生駒哲郎

執筆者一覧

白峰　旬（別掲）　**序章・終章**

水野伍貴　みずの・ともき　**第一章**
一九八三年愛知県生まれ。高崎経済大学大学院地域政策研究科博士後期課程単位取得退学。修士（地域政策学）。株式会社歴史と文化の研究所客員研究員。著書・論文に『秀吉死後の権力闘争と関ヶ原前夜』（日本史史料研究会企画部）、「関ヶ原の役における吉川広家の動向と不戦の密約」（『研究論集歴史と文化』五号、二〇一九年）など。

本間　宏　ほんま・ひろし　**第二章**
一九六二年秋田県生まれ。明治大学文学部史学地理学科卒。福島県文化財センター白河館参事兼学芸課長。著書に「直江兼続と関ヶ原」（公益財団法人福島県文化振興財団編『直江兼続と関ヶ原』戎光祥出版）など。

佐藤貴浩　さとう・たかひろ　**第三章**
一九八三年宮城県生まれ。駒澤大学大学院人文科学研究科歴史学専攻博士後期課程単位取得退学。修士（歴史学）。足立区地域のちから推進部地域文化課文化財係学芸員。論文に「伊達領国の展開と伊達実元・成実父子」（『戦国史研究』六五号、二〇一三年）など。

菅原義勝　すがわら・よしかつ　**第四章**
一九八六年山形県生まれ。駒澤大学大学院人文科学研究科歴史学専攻博士後期課程単位取得退学。修士（歴史学）。公益財団法人致道博物館主任学芸員。論文に「戦国期庄内における地域認識の形成」（地方史研究協議会編『出羽庄内の風土と歴史像』雄山閣）など。

浅野友輔　あさの・ゆうすけ　**第五章**
一九八八年茨城県生まれ。上智大学大学院文学研究科史学専攻博士前期課程修了。修士（史学）。上智大学史資料室臨時職員。著書・論文に「戦国期の石見における地域秩序と大名・国衆」（戦国史研究会編『戦国期政治史論集・西国編』岩田書院）、「戦国期大名・国衆間の対京都交渉の展開」（『人民の歴史学』二一八号、二〇一八年）など。

太田浩司　おおた・ひろし　**第六章**
一九六一年東京都生まれ。明治大学大学院文学研究科史学専攻博士前期課程修了。修士（文学）。長浜市市民協働部学芸専門監。著書に『近江が生んだ知将石田三成』『近世への扉を開いた羽柴秀吉』（共にサンライズ出版）など。

大西泰正　おおにし・やすまさ　**第七章・第九章**
一九八二年岡山県生まれ。京都教育大学大学院教育学研究科（日本史学）修士課程修了。修士（教育学）。石川県金沢城調査研究所所員。著書に『論集加賀藩前田家と八丈島宇喜多一類』（桂書房）、『「豊臣政権の貴公子」宇喜多秀家』（角川新書）など。

外岡慎一郎　とのおか・しんいちろう　**第八章**
一九五四年神奈川県生まれ。中央大学大学院文学研究科国史学専攻博士後期課程単位取得満期退学。博士（史学）。奈良大学文学部教授。著書に『武家権力と使節遵行』（同成社）、『大谷吉継』（戎光祥出版）、『「関ヶ原」を読む』（同成社）など。

中脇　聖　なかわき・まこと　**第十章**
一九七二年東京都生まれ。日本史史料研究会研究員、株式会社歴史と文化の研究所客員研究員。著書に「長宗我部信親の『権限』について」（日本史史料研究会編『日本史のまめまめしい知識』岩田書院）、「織田『政権』と長宗我部元親の関係変化についての小考」（渡邊大門編『織田権力の構造と展開』株式会社歴史と文化の研究所）など。

中西　豪　なかにし・たけし　**第十一章**
一九六二年福岡県生まれ。九州大学文学部史学科（朝鮮史専攻）卒業。歴史研究家、佐賀戦国研究会顧問。著書・論文に「朝鮮側史料に見る倭城」（『朝鮮學報』一二五輯、一九八七年）、『史伝鍋島直茂』（学習研究社）、『最新研究江上八院の戦い』（共著、日本史史料研究会企画部）など。

渡邊大門　わたなべ・だいもん　**第十二章**
一九六七年神奈川県生まれ。佛教大学大学院文学研究科博士後期課程修了。博士（文学）。株式会社歴史と文化の研究所代表取締役。著書に『本能寺の変に謎はあるのか？』（晶文社）、『明智光秀と本能寺の変』（ちくま新書）、『光秀と信長』（草思社文庫）など。

日本史史料研究会 にほんししりょうけんきゅうかい
2007年、歴史史料を調査・研究し、その成果を公開する目的で設立。主な事業として、①定期的な研究会を開催、②専門書籍の刊行、③史料集の刊行を行っている。代表者は生駒哲郎。ホームページはhttp://www13.plala.or.jp/t-ikoma

白峰 旬 しらみね・じゅん
1960年三重県生まれ。上智大学大学院文学研究科博士前期課程修了。名古屋大学にて博士(歴史学)の学位取得。別府大学文学部史学・文化財学科教授。別府大学アジア歴史文化研究所長。著書に『新視点関ヶ原合戦』(平凡社)など。

朝日新書
769

関《せき》ヶ《が》原大乱《はらたいらん》、本当《ほんとう》の勝者《しょうしゃ》

2020年6月30日第1刷発行

著者 日本史史料研究会 監修
白峰 旬 編著

発行者 三宮博信
カバーデザイン アンスガー・フォルマー 田嶋佳子
印刷所 凸版印刷株式会社
発行所 朝日新聞出版
〒104-8011 東京都中央区築地5-3-2
電話 03-5541-8832(編集)
03-5540-7793(販売)

Published in Japan by Asahi Shimbun Publications Inc.
ISBN 978-4-02-295080-2
定価はカバーに表示してあります。

落丁・乱丁の場合は弊社業務部(電話03-5540-7800)へご連絡ください。
送料弊社負担にてお取り替えいたします。

朝日新書

関ヶ原大乱、本当の勝者

日本史史料研究会／監修
白峰 旬／編著

家康の小山評定、小早川秀秋への問鉄砲、三成と吉継の友情物語など、関ヶ原合戦にはよく知られたエピソードが多い。本書は一次史料を駆使して検証し、従来の〝関ヶ原〟史観を根底から覆す。東西両軍の主要武将を網羅した初の列伝。

翻訳の授業
東京大学最終講義

山本史郎

めくるめく上質。村上春樹『ノルウェイの森』、芥川龍之介『羅生門』、シェイクスピア「ハムレット」、トールキン「ホビット」……。翻訳の世界を旅しよう！ AIにはまねできない、深い深い思索の冒険。山本史郎（東京大学名誉教授）翻訳研究40年の集大成。

コロナが加速する格差消費
分断される階層の真実

三浦 展

大ベストセラー『下流社会』から15年。格差はますます広がり、「上」と「下」への二極化が目立つ。コロナはさらにその傾向を加速させる。バブル・氷河期・平成3世代の消費動向から格差の実態を分析し、「コロナ後」の消費も予測する。

シニアのための なぜかワクワクする片づけの新常識

古堅純子

おうちにいる時間をもっと快適に！ シニアの方の片づけには、この先どう生きたいのか、どう暮らしたいのか、限りある日々を輝いてすごすための「夢と希望」が何より大切。予約のとれないお片づけのプロが、いきいき健康に暮らせるための片づけを伝授！